hänssler

Shlomo Drori

Wo Milch und Honig fließen

Heimkehr eines messianischen Juden

Die Deutsche Bibliothek – CIP-Einheitsaufnahme

Drori, Shlomo:
Wo Milch und Honig fließen : Heimkehr eines messianischen Juden /Shlomo Drori. – Neuhausen/Stuttgart : Hänssler, 1996
(Hänssler-Taschenbuch)
ISBN 3-7751-2334-2

hänssler-Taschenbuch
Bestell-Nr. 392.334

Umschlaggestaltung: Stefanie Stegbauer
Satz: AbSatz Ewert-Mohr, Klein Nordende
Printed in Germany

Inhalt

Vorwort

Vor ungefähr zwanzig Jahren, als ich einmal ganz verzweifelt nach einer intellektuellen Betätigung suchte, kam mir der Gedanke, ich könnte meine Lebensgeschichte niederschreiben. Aber ich gab den Plan bald wieder auf, denn ich sagte mir: »Wen könnte eine solche Erzählung schon interessieren? Du bist doch ganz unbekannt, ein kleiner unbedeutender Mensch, der auch keine großen Erfolge aufzuweisen hat.« – Doch dann fand ich Jeschua, meinen Herrn und Erlöser, und seit dem Augenblick hat sich mein Verständnis des irdischen Lebens total verändert.

Doch nicht nur das führte dazu, den Gedanken an einen Bericht über mein Leben wieder aufzunehmen. Inzwischen hatte ich nämlich vielerlei Gelegenheiten, dem Herrn in der Öffentlichkeit zu dienen. Heute, zehn Jahre später, bin ich in Deutschland nicht mehr unbekannt. Immer wieder konnte ich in Büchern, Interviews, Predigten und Vorträgen über das Wunder »der wiedereingepfropften natürlichen Zweige des Ölbaums« berichten, über die Rückkehr des Restes Israels in den Leib Christi.

Der vorliegende Lebensbericht soll nun nur einem einzigen Zweck dienen: der Verherrlichung Gottes. Er leitete mein Leben auch während der vielen Jahre, in denen ich Ihm so fern gewesen war.

Mein Leben könnte als grau und sensationslos empfunden werden, doch ich sehe drei Aspekte darin, die es einzigartig und interessant machen: Da ist zunächst die Zeit, in der ich lebte, und das Schicksal meiner jüdischen Familie. Des weiteren waren es meine ganz persönlichen »Grenzsituationen« – meine körperlichen Behinderungen –, mit denen ich immer leben mußte und die mein Leben stark prägten. Der wesentlichste Punkt aber ist meine Veränderung von einem totalen Atheisten, egozentrisch und menschenscheu, zu einem messiasgläubigen bewußten Juden, der seinem Herrn und seinen Mitmenschen dienen möchte.

Objektiv betrachtet war mein Leben unendlich schwer und voller Enttäuschungen. Doch ich war mir dessen selten bewußt, nahm die Probleme und Schwierigkeiten als selbstverständlich hin. Das Überwinden von allem Negativen war meine »Raison d'être«, mein Lebenssinn. Obwohl ich einen guten Humor besitze, echte Freude fand ich selten – bis zu meiner Wiedergeburt.

Heute weiß ich: Meine körperlichen Behinderungen, meine unveränderbaren Grenzsituationen, sie waren kein blindes Schicksal. Gott erwählte mich in seiner Gnade zum ewigen Leben, aber er wußte, daß ich aufgrund meiner Veranlagung die Erlösung zurückweisen würde. Deshalb bin ich mir heute ganz sicher, daß meine Behinderungen von Gott geplant waren. Ich sollte eines Tages meine völlige Ohnmacht erkennen und so auf die Suche nach meinem Schöpfer und Erlöser gebracht werden. Und das geschah dann auch: Ich fand den, »von dem (schon) Mose und die Propheten geschrieben haben« (Johannes 1,45). Seitdem steht mein Leben unter dem Motto des Paulus (Römer 11,36): »Denn von ihm (Gott dem Vater) und durch ihn (den Heiligen Geist) und zu ihm (Jesus dem Messias) sind alle Dinge. Ihm (dem dreieinigen Gott) sei Ehre in Ewigkeit.«

Auch dieses Werk soll zu Seiner Ehre sein!

Mit starrem Blick sah ich aus dem Fenster. Die auch sonst ziemlich stille Sybelstraße war wie ausgestorben, nur einige Kinder spielten mit einem Ball. Es war ein sonniger Sonntagnachmittag, der Sommer war bald zu Ende. Die Nachricht, die ich eben gehört hatte, traf mich wie ein Blitz aus heiterem Himmel. Je mehr ich über sie nachdachte, desto verzweifelter wurde ich. – »Das kann nicht wahr sein, es darf nicht wahr sein!« murmelte ich vor mich hin. »Auch das noch – und gerade jetzt!«

Wir hatten am Frühstückstisch gesessen. Sonntag war ja der einzige Tag in der Woche, an dem ich zusammen mit den Eltern frühstückte. Da hatte mein Vater in seiner ruhigen und sachlichen Art zu reden begonnen. Die Mutter hatte den Blick auf den Tisch geheftet, sie schien geweint zu haben. »Mein Sohn, ich habe dir etwas sehr Wichtiges mitzuteilen.« Er hatte eine Pause gemacht, als ob er mich noch mehr auf die Folter spannen wollte. »Die Mutti und ich haben beschlossen, daß wir auswandern müssen. Wir haben keine andere Wahl. Die neuen Nazi-Gesetze zur Diskriminierung der Juden haben mir meine Existenz genommen. Ich habe alle Kassenpatienten verloren, und es hilft mir auch nichts, daß ich im Krieg Frontkämpfer war. Die Zahl meiner Privatpatienten ist klein, und da die meisten Nichtjuden sind, wird der Boykott von Juden sie ganz vertreiben. Die Ersparnisse werden bald aufgebraucht sein – und was dann?« Er hatte mich fragend angeblickt.

Das war das Letzte, das ich zu hören erwartet hatte. Wie in Trance hatte ich den Vater gefragt: »Aber wohin können wir gehen? Und wann? Es kann doch wohl noch nicht so schnell sein, so etwas muß doch gut vorbereitet werden!« Ich hatte gehofft, daß vielleicht die Durchführung dieses Vorhabens sich noch etwas hinziehen würde.

»Wir werden nach Palästina gehen, aber nicht, weil es dort am vielversprechendsten wäre. Ich hörte von meinem Bruder eher das Gegenteil, doch es ist die einzige Möglichkeit. Südamerika, der Dschungel oder Shanghai kommen für mich nicht in Frage. Die Amerikaner betrachten mich als Polen – weil mein Geburtsort nach dem Krieg polnisch wurde – und die Amerikaner wollen keine Polen. Also bleibt nur Palästina. Im kommenden Frühjahr werden wir Deutschland verlassen, die Heimat, in der wir zu Parias geworden sind. Bis dahin hoffe ich meine Praxis verkauft zu haben, so daß ich die zur Einwanderung vorgeschriebenen eintausend Pfund zusammenbekomme. Du wirst ja sicher froh sein, von hier wegzukommen – und noch dazu nach Palästina! Die Schule verherrlicht ja sowieso den Zionismus!« Es sollte wohl tröstlich gemeint sein, doch die so sachliche Äußerung meines Vaters hatte eine ganz andere Reaktion hervorgerufen. Wortlos und ganz bleich war ich aufgestanden und hatte humpelnd das Zimmer verlassen.

Und so saß ich nun ganz verzweifelt in meinem kleinen Zimmer und haderte mit dem Schicksal. Warum war ich denn eigentlich so entsetzt? Der Vater hatte ja recht, die private Waldschule Kaliski – kurz Priwaki genannt – bemühte sich wirklich, die Schüler zum Zionismus zu erziehen. Also in dieser Hinsicht konnte ich nicht negativ überrascht sein.

Nein, es war etwas anderes. Die Gründe für meine Verzweiflung lagen viel tiefer. Sie hingen mit meinem bisherigen Leben zusammen.

Berlin

Familie und frühe Kindheit

1920–1925

Am Morgen des 9. Oktober 1920 ertönte der erste Schrei eines neugeborenen Babys – Günter Siegfried Krebs war zur Welt gekommen. Meine ersten Töne waren sicher nicht sehr laut, denn ich litt mein ganzes Leben lang an einer ziemlich schwachen Stimme. Doch weit mehr litt ich unter den beiden Vornamen, die meine Eltern für mich gewählt hatten. Wieso ausgerechnet die Namen zweier Nibelungenhelden für ein jüdisches Kind? Und noch unverständlicher war mir diese Kombination – der Sage nach waren Günter und Siegfried Todfeinde gewesen! Erst fünfzehn Jahre später konnte ich mich von diesem Absurdum befreien.

Meine Mutter war reichlich enttäuscht gewesen bei meiner Geburt. Nach meinem Bruder Heinz hätte sie natürlich eine Tochter bevorzugt. Ein anderer Grund war weniger berechtigt: Meine Mutter war von meinem Aussehen nicht gerade begeistert. Ich erschien ihr zu jüdisch-orientalisch. Meine Haut war nicht gerade schneeweiß, und ich hatte bei der Geburt schon eine schwarze Mähne. Das heißt, ich war völlig von meinem Bruder verschieden, der blond und hellhäutig war.

Mein Vater stammte aus Oberschlesien, dem Teil der 1919 polnisch wurde. Er hatte noch zwei Schwestern, doch dann starb seine Mutter. Sein Vater heiratete noch einmal und bekam einen zweiten Sohn – fünfzehn Jahre jünger als mein Vater.

Die Familie meines Vaters hatte es finanziell enorm schwer gehabt. Der Großvater war Einzelhändler – und so waren sie zu Beginn des Jahrhunderts nach Berlin gezogen. Doch auch dort verbesserten sich ihre Verhältnisse nicht, und als mein Vater das Gymnasium beendet hatte und studieren wollte, konnte er keinerlei Hilfe von seinem Vater erwarten. Deshalb wählte er die kürzeste akademische Laufbahn – Zahnheilkunde. Später betonte mein Vater oft, »es sei wahrhaftig kein Vergnügen sich sein ganzes Leben mit faulen Zähnen zu beschäftigen!« – Nach beendetem Studium bis zum Ausbruch des Ersten Weltkrieges 1914 arbeitete er als Assistent.

Meine Mutter kam aus einem kleinen Ort in Pommern – Schivelbein. Ihr Vater war ein reicher Getreidehändler, der jedoch bereits im Alter von zweiundfünfzig Jahren plötzlich an einer nicht erkannten Blinddarmentzündung starb. Danach zog die Großmutter mit meiner Mutter nach Berlin, ihr einziger Sohn blieb weiterhin in Pommern. Finanzielle Probleme gab es nicht. Die Zinsen der großen Erbschaft versicherten den beiden ein sorgloses gutbürgerliches Leben, so daß meine Mutter ein »Töchterpensionat« besuchen konnte. Dort sorgte man für eine oberflächliche Allgemeinbildung, lehrte etwas Französisch und gute Manieren. Auch Klavierspielen wurde unterrichtet – ganz egal ob Begabung vorlag oder nicht. Kurzum, meine Mutter erwarb all das, was damals für eine junge Frau der gutbürgerlichen Gesellschaft der deutschen Juden notwendig war.

Übrigens kamen meine beiden Elternteile aus völlig nicht-religiösen Familien. Man war bewußt Jude mit einer klaren Identität, einen Religionswechsel aus Opportunismus verabscheute man. Man war assimiliert, säkular und weit entfernt von jedem Glauben – so wie letzten Endes die große Mehrheit der deutschen Juden damals.

Meine Mutter war zweifellos hübsch und konnte als eine gute Partie gelten. Ihre Erziehung und Lebensweise hatten sie allerdings bequem, eitel und egoistisch gemacht. Auch mein Vater sah gut aus, er war eine angenehme, ruhige Erscheinung. Auch war er sensibel, eine Charaktereigenschaft, die er stets zu verstecken versuchte.

Und so heirateten die beiden im August 1914, vier Wochen vor Ausbruch des Ersten Weltkrieges. Mein Bruder Heinz wurde neun Monate später geboren, doch da war der Vater schon Tausende von Kilometern entfernt. Er diente in dem deutschen Armeekorps, das zusammen mit den türkischen Alliierten im Vorderen Orient kämpfte. Er kam bis nach Damaskus, was ja nur einen Katzensprung von Palästina – seiner späteren Heimat – entfernt liegt.

1919 kehrte mein Vater von dort zurück, und das Resultat der Wiedervereinigung mit seiner Frau war ich. Die finanzielle Lage im besiegten Deutschland damals war entsetzlich. Bis 1924 gab es eine Wirtschaftskrise, die zu einer einzigartigen Inflation führte. Die Mark fiel stündlich und dementsprechend stiegen die Preise. Alles was keinen Materialwert hatte, war uninteressant. Mit dem letzten Rest der einst so wertvollen Mitgift errichtete mein Vater eine Praxis und wir zogen in eine nicht gerade exklusive

Wohngegend – unsere Wohnung lag direkt gegenüber einer Gasanstalt, was nicht unbedingt frische Luft garantierte. Die finanzielle Lage meiner Eltern war ganz besonders schwer. In einer Wirtschaftskrise besucht man nur im Notfall den Zahnarzt, und noch weniger einen, der sich gerade erst etabliert hat. Doch mein Vater hatte noch eine zusätzliche Last zu tragen: Sein Vater war während des Krieges an Diabetes gestorben, seine jüngere Schwester war mittellos geschieden und hatte einen Sohn in meinem Alter. So hatte mein Vater außer für seine eigene Familie noch für seine Stiefmutter, seine Schwester und deren Sohn zu sorgen. Dieser studierte, doch er konnte sich wenigstens selbst über Wasser halten, indem er mit Lumpenhandel in dieser rasenden Inflation wenigstens das Nötigste verdiente.

Auch das Schicksal meiner Großmutter mütterlicherseits war schwer. Ihr einziger Sohn hatte Probleme mit seiner jüdischen Identität und starb schließlich noch in jungen Jahren unter tragischen Umständen.

Doch dies war nicht der einzige Schicksalsschlag, den meine Großmutter zu verkraften hatte. Wie schon erwähnt, war sie eine reiche Frau gewesen. Die Zinsen aus der Erbschaft ihres so früh verstorbenen Mannes hätten ihr ein finanziell sorgloses Leben sichern können. Doch dann kam die beispiellose Inflation und das ganze Vermögen schrumpfte zu einem Riesenhaufen wertloser Geldscheine zusammen. Sie wurde zu einer mittellosen Frau, denn erst später zahlte der Staat in solchen Fällen eine winzige Rente.

Doch all das Schwere, das sie ertragen mußte, konnte sie nicht völlig erschüttern. Bis zu ihrem Tod blieb sie ein ruhiger, zufriedener, ausgeglichener Mensch. Ihr Lebenssinn war, überall Hand anzulegen und zu helfen, nicht etwa aus einem Pflichtgefühl heraus, sondern ihre Hilfsbereitschaft entsprang allein ihrer allgemeinen Menschenliebe.

Doch erst nach meiner Wiedergeburt konnte ich die außergewöhnliche Persönlichkeit meiner Großmutter richtig verstehen und schätzen lernen. Vorher waren mir ihr Diensteifer und ihre Selbstlosigkeit einfach unverständlich.

Bei meiner Geburt war mein Bruder Heinz schon über fünf Jahre alt, was für Kinder in diesem Alter eine gewaltige Zeitspanne ist. Er war ein sehr stilles, introvertiertes Kind, das jedes Gefühl versteckte – in dieser Hinsicht glich er sehr dem Vater.

So ist es ganz selbstverständlich, daß während der ersten Jahre meines Lebens der Bruder kaum eine Rolle spielte. Auf jeden Fall kann ich mich an nichts aus dieser Zeit erinnern. Doch dann wurde das Kinderfräulein entlassen, und sobald Heinz aus der Schule kam, suchte ich seine Gesellschaft – wovon er allerdings meist nicht begeistert war.

Wir beide waren nicht nur äußerlich sehr verschieden – noch unterschiedlicher waren unsere Charaktere. Wie ich von der Großmutter hörte war ich wild, hemmungslos und stark nach Gesellschaft verlangend.

Heinz war hochintelligent, ein hervorragender Schüler. Die Lehrer konnten ihn nicht genug loben und schlugen sogar vor, ihn eine Klasse überspringen zu lassen. Nach vier Jahren Volksschule war er aufs Gymnasium gekommen – und drei Monate später war Heinz tot.

Es ist mir niemals gelungen, Einzelheiten über die Krankheit und Todesursache meines Bruders zu erfahren. Meine Eltern waren einfach so von dem Schicksalsschlag getroffen, daß jede Bemerkung, ja jedes Wort darüber den Schmerz wieder von neuem entfachte. Sie versuchten die Tragödie zu vergessen. Es dauerte über zwanzig Jahre, bis ich den Namen Heinz wieder einmal aus ihrem Mund hörte. Auch die Großmutter wollte nichts erzählen, sie fürchtete wohl, daß ich danach mit den Eltern darüber reden könnte.

Daher weiß ich nur sehr wenig über den plötzlichen Tod meines Bruders. Er lag zu Hause; es war eine kurze Krankheit, die der Arzt wohl nicht für so ernst hielt, um ihn ins Krankenhaus einzuweisen. Heinz wurde aus unserem gemeinsamen Zimmer genommen und in den kleinen Raum der Hausgehilfin gelegt.

Obgleich es schon fast siebzig Jahre her ist, habe ich das Bild noch deutlich vor Augen: Es war am Morgen. Ich wartete darauf, mein Bett verlassen zu dürfen. Da kam die junge Hausgehilfin ins Zimmer. Doch nicht – wie ich es erwartete –, um mir beim Anziehen zu helfen. Sie umarmte mich fest, blickte mich mit roten traurigen Augen an und sagte mit tränenerstickter Stimme: »Günter, mein kleiner Süßer, ich muß dir etwas sehr Trauriges erzählen. Es geht um Heinz, deinen Bruder. Du wirst ihn nicht wiedersehen, er hat uns verlassen – für immer!« – Dann weinte sie bitterlich.

Ich konnte das natürlich mit meinen viereinhalb Jahren nicht verstehen. Ich erinnere mich daran, daß ich mit ihr diskutierte: Das könnte doch nicht wahr sein, wohin sollte er denn gehen? Er gehörte doch zu uns! Und warum er sich nicht wenigstens verabschiedet hatte? War er böse auf mich, weil ich ihn manchmal störte? Solches und ähnliches fragte ich.

Ich weiß nicht mehr, was das junge Mädchen darauf geantwortet hatte, auf jeden Fall gebrauchte sie nicht die übliche Erklärung: »Der liebe Gott hätte Heinz zu sich gerufen, er wäre jetzt bei ihm im Himmel!« Sie wußte gut, daß solche Worte mir völlig unverständlich gewesen wären. Die Existenz eines Gottes wurde bei uns nie erwähnt. Daß wir an den hohen Feiertagen – Neujahr und Versöhnungstag – in die Synagoge gingen, geschah nicht, um Gott zu preisen, ihn zu verherrlichen und um Sündenvergebung zu erbitten. Nein, diese Besuche wurden als gesellschaftliche Verpflichtung betrachtet und waren notwendig zur Aufrechterhaltung der jüdischen Identität. So wie die meisten Christen nur zu Weihnachten und Ostern in die Kirche gingen, taten dies auch säkulare Juden in ähnlicher Weise. Mit Glauben hatte das nichts zu tun.

Doch ein Kind in diesem Alter macht sich noch nicht viele Gedanken, es akzeptiert einfach die Tatsachen. So war es auch bei mir. Aber doch entstand in meinem Unterbewußtsein eine Wunde. Sie verheilte zwar etwas im Laufe der Jahre – bis die anderen Schicksalsschläge sie wieder aufrissen.

Aber im täglichen Leben spürte ich schnell die Veränderung, die der Tod von Heinz mit sich gebracht hatte. Ich war ein Einzelkind geworden, zu Hause ohne Spielgefährten. Auch draußen wurde es schwer für mich, mein Verlangen nach Gesellschaft zu befriedigen. Doch dazu kam noch etwas anderes, völlig Überraschendes.

Ich hatte erwartet, daß jetzt meine Eltern – besonders natürlich meine Mutter – sich sehr um mich sorgen und mir ihre Liebe jetzt vermehrt zeigen würden. Doch genau das Gegenteil geschah. Meine Eltern entfernten sich von mir, ihrem einzigen Kind, und übergaben die Sorge für mich der Großmutter und der Hausgehilfin.

Mir war ein solches Verhalten völlig unerklärlich. Gerade jetzt brauchten wir uns gegenseitig doch so sehr! Also weshalb dieses unerwartete Verhalten? Als ich erwachsen war, begriff ich es: Der Schmerz über den Verlust des Kindes hatte sie einfach für alles andere völlig abstumpfen lassen. Doch bei mir als Kind hinterließ dieses Verhalten noch eine zusätzliche seelische Narbe: Ich fühlte mich einfach nicht liebenswert.

Inzwischen hatte sich die finanzielle Situation in Deutschland gebessert, die Inflation war gestoppt und eine stabile Währung – die Rentenmark – war eingeführt worden. Mein Vater profitierte von dieser positiven Veränderung, außerdem war er ja nun schon ein bekannter Zahnarzt. Eine zusätzliche finanzielle Erleichterung für ihn war die Tatsache, daß sein jüngerer Bruder sich an dem Unterhalt von Mutter und Schwester beteiligen konnte.

Und so konnte mein Vater der Bitte seiner Frau nachgeben und einem Wohnungswechsel zustimmen. Der Grund für solch einen Wunsch war sehr verständlich: Meine Mutter wollte die Umgebung verlassen, in der sie dauernd an den verstorbenen Sohn erinnert wurde. Außerdem gab es noch etwas, was ich als Fünfjähriger nicht entdeckt hatte: Meine Mutter war schwanger.

Auch das war zweifellos ein richtiger Schritt, um den erlittenen Verlust leichter ertragbar zu machen. Es ist auch gut möglich, daß meine Eltern den Tod von Heinz mit der ungesunden Lage unserer Wohnung in Verbindung brachten – sie lag ja gegenüber einer großen Gasanstalt.

Als neue Wohngegend war Treptow gewählt worden, sicher – ökologisch gesehen – ein gewaltiger Unterschied, denn gegenüber dem Haus lag der herrliche Park.

Der erste Abschnitt meines Lebens war beendet. Zweifellos prägte er mein Leben. Schon als kleines Kind hatte ich die Unsicherheit des irdischen Lebens kennengelernt, dazu etwas noch Schwerwiegenderes: das Gefühl, nicht liebenswert zu sein.

»Moses Hinkebein«

1925 – 1933

Ich saß auf der Treppe, die zum Eingang unseres neuen Wohnhauses in Treptow führte und blickte mit gemischten Gefühlen auf den gegenüberliegenden Park. »Herrlich muß es sein, dort herumzutoben!« dachte ich. »Aber ich habe doch keine Freunde!«

Fast einen Monat waren wir bereits in der neuen Wohnung. Sie war herrlich geräumig, fast luxuriös. Und was für mich als Kind so wichtig war – der große Park vor der Haustür. Doch gab es auch Negatives für mich. Es war alles fremd: das Haus, die Umgebung, sogar die Hausgehilfin war neu. Die Mutter war jetzt noch distanzierter, ruhte viel wegen der Schwangerschaft. Und den Vater sah ich jetzt fast nur am Wochenende. Die Entfernung zwischen Wohnung und Praxis war so groß, daß er morgens das Haus verließ, bevor ich aufstand, und wenn er am Abend zurückkehrte, schlief ich meistens schon. Meine einzige Gesellschaft war die Großmutter, die jetzt bei uns wohnte – eine schwergeprüfte Frau von fünfundsechzig Jahren.

Während ich so träumend dasaß, hatte ich gar nicht das Kind bemerkt, das aus dem Haus gekommen war. Es ging an mir vorbei, blieb dann stehen, drehte sich um und betrachtete mich. »Du mußt neu hier sein«, stellte es fest. Ich antwortete nur lakonisch: »Ja!«

Es mußte ein Mädchen sein, und an solcher Bekanntschaft war ich nicht interessiert. Doch dann horchte ich auf: »Ich könnte gut einen Spielkameraden gebrauchen. Ich heiße Wolfram – und wie ist dein Name?«

Er reichte mir die Hand. Ich nahm sie und betrachtete ihn genauer. Seine Erscheinung war mädchenhaft: schulterlanges, tiefschwarzes Haar und ein zierlicher Körperbau. Doch andererseits, die Art wie er sprach und der ernste Gesichtsausdruck waren zweifellos jungenhaft.

»Ich heiße Günter«, sagte ich, »und ich habe auch niemanden zum Spielen.«

Und so begann unsere ungewöhnliche Freundschaft. Wolfram war in meinem Alter, seine Eltern Christen, sehr liberal, hatten jüdische Freunde. Sie waren reich, doch ohne jeden Snobismus oder Überheblichkeitsgefühl. Wolfram war eher ein südländischer als arischer Typ. Sieben Jahre waren wir zusammen, unzertrennlich, enger als Brüder – bis die Umstände stärker waren als wir.

Was machte uns so engverbunden? War es einfach das Fehlen anderer Möglichkeiten? Das glaube ich nicht. Wir waren in vielem ganz verschieden – Eigenschaften, Interessen, Milieu –, aber wir ergänzten uns großartig, und das machte unsere Freundschaft so interessant und beständig.

Drei Monate nach unserer Ankunft in Treptow wurde mein Bruder Helmut geboren. Diesmal waren die Eltern froh, daß es ein Junge war – sollte es doch ein gewisser Ersatz für den verstorbenen Sohn sein. Jetzt drehte sich zu Hause natürlich alles um das Baby. Ich war mir völlig selbst überlassen. Doch ich bedauerte es nicht, ich hatte meine Welt gefunden. Ich verbrachte die Tage mit Wolfram. Wir spielten bei ihm oder im Garten seiner Eltern, und dann war ja noch der große Park, in dem wir herumtoben konnten.

So verging das erste Jahr in Treptow. Nun waren wir beide über sechs Jahre alt und schulpflichtig. Doch Wolframs Mutter hielt ihren Jungen für zu schwächlich, um schon die Volksschule besuchen zu können, und es gelang ihr, auch meine Mutter zu einem Privatunterricht zu überreden. So erreichten sie, daß eine Ärztekommission für uns zwei Jahre Privatunterricht genehmigte. Wolfram war wirklich schwächlich, mir jedoch fehlte körperlich gar nichts.

So wurden wir zwei Jahre von einer reichlich unsympathischen Lehrerin unterrichtet. Mich konnte sie von Anfang an nicht leiden – obgleich ich leicht begriff und meine Hausarbeiten immer sauber und vollständig waren. Später erfuhr ich den Grund dieser Abneigung: Die Lehrerin war eine eingefleischte Antisemitin.

Doch es war eine herrliche Zeit. In zwei Stunden täglich lernten wir all das, wozu in einer Klasse von vierzig Kindern fünf Stunden gebraucht wurden. Und so verblieb uns noch viel Zeit für Spiel und Vergnügen.

Die zwei Jahre vergingen, ohne daß wir uns richtig als Schüler fühlten. Tagsüber war ich wenig zu Hause, meine Welt war draußen. Zu Hause fühlte ich mich überflüssig. Dort drehte sich alles um den kleinen Bruder, der ja auch wirklich ein reizendes Bürschlein war.

Doch dann war der Besuch der Volksschule nicht mehr aufzuschieben. Der Schulweg war weit, denn in der Nähe gab es keine Schule. Doch da wir zu zweit gingen, war es nie langweilig. Die Schüler dort kamen aus einer mir völlig unbekannten Gesellschaftsschicht. Es waren Arbeiterkinder mit völlig anderem Aussehen und Benehmen. Ich akzeptierte das, doch nicht so Wolfram. Er versteckte seine Verachtung nicht. Und so verging kaum ein Tag, an dem er sich nicht mit jemand prügelte. Besonders seine langen Haare erregten den Spott der Mitschüler – was kein Wunder war, da sie ja fast alle von Zeit zu Zeit völlig kahlgeschoren wurden.

So war es klar, daß wir beide keine Freunde unter den Mitschülern fanden. Sie waren zu verschieden von uns, aber sie fehlten uns auch nicht. Übrigens, ich war der einzige Jude in der Klasse, vielleicht sogar in der ganzen Schule.

Kurz vor Ende des vierten Schuljahres machte ich meine erste Bekanntschaft mit dem anderen Geschlecht. Das war etwas völlig Neues für mich. Ich hatte ja keine Schwester, meine einzige Cousine war viel älter und daher kannte ich sie kaum. Auch Wolfram hatte nur einen Bruder und in der Schule waren wir nur Jungs.

In unserem Haus wohnte Lore, zwei Jahre älter als ich. Wir hatten überhaupt keine Beziehung zueinander, wenn ich sie traf, war sie wie Luft für mich. An ihr Aussehen kann ich mich kaum erinnern, nur zwei Dinge sind in meinem Gedächtnis geblieben – ihre sanfte, melodische Stimme und ihr herrliches rotes Haar, das sie meistens offen trug.

An jenem Morgen war ich zu spät aufgestanden und deshalb raste ich die Treppe hinunter, um Wolfram noch auf dem Schulweg einzuholen. Doch da verfehlte ich eine Stufe, fiel hin und rollte noch einige Stufen hinab, bis mich etwas aufhielt. Es waren Lores Beine. Sie ergriff meinen Arm und zog mich hoch.

»Du hast es aber wirklich eilig«, sagte sie etwas spöttisch.« Es tut mir leid, daß ich dir im Wege war. Sonst hättest du ja die ganze Treppe hinunterrollen können. Aber wenigstens haben wir auf diese Art Kontakt bekommen.« Doch als sie dann meine blutenden Knie sah, änderte sich ihr Tonfall: »Ach, du liebe Güte, du hast dich ja verletzt!« rief sie erschrokken aus. »Komm mit mir nach Hause, ich werde dir deine Knie verbinden!«

So begann unsere Freundschaft. Sie war völlig verschieden von meiner Beziehung zu Wolfram. Mit ihm waren es gemeinsame Taten, in denen unsere verschiedenen Charaktere vereint werden konnten. Aber die Gemeinschaft, die ich mit Lore hatte, war ganz anders. Sie war persönlicher, drehte sich nicht um eine Sache oder Tat. Wir konnten lange zusammensitzen und uns nur unterhalten. Sie war sehr klug, und ihre Erzählungen interessierten mich.

Doch das Wichtigste war: Sie war ein Mädchen – liebevoll, sanft, sorgsam und mitfühlend. Für sie war äußere Erscheinung wichtig, und ich genoß es enorm, wie sie für mich sorgte. Sie streichelte mich, küßte meine Stirn. Solche Zärtlichkeiten kannte ich nicht von zu Hause. Ich kann mich nicht erinnern, jemals von meinem Vater geküßt oder umarmt worden zu sein, und auch von meiner Mutter erhielt ich äußerst selten ein Zeichen der Liebe oder Zärtlichkeit.

Lore kämmte und wusch meine Haare und ich durfte dasselbe mit ihrer Mähne tun – was mir sehr gefiel. Sie erwartete von mir keine Zärtlichkeiten. Und so denke ich, der Grund für ihre Freundschaft war bei ihr der weibliche Instinkt, einfach jemanden bemuttern zu wollen. Aber bei mir war es etwas ganz anderes. Der Mangel an Liebe und das Fehlen von Zärtlichkeiten, worunter ich seit dem Tod von Heinz litt, hatte in mir den Eindruck erweckt, daß ich – im Gegensatz zu Heinz und Helmut – *einfach nicht liebenswert sei.*

Leider dauerte diese etwas ungewöhnliche Freundschaft nur ein knappes Jahr und endete sehr schmerzhaft mit einer großen Enttäuschung.

Das letzte Jahr in der Volksschule ging seinem Ende entgegen. Ich war schon in dem Treptower Realgymnasium eingeschrieben und war nun zehn Jahre alt. Da geschah das Unglück, das mein Leben total veränderte, meinen ganzen Lebenslauf beeinflußte. Fast über Nacht wurde ich anders als alle anderen Menschen, die ich kannte. Schon sehr oft – besonders im Winter – hatte ich eine Halsentzündung oder eine Grippe bekommen, das ist ja auch nichts Ungewöhnliches. Eigentlich genoß ich diese Tage im Bett. Plötzlich wurde ich wichtig, man sorgte sich um mich. Ich hatte keine Verpflichtungen, konnte träumen und viel schlafen. Am Nachmittag kam dann Wolfram, und wir planten gemeinsame Unternehmungen nach meiner Genesung.

Ich bin ganz sicher, daß diese schicksalsschwere Grippe oder Angina nicht anders verlaufen war als die vorigen. Nachdem das Fieber nachgelassen hatte, mußte ich noch drei Tage im Bett bleiben. Dann kam der Tag, an dem ich aufstehen durfte – ich werde ihn nie vergessen. Ich saß auf dem Bettrand und wollte mich hinstellen. Doch zu meinem Entsetzen konnte ich den rechten Fuß nicht bewegen, ich hatte die Kontrolle über meine Muskeln verloren! Es war mir unmöglich, ihn auf normale Art und Weise auf den Boden zu stellen. Entweder hing er leblos herunter, oder wenn ich mich bemühte, ihn zu bewegen, verkrampfte er vollkommen. Entsetzt legte ich mich wieder hin und rief weinend nach der Mutter.

Die Eltern waren nicht weniger erschrocken als ich selbst. Ich schien ja die Fähigkeit zu gehen verloren zu haben! Ich weiß nicht, ob man den Eltern die Ursache dieses Versagens erklärt hatte, ob man es überhaupt erklären konnte. Auf jeden Fall wurde ich von einem Arzt zum andern geschleppt, und es wurden die verschiedensten Behandlungen gemacht. Doch alles war umsonst. Was geschehen war, konnte nicht rückgängig gemacht werden. Ich war zu einem Krüppel geworden.

Eine mechanische Hilfe wurde gesucht, und nach einiger Zeit bekam ich eine schwere Eisenschiene ans Bein gebunden. Der Gedanke schien logisch zu sein: Da ich die Muskeln nicht mehr steuern konnte, um den Fuß wie gewohnt auf den Boden zu stellen, sollte das mit Hilfe dieser Schiene gewaltsam erreicht werden.

Doch die Ärzte hatten sich geirrt, es war anders. Wenn ich gehen wollte und von meinem Gehirn der Befehl kam, die Beinmuskeln zu aktivieren, dann funktionierte das nicht auf normale Weise. Der verkrampfte Fuß wurde vielmehr mit Gewalt gerade gehalten, aber durch die Spastik bog sich das Bein nach innen. Dadurch wurde es zwar kürzer, aber ich konnte mich irgendwie vorwärtsbewegen – allerdings stark hinkend.

Nach einiger Zeit erkannte der Arzt die Wertlosigkeit der Schiene, und ich wurde dieses Monstrum los. Aber das Wichtigste war, daß ich nun selbst eine Möglichkeit zum Gehen gefunden hatte: Wenn das ganze Bein stark nach hinten gedreht war, dann konnte der sonst unkontrollierbare Fuß auf dem Boden ruhen. Und nur so konnte ich gehen. Natürlich war diese Lösung nicht gerade angenehm. Ich hinkte stark. Für andere war das abstoßend, für mich war es enorm anstrengend und ermüdend. Aber es war die einzige Möglichkeit des Vorwärtsbewegens, die Alternative wäre ein Rollstuhl gewesen. Diese Art zu gehen verursachte zwar später ein schweres Hüftleiden mit achtzigprozentiger Invalidität, doch es lohnte sich, diesen Preis zu zahlen. Nur dadurch konnte ich etwa vierzig Jahre lang ein mehr oder weniger normales Leben führen.

Während dieser Zeit waren meine Eltern und auch ich selbst so mit dem Gehproblem beschäftigt gewesen, daß wir etwas anderes erst gar nicht bemerkt hatten – die Funktion meiner rechten Hand. Zu unserem Entsetzen bemerkten wir auch dort Veränderungen. Wenn die Hand ruhte, war es nur ein leichtes Zittern, doch wenn ich etwas greifen wollte, verkrampfte sich die Hand sofort, so daß ich nicht fähig war, feinere Tätigkeiten auszuüben.

So entstand ein neues Problem: Ich konnte nicht mehr schreiben. Doch wieder gelang mir etwas, was zunächst unmöglich erschien: Ich begann mit der linken Hand zu schreiben. Solch ein plötzlicher Übergang bei ausgesprochenen Rechtshändern ist ungewöhnlich und gelingt selten. Aber mein Bestreben, die Schwierigkeiten zu überwinden, war ja unwahrscheinlich stark. (Später fand ich die Quelle dieser Kraft.)

Von meinen Eltern hörte ich nie etwas über die Ursache meiner Behinderungen, wahrscheinlich war sie ihnen auch nicht ganz klar. Ich selbst erfuhr die Wahrheit erst viel später – es waren die Folgen einer Encephalitis, die ich damals hatte.

Als es klar war, daß mir medizinisch nicht zu helfen war, kam ich in psychologische Behandlung. Sie sollte mir helfen, die durch meine plötzliche Invalidität entstandenen psychischen Schwierigkeiten zu überwinden. Meine Gedanken sollten vom Negativen abgelenkt werden. Doch leider hatte das bei mir keinen großen Erfolg.

Der Grundgedanke war richtig: Das Ausmaß einer durch Gehirnschäden verursachten Unkontrollierbarkeit von Gliedmaßen hängt sehr von der emotionalen Situation des Betroffenen ab. Doch bei mir kamen noch andere Faktoren hinzu: Als Zehnjähriger, der von einem Tag auf den anderen eine so starke Behinderung akzeptieren muß, war ich natürlich bemüht, diese Tatsache so weit wie möglich zu verstekken. Darüber hinaus konnte ich nie sicher sein, ob und wie meine geschädigten Glieder die erwünschte Bewegung ausführen würden. Daher war ich immer voll konzentriert und in Spannung, wenn irgendwelche Aufgaben vor mir standen, besonders dann, wenn ich mit anderen Personen zusammen war. Es war und ist eine Art Teufelskreis: Das Benutzen meiner behinderten Glieder macht mich nervös, aber die Aufregung erschwert gleichzeitig den Bewegungsablauf.

Meine Erkrankung hatte meine Eltern entsetzlich getroffen. Nur mit Mühe hatten sie sich irgendwie von dem Verlust des Erstgeborenen erholt, dann kam über Nacht dieser neue, so grausame Schlag. Sie versuchten alles, doch ohne Erfolg. Dann brachen sie völlig zusammen – und ich war völlig auf mich allein gestellt, ohne jede Hilfe. Als Zehnjähriger stand ich ganz allein vor der enormen Aufgabe, trotz all meiner Handicaps so weiterzuleben, als wenn nichts geschehen wäre.

Heute erhalten Eltern und Lehrer Hilfestellungen. Rehabilitationszentren bieten ihre Dienste an. Doch ich erhielt keine Hilfe dieser Art. Aber ich bin sicher, diese Tatsache hatte auch positive Seiten, und es war eine Erziehung und Ausbildung, die der Herr mir geben wollte. Ich lernte, nicht den leichten Weg der Anklage wegen meines Schicksals zu wählen. Ich bekam den eisernen Willen, meine Probleme ganz allein zu bewältigen – bis der Herr mir die Grenzen meiner Kraft zeigte.

In Gesellschaft war ich sehr eingeschränkt. Es gab ja so vieles, das ich jetzt nicht mehr tun konnte. Dazu kam dann noch die ästhetische Seite dieser Behinderung, denn ich liebe Schönheit und körperliche Vollkommenheit. Der Gebrauch meiner verkrampften Hand aber sah sehr häßlich aus, und mein Hinken wirkte richtig abstoßend. Dieses Problem verstärkte sich besonders dann, als mein Wunsch nach weiblicher Gesellschaft akut wurde.

Doch es gab etwas, das mir während der ersten schwierigsten Zeit nach dem Unglück sehr half – das war Wolframs Verhalten. Die äußeren Veränderungen bei mir störten ihn überhaupt nicht. Er brauchte mich und wollte mich so wie früher haben. Er konnte sich nicht vorstellen, daß dies nicht möglich wäre. Dieser kindlich-naive Glaube half mir enorm – ich durfte den Freund nicht enttäuschen.

Nicht weniger wichtig war seine praktische Hilfe. Ich weiß nicht, wie ich den Schulbesuch hätte fortsetzen können, wenn Wolfram mir nicht geholfen hätte, wieder radzufahren. Das war ungeheuer wichtig für mich während meines ganzen späteren Lebens. Ich konnte ja nur ganz kurze Strecken gehen, denn die physische Anstrengung erschöpfte mich völlig. So wurde das Fahrrad ein richtiger Ersatz für meine Beine.

Wolframs Verhalten half mir auch, den Schmerz etwas zu überwinden, den Lore verursacht hatte. Ich traf sie erst einige Monate nach Ausbruch der Krankheit wieder. – Ich stieg gerade langsam und mühsam die Treppe hinauf, als ich Lore begegnete, freudig begrüßte ich sie, doch sie betrachtete mich mit einer Mischung aus Ekel und Mitleid.

»Ach du meine Güte«, rief sie. »Ich hörte, was passiert ist, aber ich konnte mir nicht vorstellen, daß es so schlimm wäre. Du solltest dich doch in den Rollstuhl setzen und dich schieben lassen. Deine Hand ist ja auch unbrauchbar, du mußt doch sicher gefüttert werden. Schade, daß du so verkrüppelt bist, du warst ein netter Junge.« Ohne ein weiteres Wort war sie weitergegangen. Ich war sprachlos, meine Augen füllten sich mit Tränen. All die schönen Erinnerungen an Lore – in einem Moment waren sie ausgelöscht. Was blieb, war nur Haß.

Im April 1931 begann ich, das Gymnasium zu besuchen. Es war eine große Schule, natürlich nur für

Jungs. Auch die Klassen waren sehr groß, und es machte mir Mühe mich einzuordnen. Ich war behindert, und so war niemand daran interessiert, sich mit mir anzufreunden. Mitleid war das einzige, was ich erwarten konnte.

Der Unterricht machte mir keine Schwierigkeiten, nur meine oft kaum lesbare Handschrift machte Probleme. Mein Judesein störte niemanden – übrigens wurde auch Wolfram wegen seiner dunkleren Haut und dem schwarzen Haar, das er noch immer lang trug, öfters für jüdisch gehalten.

Die täglichen Probleme zu bewältigen, die meine Behinderungen mit sich brachten – das war eine ständige Aufgabe, bei der mir niemand helfen konnte. Ich bin überzeugt, meine Eltern meinten es gut, aber sie konnten meine Schwierigkeiten nicht richtig verstehen. Die sahen dann ein, daß es am besten war, sich nicht einzumischen, und doch fehlten mir Unterstützung und Trost von seiten der Eltern.

Nach der akuten Phase meiner Krankheit wurde ich während der großen Ferien in Kinderheime geschickt. Das war sicher nach dem Rat des Psychologen: Ich mußte lernen, mich in Gesellschaft zu bewegen, und der beste Weg dazu war, mich in sie hineinzuwerfen. Doch leider war diese Methode bei mir erfolglos. Meine Behinderungen hatten mich menschenscheu gemacht, und außerdem konnte ich an den meisten Aktivitäten dort nicht teilnehmen. So war ich sehr unglücklich in diesen Heimen, einsam und deprimiert.

Zweimal war ich jeweils im Sommer in Westerland auf Sylt, doch beim zweiten Besuch spürte ich schon starken Antisemitismus. Als ich zurückkehrte, erwartete mich eine neue Hiobsbotschaft: Mein Bruder Helmut war nicht mehr am Leben!

Meine Erinnerungen an den kleinen Bruder sind ziemlich spärlich. Er war ein ruhiges, hübsches, kluges und liebenswertes Kind, doch der große Altersunterschied – sechs Jahre – trennte uns. Das einzige, was ich über Helmuts Tod weiß, ist, daß er an einer Meningitis starb. Es war auf einer Reise mit den Eltern.

Aber es gab auch noch einen anderen Grund dafür, daß ich so wenig Kontakt zu meinem kleinen Bruder hatte: Es fehlte bei uns das, was man ein Familienleben nennt. Mein Vater verließ das Haus früh morgens und kam erst spät am Abend zurück. Aber auch wenn er am Wochenende zu Hause war, spürte ich als sensibles Kind, wie wenig sich die Eltern zu sagen hatten. Sie lebten nebeneinander her, mein Vater versteckte seine Gefühle, und meine Mutter hatte nicht die Gabe, eine warme Atmosphäre der Geborgenheit und Liebe zu schaffen.

Normalerweise hätte das erlittene Unglück meine Eltern und mich wieder enger zusammenführen müssen – ich war doch nun alles, was sie hatten. Aber eher das Gegenteil war der Fall: Vater und Mutter kamen sich nicht näher, die Atmosphäre zu Hause wurde sogar völlig lebensverneinend. So war ich froh um jede Minute, die ich außer Haus verbringen konnte, allerdings sollte auch das nicht mehr lange möglich sein.

Da meine Eltern religiös völlig ungebunden und ungläubig waren, gingen wir von Treptow aus nur sehr selten in die Synagoge – und doch waren wir uns unseres Judeseins voll bewußt. Meine Eltern verkehrten nur mit jüdischen Freunden, ich kann mich nicht erinnern, jemals Christen bei uns zu Hause gesehen zu haben – außer den Dienstboten.

So war es klar, daß für mich Judesein Anderssein bedeutete – allerdings ohne eine klare Vorstellung davon zu haben, worin dieses Anderssein bestand. In bezug auf die Feiertage war ich sehr benachteiligt: die jüdischen hielten wir nicht, weil wir nicht religiös waren, und die christlichen trauten wir uns nicht zu halten, denn das war doch »fremd«. Ich litt unter diesem Zustand. Mir fehlten die Feste, denn jedes Kind liebt die Freude und Feierlichkeit, außerdem betonen sie die Familienzusammengehörigkeit. Aber ich spürte noch etwas anderes: die Unsinnigkeit und Unaufrichtigkeit dieser Einstellung. Schon als Kind haßte ich alle Halbheiten und jede unklare Stellungnahme. Wenn wir Juden sind – warum dann nicht bewußte? Oder wenn wir uns als Deutsche fühlen, warum diese Farce der jüdischen Religion, die uns nichts sagt? Was hält uns von der Taufe zurück?

Doch nun sollte das alles von ganz anderer Seite geklärt werden.

Der Nazismus hatte sich seit Ende der zwanziger Jahre stark ausgebreitet, besonders in Berlin spürte man es deutlich. Die wirtschaftliche Krise, deren Ergebnis die gewaltige Arbeitslosigkeit war, ließ die Reihen der NSDAP anschwellen – insbesondere die der SA. Von den sechs Millionen Arbeitslosen fand die Mehrheit in den Reihen der braunen Armee verlockende Angebote: finanzielle Hilfe, Kleidung, Beschäftigung und vor allem ein Ventil für ihre Verbitterung. Die SA bekam mehr und mehr Einfluß und

Macht und übte sie gegenüber ihren politischen Gegnern aus. (Bis zur Machtübernahme übte sie kaum Druck auf Juden aus.) Und so verging kaum ein Tag, an dem es nicht zu Straßenschlachten zwischen Nazis und meistens Kommunisten kam. – Übrigens wurde die SA von deutschnationalen Kapitalisten finanziert, die darin ein wirksames Mittel sahen, die kommunistische Gefahr zu liquidieren.

In unserer Wohngegend merkten wir wenig von diesen Kämpfen. Die Bewohner lebten gutbürgerlich und in dem Gebäudekomplex neben unserem Haus hatte die Städtische Verkehrsgesellschaft ihre Angestellten untergebracht – fast alles Sozialdemokraten.

Während meines ersten Jahres am Gymnasium 1931 war noch kein Antisemitismus zu spüren. Aber 1932 begann sich die Lage zu ändern. Eine Anzahl Schüler trat der Hitlerjugend (HJ) bei; Uniformtragen in der Schule war zwar nicht erlaubt, aber doch waren diese Nazischwalben zu erkennen. Sie hatten kleine Abzeichen an ihrer Kleidung, außerdem ließen sich die meisten ganz kurz- oder sogar völlig kahlscheren, um ihre Männlichkeit und Verrohung zum Ausdruck zu bringen.

Die Lehrer verhielten sich korrekt – auch noch 1932. So hatten ich und mein jüdischer Mitschüler von dieser Seite nichts zu leiden. Ich kann nicht sagen, daß ich von meinen Klassenkameraden körperlich angegriffen wurde, aber doch litt ich. Ich trug das Kreuz meiner Behinderungen ohne zu klagen und bemühte mich, meine Schwächen so weit wie möglich zu überwinden. Ich erwartete keine Anerkennung dafür – und noch weniger Mitleid jeder Art. Aber daß ich jetzt so oft das Ziel des Spottes dieser gewitzten Mitschüler wurde – das traf mich sehr. Wenn man sich über mein Humpeln lustig machte, es nachahmte, mich auslachte, wenn ich mich bei manchen Turnübungen beteiligen wollte – all das schmerzte mich mehr, als wenn ich geprügelt worden wäre. Ich hörte auf Günter Krebs zu sein. Man nannte mich nur noch »Moses Hinkebein.«

Daß ich nun in der Klasse ein Paria war, ist selbstverständlich – aber was war mit Wolfram, der immer noch mein einziger wirklicher Freund war? Wir sprachen nie darüber, aber mir wurde es klar, daß er sich in einem Dilemma befinden mußte. Einerseits fühlte er die starken Bande, die uns zusammenhielten, doch andererseits mußte er gut wissen, daß er zu den anderen gehörte – er war kein Jude. Er begann zu leiden – einerseits wegen der Freundschaft mit mir, andererseits auch wegen seines nicht-arischen Aussehens.

Meine Eltern waren nach Helmuts Tod völlig gebrochen und meine Anwesenheit zu Hause brachte sie in Verlegenheit. So wurde ich in den Herbstferien 1932 in ein jüdisches Heim bei Berlin geschickt, und ich traf hier das erste Mal in meinem Leben – außer meinen Verwandten – jüdische Jugend. Allerdings muß ich betonen, daß sich das Jüdische nur ethnisch zeigte, weder Kinder noch das Personal waren religiös oder kulturell an das Judentum gebunden.

Eigentlich hätte ich mich in der Gesellschaft wohlfühlen müssen, nach allem, was ich in der Schule erlebt hatte, doch es war nicht so. Das hatte verschiedene Gründe: Ich war eher ein Einzelgänger als ein Herdenmensch. Dann gab es viele Dinge, die seit meiner Krankheit für mich tabu waren: Sport (Athletik,

Turnen, Ballspiele), Gesellschaftsspiele, handwerkliche Betätigung – und das waren ja fast die ganzen Betätigungsgebiete in so einem Ferienlager.

Im Blick auf das Handwerk machte ich eine interessante Beobachtung. In Ferienheimen und in der Schule zeigte ich als Kind nie Interesse an handwerklicher Betätigung, ja gab mir alle Mühe, mich davor zu drücken. Aber später wurde ich Handwerker und liebte die Arbeit so sehr! Die Ursache dafür wurde mir erst vor kurzem klar: Ich war mir als Kind nicht sicher, ob die Behinderung meiner Hand eine solche Beschäftigung zulassen würde. Aber in Gesellschaft wagte ich es nicht, einen Versuch zu machen – der Gedanke ausgelacht zu werden, war für mich entsetzlich.

Solange ich nun einfach Uninteressiertheit vorspielte, konnte man nicht darauf kommen, daß meine rechte Hand nicht normal war. Damals war ich noch in der Lage diese Behinderung zu verstecken – dank raffiniertester Methoden. Es war schlimm genug für mich, ein verkrüppeltes Bein zu haben. Anfangs dachte ich sogar, nicht jeder würde das bemerken.

Noch etwas anderes machte mir in dem Ferienlager Kopfzerbrechen. Es war das erste Mal, daß ich in eine gemischte Gesellschaft mit kaum weniger Mädchen als Jungen kam. Einerseits war ich froh darüber. Ich dachte an die angenehmen Stunden, die ich mit Lore verbracht hatte, und außerdem war ich jetzt zwölf Jahre alt und hatte sicher auch schon erste erotische Gefühle. Doch andererseits mußte ich an Lores Reaktion nach meiner Krankheit denken.

Zu meinem Erstaunen gab es keine der beiden erwarteten Reaktionen: weder die gefürchtete des reinen Mitleids noch die erträumte, von einem Mädchen trotz allem als gleichwertig anerkannt zu werden. Ich war für Jungen und Mädchen einfach Luft – eigentlich auch kein Wunder, denn bei welchen Aktivitäten konnte ich mich schon beteiligen?

Das verhinderte aber nicht, daß ich mich in ein Mädchen verliebte. Sie war wohl etwas älter als ich, körperlich gut entwickelt, selbstbewußt, aber auch kameradschaftlich. Marion war sehr beliebt, und was sie in meinen Augen so anziehend machte, war ihr Haarschnitt. Ich sah so etwas zum ersten Mal: Sie trug ihr seidiges, blondes Haar in einem Herrenschnitt, so kurz wie die Jungen. Diese Tatsache machte sie in meinen Augen zu etwas Besonderem. Mädchen in ihrem Alter waren doch stolz auf ihr langes Haar. Wenn Marion auf diesen Schmuck verzichtete, dann mußte sie einen starken Charakter haben, dachte ich.

Marion schien mein Interesse an ihr bemerkt zu haben, denn sie sprach mich einmal an. »Du warst immer so?« fragte sie. Ich schüttelte nur den Kopf. »Das macht es noch schlimmer – so wie ein Blinder, der früher sehen konnte. Tut mir leid, du scheinst sonst ein netter Junge zu sein.« Sie strich sich das nasse Haar aus den Augen und sagte wie zu sich selbst: »Schrecklich, es ist schon wieder zu lang!«

Ich weiß nicht, woher ich den Mut nahm sie zu fragen: »Warum trägst du so einen Schnitt, Mädchen tun so etwas doch nicht?«

Sie lachte: »Was geht mich das an? Es ist bequem, außerdem steht es mir gut und macht mich sexy – aber das kannst du ja nicht verstehen.«

Marion drehte sich um und ging ohne ein weiteres Wort zu sagen. Diese Episode begrub meine Hoffnung. Eine Freundschaft mit Marion wurde zu einem

Traum – so wie es in Zukunft noch oft geschehen würde.

Nach den Ferien kehrte ich in das alte Milieu zurück: das freud- und lieblose Heim, die feindliche Klasse, der tägliche Kampf mit meinen Behinderungen. Der einzige Lichtblick war die Freundschaft mit Wolfram – aber auch da konnte ich die beängstigenden Risse nicht vertuschen.

Unsere siebenjährige Freundschaft näherte sich ihrem Ende. Heute, als gläubiger Mensch, ist mir eine Sache ganz klar: Die Tatsache, daß ich Wolfram traf und mit ihm sieben Jahre zusammen verbringen konnte – das war kein Zufall, es mußte zu Gottes Plan gehört haben. Ohne diese Freundschaft mit ihm hätte ich niemals das normale Leben eines Kindes führen können. Nach meinem persönlichen Unglück waren Wolfram und seine Familie die einzige Stütze, die ich hatte. Was ich dringend brauchte, um nicht völlig zu versinken, war, trotz allem als vollwertiger, gleichwertiger Mensch angesehen zu werden. Und das bekam ich von Wolfram – und nur von ihm!

Im Januar 1933 kamen die Nazis an die Regierung, die paramilitärischen Organisationen SA und SS wurden legitime Staatsgruppen, denen jetzt die Straße gehörte. Es begann die zwölfjährige Herrschaft des satanischen »tausendjährigen« Deutschen Reiches, die dunkelste Epoche in der deutschen Geschichte und der Welt überhaupt.

Den ersten Schultag nach der Machtübernahme werde ich nie vergessen: Alle Schüler waren schon versammelt, über die Hälfte in Uniform. K., ein bekannter Schläger, zwei Jahre älter als ich (da er zweimal sitzengeblieben war) hatte das Kommando. Die HJler wurden in die ersten Reihen gesetzt, danach kamen die anderen Schüler. Es blieben noch drei leere Reihen, aber wir beiden Juden mußten uns auf die letzte Bank in der Ecke setzen.

Ich bin kurzsichtig, deshalb hatte ich bisher immer in der ersten Reihe gesessen, auch konnte ich von dort leichter zur Tafel kommen. Nun saß ich ganz hinten, konnte nicht sehen, was auf der Tafel stand, und wenn ich nach vorne gerufen wurde, hatte ich die ganze Klasse zu durchqueren – abgesehen davon wurde mir oft ein Bein gestellt, so daß ich hinfiel. Selbstverständlich konnte Wolfram nicht mehr neben mir sitzen.

Die nächsten zwei Monate bis zum Ende des Schuljahres waren für mich enorm schwer. Ich war völlig isoliert, wurde beschimpft und verspottet. Moses Hinkebein war der Prototyp des verhaßten Menschen: Er war Jude, verkrüppelt und intelligent. Ich litt sehr, besonders weil ich diesen Dingen hilflos ausgeliefert war.

Dazu kam noch die Sache mit Wolfram. Unter den gegebenen Umständen konnte unsere Freundschaft nicht mehr lange anhalten, doch damals war mir das noch nicht so klar. Ich sah, daß die halbe Klasse nicht in der HJ war, der jüdische Mitschüler hatte sogar einige arische Freunde. So kamen für mich Wolframs Schritte sehr überraschend.

Nachdem wir in der Klasse getrennt sitzen mußten, kam ich während der Schulzeit – auch der Pausen – mit Wolfram überhaupt nicht mehr zusammen, auch den Schulweg ging ich meistens allein. Als ich ihn deswegen zur Rede stellte, antwortete er ausweichend und erklärte, es wäre taktisch notwendig, damit er außerhalb der Schule mit mir zusammensein könne. Ich akzeptierte das, aber eine Woche danach war Wolfram auch nachmittags nie zu Hause.

Ich gab es auf, dauernd nach ihm zu fragen und wartete darauf, daß er sich melden würde! Einige Tage später saß ich eines Nachmittags in meinem Zimmer und blickte traurig auf den schönen Park. Hatte ich richtig gesehen? Es konnte kein Irrtum sein, es war Wolfram! Er war aus dem Haus gekommen, holte sein Fahrrad aus dem Keller und fuhr weg. – Aber nicht allein, zwei Jugendliche in HJ-Uniformen begleiteten ihn. Ich ahnte Böses.

Am nächsten Morgen in der Schule ging ich wie gewöhnlich zu meinem Platz in der letzten Reihe. Mein jüdischer Mitschüler saß schon da.

»Na, was sagst du zu Wolfram?« fragte er grinsend.

»Was ist mit ihm?«

»Hast du ihn nicht gesehen? In der zweiten Reihe sitzt er, in funkelnagelneuer Uniform – und mit kahlrasiertem Kopf. Sehr arisch sieht er zwar auch ohne die schwarze Mähne nicht aus ...«

Ich stand auf und blickte nach vorne, der mit der frischrasierten Glatze mußte Wolfram sein. Mir stiegen die Tränen hoch, ich fühlte mich verraten. Ich weiß nicht, ob Wolfram mit mir reden wollte, seinen Schritt erklären; ich meinerseits tat alles, um ihm nicht allein zu begegnen. Doch dann traf ich ihn eines Tages auf der Treppe.

»Ich muß es dir erklären, Günter,« sagte er, »komm bitte zu mir.«

Ich hatte wenig Lust dazu, Worte und Erklärungen konnten die Tatsache nicht verändern. Aber der bittende Blick brach meinen Ärger, und ich ging mit ihm. »Du mußt mich verstehen, Günter, ich konnte nicht anders. Von allem ausgeschlossen sein – Sport, Spielen, Märschen und Fahrten – das schaffte ich nicht. Es ist nicht abzuleugnen, eine neue Zeit hat begonnen – Juden und Arier müssen nun einmal getrennt leben.«

Ich schwieg. Der Verstand sagte mir, daß er recht hatte, aber das Herz konnte ihm nicht verzeihen.

»Ich nehme an, du singst jetzt auch mit Begeisterung das Horst-Wessel-Lied, besonders das: »und wenn's Judenblut vom Messer spritzt dann geht's noch mal so gut!«

Wolfram kratzte sich verlegen den geschorenen Kopf: »Das ist doch nur ein Lied, keiner meint das ernst. Du bist überempfindlich.«

»Hoffentlich hast du recht. Warum hast du dich kahlscheren lassen, du wolltest doch immer langes Haar haben. Wolltest du zeigen, daß du einer von ihnen bist?«

Er wurde rot: »Nein, ich wehrte mich. Aber der Rottenführer sagte, ich sähe aus wie ein Judenmädel. Bevor ich eingeschworen wurde, rasierte man mir alles Haar ab. Ich hasse es und kann nicht in den Spiegel gucken.«

Ich hatte ihm nichts mehr zu sagen. Es war mir klar, daß unsere Freundschaft zu Ende war. Ich hatte nur noch einen Wunsch: So bald wie möglich Treptow verlassen zu können.

Das sollte kein Traum bleiben. Kurze Zeit nach dem Gespräch mit Wolfram teilten meine Eltern mir mit, daß sie beschlossen hatten, wichtige Veränderungen vorzunehmen: Eine Wohnung in der Sybelstraße, Charlottenburg, war gemietet worden, und am 1. April würden wir dorthin umziehen. Das bedeutete natürlich auch einen Schulwechsel. Das neue Schuljahr würde ich in einer jüdischen Privatschule beginnen. Die Private Waldschule Kaliski – kurz Priwaki oder PWK genannt – war vorübergehend in den Gebäuden des SCC-Sportclub Charlottenburg in Eichkamp untergebracht.

Einerseits war ich natürlich froh über die Veränderungen, denn der Besuch des Gymnasiums war zu einem Alptraum geworden. Nach dem Bruch mit Wolfram hatte ich gar niemanden mehr, und der schöne Park brachte nur traurige Erinnerungen. Auch in der schönen Wohnung herrschte eine bedrückende Atmosphäre. Es war ja auch kein Wunder: Vor acht Jahren waren wir dorthin gekommen, in der Hoffnung, nach dem Unglück mit Heinz ein neues Leben beginnen zu können. Helmut wurde geboren und alles schien sich zum Besten zu entwickeln.

Doch dann kamen die Schicksalsschläge: meine Behinderung, der Tod von Helmut, die Machtübernahme der Nazis. Die Zukunft war düsterer denn je. Es sollte wieder ein neuer Anfang sein, aber die traurigen Erfahrungen meines bisherigen Lebens gaben mir wenig Hoffnung, daß er zu einem glücklichen Leben führen würde.

Nach Treptow war ich mit kindlich unbeschwertem Optimismus gekommen – davon war mir nichts geblieben. Nach Charlottenburg würde ich ohne jede Illusion gehen.

Endlich Gleicher unter Gleichen

1933 – 1936

Wir zogen kurz vor Ende des Schuljahres um. Ich war beglückt, das Treptower Gymnasium nicht wiedersehen zu müssen. Moses Hinkebein würde der Vergangenheit angehören. Leider hatte ich mich zu früh gefreut.

Es muß am letzten Schultag gewesen sein, als ich mit meinem Vater nach Eichkamp fuhr. Die Priwaki war in einigen Räumen des Sportclubs untergebracht, die ganze Schule bestand ja nur aus vier Klassen, und auch die waren klein. – Mein Vater hatte mich den Schulleitern vorgestellt: Dr. Selver und Frl. Kaliski. Sie hatten einige nichtssagende Begrüßungsworte gesagt, danach wurde ich weggeschickt, da geschäftliche Dinge zu besprechen waren.

So humpelte ich durch den langen Korridor, an dem die Klassenzimmer lagen. Eine Klingel läutete zur Pause und die Schüler kamen heraus. Ich blieb stehen, um meine neuen Kameraden zu betrachten. »Du hast dich sicher verlaufen. Hier ist die Priwaki, was suchst du denn?« Der Fragesteller war ein Junge, einen Kopf größer als ich, blond, athletisch gebaut, mit hübschem männlichen Gesicht. Neben ihm standen zwei Mädchen, wohl älter als ich.

Ich war verlegen und spürte, daß ich in einer unangenehmen Situation war, obwohl gar kein Grund dafür vorlag.

»Ich habe mich nicht verirrt – ich wollte mir die Schule ansehen. Nach den Ferien werde ich hierherkommen.« – Ich gab mir Mühe, ruhig zu bleiben. Aber meine rechte Hand begann zu zittern, und das Knie bog sich noch mehr nach innen – ich mußte einen jämmerlichen Eindruck machen. Die drei betrachteten mich ungläubig und inzwischen hatten sich noch andere Schüler zugesellt. Dann brach der Blonde in schallendes Gelächter aus: »Du willst zu uns kommen? Ein Krüppel in der Priwaki? In unserer Klasse? Das ist der beste Witz, den ich seit langem gehört habe. Was sagt ihr dazu?« wandte er sich an die beiden Mädchen. Sie betrachteten mich, lachten nicht. Ihr Gesichtsausdruck zeigte Mitleid – und Ekel.

»Wir können das nicht ändern, Kraft«, sagte die Schwarzhaarige, »er ist nun einmal hier eingeschrieben.«

»Da irrst du dich aber, Margot. Ich garantiere dir, wir können ihn vergraulen – und das sogar ganz schnell. Und es ist ja zu seinem Besten. Was kann er bei uns schon machen? Wer wird sich mit ihm anfreunden?«

»Du hast recht, Kraft«, sagte die andere, ihre braunen Augen blickten mich jetzt mitleidig an. »Er gehört in eine Schule, wo – wo alle so sind wie er.«

Ich war entsetzt: Es war mir klar gewesen, daß ich es als Neuling nicht leicht haben würde. Aber so etwas hatte ich mir nicht vorstellen können. Was mir bevorstand, schien kaum besser als das Nazigymnasium zu sein. Und diese Erniedrigung mußte ich noch vor den Augen dieser Mädchen erleben! Ich konnte mich nicht beherrschen und brach in bitteres Weinen aus.

So fand mich mein Vater, die Schüler waren schon weggegangen. Ich erzählte ihm, was geschehen war. Er ließ mich dann allein und ging noch einmal zum Direktor. Der rief mich dann zu sich und wollte mich damit beruhigen, daß jeder Neue unerwünscht sei in der engen Gemeinschaft.

»Es ist alles leeres Gerede, Günter«, sagte er, »du wirst dich schon behaupten, hast schon Schlimmeres durchgemacht.«

Ich war nicht so optimistisch, und die Osterferien 1933 waren eine sehr schwere Zeit für mich. Mir wurde etwas klar, an das ich vorher nicht gedacht hatte: In Treptow hatte jeder mich noch als Gesunden gekannt. Ich wurde dann behindert, bemühte mich, trotzdem ein mehr oder weniger normales Leben weiterzuführen – und das achtete man.

Aber jetzt war es anders: Niemand kannte mich als Gesunden, ich war verkrüppelt, behindert, und konnte vieles nicht tun. Und dazu kommt noch die primitive, völlig unberechtigte, aber doch so häufige Ansicht, daß körperlich behinderte Kinder auch geistig zurückgeblieben seien. Mit dieser neuen Situation mußte ich nun fertigwerden.

Ich weiß nicht, warum meine Eltern gerade diese Privatschule ausgewählt hatten. Vielleicht hatte der Psychologe ihnen dazu geraten, denn es war eine Tagesschule, und sein Bestreben war ja, mich möglichst viel in Gemeinschaft zu halten.

Abgesehen davon hatte die PWK verschiedene Nachteile: Sie war noch im Aufbau, hatte nur vier Klassen – die Obertertia (neunte Klasse) war die höchste.

Aber auch die Klassen waren sehr klein, insgesamt waren es ungefähr sechzig Schüler. Es war also keine Schule im normalen Rahmen. Dazu kam noch, daß es nicht einmal eine rein jüdische Schule war – was logischerweise hätte Bedingung sein müssen. Einige Lehrer und auch Schüler waren Arier – natürlich keine Nazis. Erst ein Jahr später erzwangen die Verordnungen das Ausscheiden aller Nichtjuden. Trotz aller Schwierigkeiten, Probleme und Enttäuschungen, die ich auch in der PWK hatte, bin ich heute sicher, daß die Wahl dieser Schule nicht zufällig war, sondern von Gott geplant. Ich bin fest davon überzeugt, daß ich viele positive Erfahrungen und Erlebnisse in einer anderen »normalen« Schule nicht gehabt hätte.

Worin unterschied sich denn nun die Priwaki von anderen Schulen? Das betraf hauptsächlich zwei Gebiete: die persönlichen Beziehungen in der Gemeinschaft, sowie Lehrstoff und Lehrmethoden.

Alles was gelehrt wurde, sollte keinen Wert weit über die Schulzeit hinaus besitzen; kein »l'art pour l'art«, kein Lehren und Lernen ohne Zweck. So bekamen wir selbst die üblichen Standardfächer wie Mathematik, Physik, Geschichte, Geographie auf interessante und praktische Art vorgesetzt. Aber eigentlich noch wichtiger war der Sprachunterricht und das, was im allgemeinen als Nebenfächer betrachtet wird: Zeichnen, Musik, Sport, Kunstgeschichte, Handwerk.

Wir lernten Englisch, Französisch und Hebräisch. In allen Sprachen war das Ziel des Unterrichts Konversation und Verständigung – das heißt kaum Literatur.

Die Grundlage des Unterrichts war, den Schüler zu selbständigem Denken anzuspornen, und ihn das

Lernen zu lehren. Und ich bin sicher, daß mir diese Methoden sehr im Leben geholfen haben – schließlich verließ ich mit fünfzehn die Schule und war danach ein völliger Autodidakt. Andererseits war es für mich nicht leicht, mich auf die völlig andere Unterrichtsweise umzustellen. Ich war vom Gymnasium her eher gewohnt, zu *lernen* als zu *denken,* außerdem waren ja die sogenannten Nebenfächer in der PWK von großer Wichtigkeit – aber leider für mich tabu. Ich konnte mich an ihnen nicht beteiligen: Zeichnen ging nicht wegen meiner Hand, singen kann ich nicht, vor handwerklicher Betätigung hatte ich Angst, und auch im Sport war das meiste mir verschlossen, wo ich nur im Turnen einen Teil der Übungen mitmachen konnte.

So konzentrierte ich mich auf die theoretischen Fächer und konnte bald dem Unterricht problemlos folgen. Eine Schwierigkeit bestand allerdings: Ich hatte in Treptow Latein gelernt, während in der PWK mit Französisch begonnen wurde, aber nach dem ersten Jahr an der Schule hatte ich das ganze Pensum aufgeholt. Auch was Erziehungsmethoden und das Gemeinschaftsleben anging, bot die Schule mir völlig Neues. Die kardinale Verschiedenheit der PWK zu dem Treptower Gymnasium war der vollkommene Unkonventionalimus. Es wurde nichts getan, *»weil man es so machte«,* sondern allgemein anerkannte Methoden wurden nur nach sorgfältiger Untersuchung übernommen oder abgelehnt. So gab es z. B. in der Schule kein Auswendiglernen.

Die Position der Lehrer war ebenfalls völlig anders. Sie unterschieden sich von den Schülern nur aufgrund ihres Wissens und der altersbedingten

Erfahrung. Sie waren keine Übermenschen oder Respektpersonen, vor denen man zittern müßte.

In bezug auf Schüler galten zwei eigentlich gegenläufige Axiome: ›Jeder Mensch ist ein einzigartiges Individuum und als solches zu respektieren. Aber andererseits stellt die Gemeinschaft, die aus Individuen besteht, doch eine Einheit dar, in der die Einzelinteressen aufgehen müssen.‹ So lautete die Theorie, der Idealzustand. Da die PWK ein Tagesinternat war, waren wir von acht Uhr morgens bis achtzehn Uhr abends zusammen, zu Hause wurde nur gegessen und geschlafen. So entwickelte sich jede Klasse zu einer sehr engen Gemeinschaft, in der nicht nur zusammen gelernt, sondern zusammen gelebt wurde. Dies war natürlich für mich etwas völlig Neues.

Fast acht Jahre hatte ich eine enge Freundschaft genießen dürfen, wie man sie selten erlebt. Wolfram und ich waren uns immer genug. Der erzwungene Aufenthalt in Ferienheimen war mir ein Alptraum gewesen – ich war dort einsamer denn je. Und nun wurde ich plötzlich in eine völlig fremde Umgebung geworfen. Die ganze Schule war klein und daher eine einzige Gemeinschaft, die Klasse winzig und wie eine Familie; jeder Neue war ein eindringender Außenseiter. All das traf auf jeden Neuankömmling zu, aber bei mir war die Lage doch noch etwas schwieriger. Ich erschien als körperlicher Krüppel in einer Gemeinschaft, die alles Körperliche verherrlichte. Ich war durch das Erlebte introvertiert geworden – und diese neue Welt verschlimmerte noch meine Komplexe. Ich war allein, so jämmerlich einsam und sehnte mich unwahrscheinlich nach Gesellschaft – doch seit der ersten Begegnung mit meinen Mitschülern machte ich mir keine Illusionen mehr. Ich würde vielleicht wieder Günter und nicht mehr Moses sein, aber der *Hinkebein* würde mich weiter begleiten.

In der Nacht vor dem ersten Schultag tat ich kein Auge zu. Meine Mutter wollte mich feierlich gekleidet sehen, ich wußte, daß es unpassend wäre, hatte aber keine Kraft zum Widerstand. Mit einer neuen Schulmappe in der Hand fuhr ich zur Schule.

Ich betrat die Klasse kurz vor dem Klingeln. Neun Schüler saßen schon da und unterhielten sich eifrig über die Ferienerlebnisse. Man warf mir nur einen kurzen Blick zu und erzählte weiter. Ich war für sie Luft, scheinbar hatten sie diese Haltung gemeinsam beschlossen. Den Tränen nahe setzte ich mich an eine freie Bank.

Ich betrachtete die Gruppe. Es waren vier Jungen und fünf Mädchen, unter ihnen der blonde Kraft und die beiden Mädchen, die ich schon getroffen hatte. Es war klar, daß die ganze Klasse bereits über mich informiert war.

Dann kam der Lehrer herein, ein sympathischer junger Mann, um die dreißig. Nach einigen Begrüßungsworten rief er mich nach vorne. »Ich möchte euch nun euren neuen Klassenkameraden vorstellen: Günter. Er mußte das Treptower Gymnasium wegen der Nazis dort verlassen. Er hat viel durchgemacht, ihr habt ja wahrscheinlich seine Behinderung bemerkt. Ich bin sicher, ihr werdet ihn kameradschaftlich in eure Gemeinschaft aufnehmen. Nun gebt ihm alle zur Begrüßung die Hand.«

»Ich möchte etwas sagen, Ernst.« Es war der Junge, der Kraft hieß. »Ich habe nichts gegen ihn. Er tut mir leid. Und aus diesem Grunde denke ich, er hat nichts in der Priwaki zu suchen. Er gehört woanders hin, wo nur gebüffelt wird und ein jeder für sich lebt. In seinem Interesse soll der verduften.«

Die anderen schwiegen, aber ihr Gesichtsausdruck zeigte Zustimmung. Dann sagte das braunäugige Mädchen: »Kraft hat recht, wir bedauern ihn alle. Deshalb wollen wir das Beste für ihn – eine passende Schule.«

Der Lehrer konnte seine Enttäuschung schwer verstecken. »Ich schäme mich für euch. Ist das der Gemeinschaftsgeist, der euch gelehrt wird? Sicher wird Günter es nicht leicht hier haben, aber es ist seine Wahl und sein Recht, daß ihr seine Entscheidung respektiert. Er will keine Ratschläge von euch, nur Kameradschaft. Ich entschuldige mich bei dir, Günter, für das Verhalten der Klasse.«

Mir war nun meine Lage klar: Die Mitschüler hätten mich am liebsten hinausgegrault, aber die Lehrer wollten mir helfen – und trotz dem mangelnden Respekt den Lehrern gegenüber wagte niemand etwas Handgreifliches gegen mich zu unternehmen. Es war wie ein passiver Widerstand – ich war Luft für meine Mitschüler.

Während des ganzen ersten Jahres an der PWK blieb meine Lage eigentlich unverändert: Der Unterricht machte mir keine Probleme, an den körperlichen Betätigungen nahm ich kaum teil, gesellschaftlich war ich völlig isoliert. Sicher war ich in gewissem Sinne selbst schuld daran, aber ich war inzwischen so überempfindlich geworden, daß ich mich soviel wie möglich in mein Schneckenhaus zurückzog und z. B. während der Pausen immer allein im Klassenzimmer zurückblieb.

Das Zusammenleben mit Mädchen machte mir einige Probleme. Ich war nun dreizehn geworden und mein so frühes Hingezogensein zum anderen Geschlecht wurde nun noch biologisch verstärkt. Ich glaube nicht, daß mich damals ein bestimmtes Mädchen anzog; ich sehnte mich ganz allgemein nach Liebe und Zärtlichkeit. Aber das konnte nur ein Traum sein – und diese Tatsache brachte mich oft zum Verzweifeln.

Ich kann natürlich heute nicht mehr nachvollziehen, ob ein anderes Verhalten meinerseits, d. h. wenn ich weniger scheu und verklemmt gewesen wäre, die Lage verändert hätte. Ich glaube es kaum, denn Mädchen in diesem Alter sehen bei Jungs als erstes auf das Äußere. – So verging das erste Jahr in der PWK. Niemand schlug mich, ich wurde nicht verspottet oder benachteiligt, aber gesellschaftlich war ich für alle Mitschüler Luft. Ich war einsamer als je zuvor.

Im April begann mein zweites Jahr an der Priwaki; einige Monate früher war die Schule umgezogen, von Eichkamp in eine große Villa im Grunewald. Die Leitung hatte viele Neuanmeldungen für das kommende Schuljahr erhalten. Juden und Arier durften nicht mehr zusammen lernen, daher war die Nachfrage nach Plätzen an jüdischen Schulen sehr groß, es gab ja nicht viele. Die Eltern konnten nicht wählerisch sein, und ich bin sicher, daß manch einer von der PWK nicht so begeistert war: Eine noch nicht fertige Schule – die Obertertia (neunte Klasse) war die höchste Klasse –, die Lehrmethoden völlig modern und unkonventionell, die Lehrer noch sehr jung. Außerdem fehlte ja jede religiöse Erziehung – die zweiwöchentlichen Religionsstunden waren eine Farce. Und Religion war den meisten Eltern wichtig geworden, sie sollte die jüdische Identität stärken, nachdem die deutsche den Juden ja abgesprochen wurde.

So führten die neuen Schüler zu einer enormen Vergrößerung der Schule, wir waren von etwa sechzig auf über zweihundert Schüler angewachsen, die drei Klassen unter mir hatten je Parallelklassen. Der intime Rahmen war verschwunden. Auch die meisten Lehrer waren neu – natürlich jetzt alles Juden. Wir hatten jetzt ein eigenes Schulgebäude mit vollkommen abgeschlossenem Hof und komplettem Sportgelände.

Für mich persönlich gab es noch viel größere Veränderungen.

Wir waren jetzt eine neue Gruppe von fünfzehn Schülern, dabei war ich einer der acht Veteranen. Meine Stellung in der Klasse begann sich zu verbessern – nicht zuletzt auch deshalb, weil die Klasse jetzt ohne Führer war, denn Kraft hatte uns verlassen. Seine Überbetonung von allem Körperlichen hatte viel zu meinem Außenseiterdasein beigetragen.

Ich spürte, daß ich populärer wurde: Günter L. und Erwin suchten meine Freundschaft, die hübsche Hannelore hatte entdeckt, daß ihr Vetter Gert auch der meinige war und stellte mich überall als ihren Vetter vor – bei ihrer Beliebtheit eine gute Visitenkarte für mich. Kurz gesagt, ich hoffte, daß sich das Blatt gewendet hätte und ich allmählich Gleicher unter

Gleichen werden konnte – was ja das Bestreben der PWK war.

Dann erschien eines Tages Kurt; kaum hatte er sich gesetzt, da sagte mir eine innere Stimme: Zwischen uns ist kein neutrales Verhalten möglich. Entweder werden wir bittere Feinde – was meine prekäre Stellung wieder gefährden würde – oder wir werden Freunde.

Ich hatte mich nicht getäuscht – wir wurden unzertrennliche Freunde. Ein zweites und letztes Mal erlebte ich das Geschenk wahrer Freundschaft. Selbstverständlich war unser Verhältnis in vielem verschieden von dem mit Wolfram – aber schließlich waren wir jetzt vierzehn Jahre alt und keine Kinder mehr.

Kurt war kameradschaftlich, von sauberem, anständigem Charakter, reichlich kaltblütig und nicht sentimental, unkonventionell, immer selbstbewußt genug, um das zu tun, was er für richtig hielt – unbesorgt um die Meinung anderer. Was er gerade an mir fand, weiß ich eigentlich nicht – er hätte jeden anderen Jungen in der Klasse als Freund haben können. Vielleicht zog ihn gerade mein Anderssein an – oder besser gesagt – wie ich damit fertig wurde. Auf jeden Fall war die Anziehungskraft gegenseitig.

Ich erwähnte die beiden anderen Mitschüler, mit denen ich befreundet war: Günter L. und Erwin. Aber die Beziehungen, die ich zu ihnen hatte, waren nicht zu vergleichen mit der zu Kurt. Hier stand jugendliche Kameradschaft echter Freundschaft gegenüber.

Günter L. war ein netter, hübscher, anhänglicher Junge; künstlerisch begabt – seine verwitwete Mutter war Sängerin. Wir mochten uns, hatten manches gemeinsam – er war kein Herdentier, Sport interessierte ihn wenig. Auf der anderen Seite waren wir auch in vielem verschieden: Er war sehr wohlerzogen, gab viel auf sein Äußeres und war träumerisch veranlagt – im Gegensatz zu meinem Realismus und vernachlässigten Äußeren.

Erwin T. war völlig verschieden von mir. Über seine Familie weiß ich nicht viel, nur daß sie aus Ungarn stammte und es finanziell sehr schwer hatte. Er bekam wohl ein Stipendium, um auf der Schule lernen zu können – nur gut situierte Eltern konnten sich die Priwaki erlauben. Erwin war eigentlich genau das Gegenteil von Günter L.: hochintelligent – Günter L. war fleißig, aber nicht sehr klug –, der Typ eines Forschers, das Lernen war für ihn ein Kinderspiel. Nicht nur, daß Erwin nichts auf sein Äußeres gab – wie ja auch ich –, er war auch ausgesprochen abstoßend, schmutzig, übelriechend und mit langem verfilztem Haar.

Aber Erwin war von hochanständigem Charakter und kannte keine krummen Wege. Er war gesellig und suchte sicher Freunde, aber sein Äußeres ekelte nicht nur die Mädchen an, selbst die Jungens wurden abgestoßen. Doch ich sah seinen guten Charakter und seine Einsamkeit, so stieß ich die Freundeshand nicht weg – obgleich ich ja Kurt und Günter L. hatte.

Übrigens, etwas später mischten sich die Lehrer in Erwins äußere Erscheinung ein, er wurde sauberer und das Problem des krausen, so leicht verfilzten Haares löste er auf radikale Weise: Alle zwei bis drei Monate erschien er mit völlig kahlgeschorenem Kopf in der Klasse – etwas völlig Unbekanntes in der PWK.

Auf jeden Fall war es klar, daß sich meine Stellung in der Klasse zum Guten verändert hatte. Ich galt als Veteran, hatte drei gute Freunde, lernte gut und war bereit, anderen zu helfen. Und diese Tatsache des Nicht-mehr-alleine-Seins machte mich auch selbstbewußter in der Gemeinschaft – doch das galt nur für die Jungs, für die Mädchen war ich immer noch Luft.

An den körperlichen Aktivitäten, besonders am Turnen, nahm ich nur begrenzt teil. Dieser Ausschluß von den Dingen, die letzten Endes das Fundament des Gemeinschaftslebens in der Schule bildeten, behinderte natürlich meine Integration sehr. Glücklicherweise fand ich einen gewissen Ausgleich. Jeden Nachmittag, wenn wir unsere Schulaufgaben unter Aufsicht erledigt hatten, hatten wir unter verschiedenen Tätigkeiten freie Auswahl: Sport, Spiele, Musik und Diskussionsgruppen – die oft am Sonnabendvormittag in größerem Rahmen fortgesetzt wurden.

Diese Diskussionsgruppen waren meine große – und einzige – Chance, mich in die Gemeinschaft einzubringen. Es dauerte allerdings eine Weile, bis ich meine Scheu überwand und mitzureden wagte. Ein erleichternder Faktor dabei war, daß sich meine drei Freunde auch bei diesen Gruppen beteiligten. Ich glaube nicht, daß es nur die Folge des oft üblichen Verschönerungsprozesses der Vergangenheit ist, wenn ich an die damalige Zeit in der Priwaki so gerne zurückdenke. Diese zwei Jahre gaben mir etwas Unvergeßliches – selbst wenn ich vieles wegen meiner Behinderungen nicht hatte voll genießen können.

Die allgemeine Lage der Juden in Deutschland förderte ganz sicher die Solidarität unter den zweihundert Schülern und Lehrern an der Priwaki. Wir lebten wie auf einer kleinen friedlichen Insel – während draußen das Meer tobte. Ich kann mich nicht daran erinnern, daß wir im Schuljahr 1934/35 innerhalb der Schulmauern durch irgend etwas an die so feindliche Umwelt erinnert worden wären.

Das Einzige, was mir persönlich damals zum vollen Glück fehlte, waren Beziehungen zum anderen Geschlecht. Meine allgemeine Stellung in der Klasse war reichlich gefestigt, ich hatte zwei Kameraden und der sehr beliebte Kurt war mein Freund. Dennoch war ich für die Mädchen weiter Luft.

Das traf mich jetzt besonders, denn wir waren nun vierzehn Jahre alt und es wurden oft Freundschaften zwischen Mädchen und Jungen geknüpft. Eigentlich blieben nur die Jungen in den beiden Oberklassen allein, die keine Partnerin suchten – wie z. B. Kurt.

Doch bei mir war es ja ganz anders. Ich sehnte mich sehr nach Liebe, einem zärtlichen Blick, einer streichelnden Hand – von mehr wagte ich nicht einmal zu träumen. Aber so etwas gab es nicht für mich, wie sollte es auch? Welches Mädchen hätte Interesse daran haben können, mit mir befreundet zu sein? Mit mir umarmt im Garten herumzuspazieren, mit mir, dem Hinkebein? Was für einen Spott würde solch ein Mädchen ernten? Aber trotz diesem Mangel hatte ich in der Untertertia (achte Klasse) ein ganz angenehmes Leben. Die Schule füllte mich völlig aus, die Tage zu Hause waren für mich verlorene. Ich kann mich an keine nennenswerten Ereignisse zu Hause erinnern. Ein Beweis dafür, wie unwichtig für mich das Familienleben war.

Mein Vater hatte während der großen Ferien eine Informationsreise nach Palästina gemacht. Seine Praxis war enorm zurückgegangen, und er spielte ernsthaft mit dem Gedanken auszuwandern. So wollte er sich dort umsehen und sich mit seinem Bruder beraten, der ja schon über ein Jahr dort lebte. Ich schenkte diesem Plan wenig Beachtung – ein Beweis wie sehr meine eigene Welt mich beschäftigte.

Anfang 1935 zog die Priwaki wieder um, doch diesmal nicht weit, wir blieben im Grunewald. Das neue Grundstück war viel größer, es gab sogar ein Schwimmbecken, und das Gebäude war doppelt so groß wie das vorherige.

Dann begann Anfang April das neue Schuljahr, ich stieg zur Obertertia (neunte Klasse) auf. Es sollte die letzte Klasse an der PWK sein, ja mein letztes Schuljahr überhaupt. Die Zahl der Schüler wuchs noch mehr, und wir in den beiden Oberklassen wurden mit Respekt betrachtet.

Um diese Zeit lernte ich Edwin kennen. Er war Lehrer für Deutsch, Mathematik und Sport. Ein äußerst interessanter Mensch; nicht schön, eher häßlich, doch trotzdem eine sehr gute Erscheinung; mit athletischem Körperbau und selbstbewußtem, aber keineswegs anmaßendem Auftreten. Er war Anfang dreißig, stammte aus völlig assimiliertem säkularen Hause und hatte sicher bis zum Hitlerregime kaum an seine jüdische Abstammung gedacht. Nur so ist es zu erklären, daß Edwin der schwarzen Reichsmarine angehörte, die dem Versailler Vertrag zum Trotz illegal operierte.

Die Verordnungen der Nazis mußten ein großer Schock für ihn gewesen sein. Seine ganze Welt stürzte ein, als er plötzlich als Nichtarier von allem, was ihm so wichtig war, ausgeschlossen wurde. Zu seinem Glück fand er dann eine Arbeitsstelle in der Priwaki – in einer traditionell jüdischen Schule hätte er es nicht ausgehalten. Bei uns wurde die jüdisch-nationale, d. h. zionistische Einstellung betont, – die paßte dem atheistischen, ex-deutschnationalen Edwin schon besser.

Während seines ersten Jahres an der Schule schenkte er mir wenig Beachtung und ich ihm auch. Doch dann, im Frühjahr 1935, rief Edwin mich eines Tages zu sich und begann sich mit mir zu unterhalten. Nach einigen nichtssagenden Sätzen kam er zu meiner äußeren Erscheinung:

»Du schaust scheinbar nie in den Spiegel, Günter! Anders ist es nicht zu erklären, daß du mit deinem Schönheitssinn so herumläufst – noch dazu, wo doch auch Mädchen in deiner Klasse sind.«

Objektiv gesehen hatte er recht: Ich sah schrecklich vernachlässigt aus, war schlampig angezogen, in nicht immer sauberer Kleidung, mit langem, ungekämmtem Haar, schmutzigen Fingernägeln und Bartstoppeln. Doch irrte sich Edwin, wenn er dachte, ich wäre mir meiner Erscheinung nicht bewußt. Es war einfach eine Protestreaktion auf das Nichtbeachten der Mädchen mir gegenüber. »Ich bin für euch Luft, dann interessiert mich auch nicht, daß euch das Äußere so wichtig ist.« So war mein Gedankengang, der mir auch viel Mühe ersparte.

Doch jetzt erfuhr ich zu meinem großen Erstaunen, daß es doch jemand gab, dem es wichtig war, wie ich aussah. Edwin ließ deutlich durchblicken, wie gerne er mich habe und in meinem Interesse meine Erscheinung verändert sehen wollte.

»Ich rede offen mit dir«, sagte er, »deine Behinderung ist ästhetisch gesehen abstoßend, aber das ist nicht deine Schuld. Und deshalb mußt du nicht wie ein schmutziger Papuaner aussehen. Wenn du das tust, dann darf es dich nicht wundern, wenn viele dich nicht mögen.«

Ich nahm Edwins Rat ernst, besonders da ihm etwas an mir lag. Und von dem Tag an entwickelte sich meine, vielleicht sonderbar erscheinende Freundschaft zu dem Lehrer Edwin. Über ein Jahr genoß ich Rat und Stütze von diesem ungewöhnlichen Menschen. Edwin achtete sehr darauf, in der Schule Distanz zu wahren. So kamen wir uns erst während der Sommerferien 1935 richtig nahe.

Seit meinem ersten Gespräch mit Edwin achtete ich sehr auf mein Haar und ging alle paar Wochen zu dem alten jüdischen Friseur, der jede Woche in die Schule kam, um noch etwas dazuzuverdienen. So kam ich in das kleine Zimmer, in dem der Friseur arbeitete. Niemand wartete, es saß nur jemand auf dem Stuhl und ließ sich bearbeiten. Es mußte ein Mädchen sein. Der Hinterkopf war bereits ganz kurz geschoren wie bei einem Mann, aber das lange, braune Haar, das auf dem Boden lag sowie die noch von Haaren bedeckten Schultern ließen keinen Zweifel aufkommen: Hier ließ sich ein Mädchen ihr schönes, langes Haar abschneiden, um einen Herrenschnitt zu bekommen.

Ich sah interessiert und auch schockiert zu, im allgemeinen gefiel mir kurzes Haar bei Frauen nicht. Das Gesicht des Mädchens konnte ich noch immer nicht sehen, das Haar kam mir irgendwie bekannt vor. Dann war der Friseur fertig, es war eine perfekte

Männerfrisur. Das Mädchen stand auf und drehte sich um – es war Marianne.

Es war, als ob ein Feuer in mich fuhr, ich konnte meinen Blick nicht von ihr losreißen. Das kurze Haar betonte ihr hübsches Gesicht, und mich faszinierte gerade der Gegensatz zwischen dem männlichen Haarschnitt und ihrem weiblichen Wesen.

Marianne sah mich erstaunt an: »Was starrst du mich denn so an?«

Ich wurde rot und stotterte: »Du ... siehst ... so verändert aus – so schön.«

»Na ja – die Mähne ist weg, liegt auf der Erde; ich fühl' mich etwas komisch. Aber Sigi wollte es so – und für ihn tue ich doch alles.«

Von dem Tag an waren mir zwei Dinge klar: Ich war bis über die Ohren in Marianne verliebt – und es gab nicht die geringste Chance, daß diese Liebe erwidert werden würde. Sigi war der Star unter den Jungs, und Marianne konnte jeden als Freund bekommen.

Eine Weile haderte ich bitter mit meinem Schicksal, doch dann nahm die Vernunft überhand: so vieles im Leben war für mich unerreichbar – so auch Marianne. Ich schuf mir eine Traumwelt, in der ich mit dem Mädchen zusammen war – natürlich nicht behindert.

Das neue Schuljahr 1935 hatte auch Schüler gebracht, deren Eltern auf Einhaltung gewisser religiöser Gebote bestanden, und daher wurde der Unterricht am Schabbat so gestaltet, daß nichts Schriftliches verlangt wurde.

Meist gab es zuerst ein Referat, dem folgte eine Diskussionsrunde. Die gesamten Schüler wurden dazu in drei Gruppen eingeteilt, ich gehörte natürlich zu derjenigen, welche die drei Oberklassen umfaßte – so an die siebzig Schüler.

Ohne aufschneiden zu wollen – aber ich wurde einer der Stars dieser Treffen. Ich bekam viele Referate zu halten, und bei den Diskussionen konnten es wenige mit mir aufnehmen. Der Erfolg, den ich auf diesem Gebiet hatte, hob meine Stellung im allgemeinen und erfreute meine Freunde – den Lehrer Edwin, Kurt, Günter L. und Erwin. Aber außerdem machte ich eine neue Bekanntschaft, das war Lilli. Sie war in meiner Klasse, doch waren wir uns bisher völlig fremd geblieben.

Als Lilli 1934 in unsere Klasse kam, vergaß ich völlig meine allgemeine Bewunderung der Mädchen. Lilli war ausgesprochen häßlich. Sie war schrecklich mager, das Gesicht eingefallen, Mund und Nase zu groß. Sie war sehr kurzsichtig, ihre Augen zwinkerten hinter ihrer großen Hornbrille. Sie kleidete sich immer wie ein Junge: lange Hosen und ein weites Sporthemd. Ihre Arme waren stark behaart, und auch auf ihrer Oberlippe begann ein kleines Bärtchen zu wachsen. Diese starke Behaarung gab ihr jedoch das einzig Schöne, das sie besaß: volles, gelocktes, tiefschwarzes Haar, welches das häßliche Gesicht einrahmte – allerdings war es meistens sehr ungepflegt.

Von den Jungs interessierte sich natürlich niemand für Lilli, die Mädchen waren anfangs freundlich zu ihr. Doch dann zeigte sich, daß sie hochintelligent war, schnelle Auffassungsgabe und haarscharfe Logik besaß. Diese Eigenschaften zusammen mit ihrer meist zynischen Schlagfertigkeit machten Lilli schnell unbeliebt in der Klasse.

So war ihre Stellung in der Gemeinschaft eigentlich der meinigen während des ersten Jahres in der PWK sehr ähnlich. Jedoch gab es einen großen Unterschied: Ich litt unter dieser Situation, während Lilli mit zynischer Verachtung darüber hinwegging.

Mich beachtete sie kaum, ich mied sie, denn ihr Äußeres stieß mich ab. Doch dann begannen die Diskussionsgruppen, ich zeichnete mich aus, erhielt Anerkennung für meine Referate. Ich war oft mit Lilli in heftige Diskussionen verwickelt und war nicht immer fair ihr gegenüber. Nach einem sehr persönlichen Angriff auf sie zwang mich der Lehrer zu einer Entschuldigung, so ging ich zu ihr. Schweigend ließ Lilli mich ausreden, dann ergriff sie meine Hand und sagte mit einem Lächeln, das ihren Mund noch vergrößerte: »Dachtest du wirklich, Günter, ich hätte dir das übelgenommen? Keinesfalls! Mich kann niemand beleidigen: Leute mit hübschen Hohlköpfen und Menschen, die mein intellektuelles Niveau besitzen, werden nur persönlich, wenn ihnen meine Überlegenheit bewußt ist. So war es auch bei dir, Günter. Nein, ich nehme es dir nicht übel. Als Beweis dafür: laß uns Freunde sein. Wir haben viel Gemeinsames!«

Und so geschah es. Ich genoß die Freundschaft eines Mädchens – doch auf völlig andere Art, als ich es mir erträumt hatte. Wir waren nur geistig verbunden, es gab nicht das geringste Anzeichen dafür, daß wir verschiedenen Geschlechts waren. Ich genoß unseren Gedankenaustausch und die gemeinsamen Vorbereitungen für Diskussionen und Vorträge. Ich gewöhnte mich an ihre äußere Erscheinung, vergaß überhaupt, daß sie ein Mädchen war.

Aber eines fiel mir gar nicht auf: Wie man hinter unserem Rücken über die Freundschaft sprach und uns verspottete. Ich hörte es dann von Günter L., nahm es aber nicht ernst. Doch dann geschah etwas, was der Freundschaft mit Lilli ein Ende machte.

Es war der erste Schultag nach den Sommerferien 1935, die ich in der Schweiz verbracht hatte. Ich hatte mit Kurt und Günter L. zusammen Ferienerlebnisse ausgetauscht und ging dann auf eine andere Gruppe zu, in der ich glaubte Erwin T. entdeckt zu haben – denn nur er trug ja millimeterkurz geschorenes Haar.

Ich war noch einige Meter von der Gruppe entfernt, da drehte sich der geschorene Kopf um, und als die Person mich erkannte, lief sie auf mich zu und wollte mich umarmen. Erschrocken wich ich zurück – es war Lilli. Ihr häßliches Gesicht mit der großen Brille sah ohne die Umrahmung der gelockten Mähne so entsetzlich aus, daß ich unsere Freundschaft völlig vergaß:

»Warum hast du das gemacht?« fragte ich ironisch. »Hast du befürchtet, du könntest sonst zu schön sein? Warum eigentlich keine vollkommene Glatze, schließlich hast du genug Haare auf den Armen und im Gesicht?« Ich hatte ja Lilli nie als Mädchen betrachtet, ihr Äußeres nicht beachtet. Aber daß sie sich bewußt noch abstoßender machte, das verärgerte mich, besonders als ich daran dachte, wie die anderen über unsere Freundschaft spotteten.

»Ich bin sehr enttäuscht, Günter«, sagte Lilli, mit der Hand über die Haarstoppeln streichend, »ich dachte, du wärest anders, du schätztest, was in dem Krug ist – und nicht seine Form. Bei deiner Behinderung solltest du eigentlich vorsichtiger sein mit Kritik.«

Ich wurde noch ärgerlicher: »Ich kann nichts dafür, verkrüppelt zu sein, aber du genießt es scheinbar, wie eine Vogelscheuche auszusehen.«

»Da irrst du dich, ich erkenne die Tatsache an, daß ich abstoßend bin – im Gegensatz zu dir. Meinst du, ich habe nicht bemerkt wie du versuchst das Zittern und die Schwierigkeiten mit deiner Hand zu verstekken? – Ich bin enttäuscht, du bist charakterlich viel schwächer als ich dachte. Und zu deiner Information: Ich ließ mir eine Glatze scheren, aber das Haar ist inzwischen nachgewachsen.«

Lilli drehte sich um und ging fort. Sie sprach nie mehr ein Wort mit mir, vermied auch jede Diskussion.

Mich traf diese Geschichte sehr. Ich bereute meine heftigen und beleidigenden Worte. Lilli war letzten Endes ein bedauernswerter Mensch. Sie mußte doch sehr unter ihrer Einsamkeit leiden – auch wenn sie es zu verstecken versuchte. Und außerdem, wie konnte ein Mädchen nicht unter so einem Äußeren leiden? Ich verstand, daß das Abscheren der Haare ein Verzweiflungsakt gewesen war – so wie bei mir zehn Jahre später. Ich mußte zugeben, rein egoistisch gehandelt zu haben. Ich habe um meine Stellung in der Klasse gefürchtet – das war der Grund für meine Reaktion gewesen.

Der geistige Austausch mit Lilli fehlte mir sehr. Ich hatte ihn so genossen. Eigentlich gab es nur zwei oder drei Mal in meinem Leben eine ähnliche Gelegenheit – natürlich außer später im Zusammensein mit meiner Frau.

Doch es half ja nichts, Lilli hatte die Brücke abgebrochen. Übrigens, als ich neun Monate später die

Priwaki verließ, da war ihr Haar noch immer nur millimeterlang – sie mußte es dauernd scheren lassen.

Kurt sorgte sich in echter Freundschaft um meinen Mangel an körperlichen Betätigungen. Und so kam er im Winter 1935 auf die Idee, ob ich nicht Boxen lernen wollte.

»Das wäre das Richtige für dich, Günter«, sagte er begeistert. »Du hast starke Armmuskeln, reagierst schnell und beim Boxen stört dein Bein nicht.«

Und so ging ich zweimal in der Woche abends in den Boxclub »Macabi«, um zu trainieren. Kurt hatte Recht gehabt, meine schiefe Beinstellung sah zwar wenig schön aus, aber sie störte nicht beim Kampf, außerdem bewegen sich beim Boxen die Gegner ja nur auf einer sehr begrenzten Fläche. Meine schnellen Reaktionen und die entwickelten Armmuskeln machten mich zu einem vielversprechenden Schüler. Leider dauerte meine ganze Trainingsperiode kaum mehr als ein Jahr.

An eine Episode vom Herbst 1935 erinnere ich mich in diesem Zusammenhang. Bei schönem Wetter fuhr ich mit meinem alten Freund, dem Fahrrad, zur Schule. Ich hatte es nicht weit zur Haltestelle der Straßenbahn, die mich direkt zur PWK brachte. Seit Beginn des neuen Schuljahres fuhr ich meistens nicht allein. In die Quarta (siebente Klasse) war eine neue Schülerin gekommen, die in meiner Nähe wohnte. In der Schule hatte ich keinen Kontakt zu ihr, aber durch die gemeinsame Wartezeit und Fahrt kamen wir uns näher.

Iris war ein nettes, zutrauliches Mädchen, das mich als zwei Jahre Älteren fast mit Ehrfurcht betrachtete; meine Behinderung übersah sie völlig. Iris war klein für ihr Alter, zierlich gebaut und mit stark orientalischem Einschlag: tiefschwarze Augen, bräunliche Haut und ganz krauses schwarzes Negerhaar, das wie eine Matratze den kleinen Kopf einrahmte.

Eines Morgens an einem regnerischen Tag sah ich, als ich mich der Haltestelle näherte, daß vor Iris zwei HJler standen, viel größer als sie. Ich ahnte Böses, denn ein so jüdisch aussehendes Mädchen konnte sie leicht zu Gewalttaten reizen. Als ich dann näher kam, hörte ich das Geschrei.

»Negerkinder wie dich müßten doch herausgejagt werden! Wenn man solche Typen wie dich sieht, dann muß sich doch bei jedem Arier der Magen umdrehen!« schrien die beiden Helden und rissen an den Haaren des Mädchens, so daß die Arme vor Schmerz aufschrie.

Ich war in einem schrecklichen Dilemma; Iris mußte geholfen werden, aber sollte ich es mit zwei älteren HJlern aufnehmen? Und würden andere Passanten nicht den Nazis helfen?

Ich war nur noch einige Meter vom Schauplatz entfernt, da entdeckte mich Iris und rief verzweifelt: »Hilf mir, Günter! Sie wollen mich umbringen!«

Ich erkannte in der Hand des einen Jungen ein Fahrtenmesser. Da sah ich rot, lief zu dem am nächsten stehenden Burschen und versetzte ihm einen Kinnhaken, daß er hinfiel. Dann wandte ich mich dem anderen Helden zu, der Iris inzwischen mit dem Messer über der Stirn ein Büschel Haare abgeschnitten hatte, den er in der Hand hielt. Ich nutzte die günstige Situation, daß seine Hände nicht frei waren, aus und versetzte auch ihm einen mächtigen Haken. Dann packte ich Iris und zog sie zu der Straßenbahn, die zu unserem Glück gerade ankam.

Wir waren beide furchtbar erschrocken. Iris schluchzte laut und mir zitterten vor Aufregung Hände und Beine.

Ich hätte ja eigentlich im Herbst 1933 meine Bar Mizwah haben müssen, aber da es das Jahr meiner Umschulung war und ich ja zwei Jahre Französisch nachzuholen hatte, verschoben meine Eltern die Vorbereitung dafür, und so wurde ich erst mit fünfzehn Jahren eingesegnet. Die Zeremonie als solche war für mich bedeutungslos. Mein Kontakt mit der jüdischen Religion beschränkte sich auf einen zwei- bis dreimaligen Besuch der Synagoge pro Jahr, und der Gottesdienst war mir völlig fremd. In der Priwaki spielte Religion ja auch keine große Rolle, doch dann bekamen wir einen neuen Lehrer, den Rabbiner Max Nußbaum. Er war sehr jung – so etwa achtundzwanzig –, völlig das Gegenteil von dem, was man sich unter einem Rabbiner vorstellte. In Erscheinung und Redensart machte er einen völlig säkularisierten Eindruck. Dabei war er kein Reformrabbiner, eher das, was man heute als konservativ bezeichnet. Aber was ihn – und den Rabbiner Joachim Prinz – von allen anderen jüdischen Geistlichen unterschied, das war seine zionistische Einstellung. Das war wohl auch der Grund dafür, daß man ihn in der Priwaki angestellt hatte.

Jetzt bekam unser Religionsunterricht eine ganz andere Richtung. Eigentlich lernten wir gar nicht

Religion, sondern nur biblische Geschichte und Geographie. Als glühender Zionist verband Dr. Nußbaum das Alte Testament mit der nationalen jüdischen Wiedergeburt, dem Zionismus. Er war ein großartiger, mit starkem Charisma ausgestatteter Redner und erschien auch öfters zu unseren Schabbatvormittagsversammlungen, bei denen er Schüler und Lehrer mitriß.

So war es kein Wunder, daß die ganze Ausrichtung der Priwaki sich auf Palästina konzentrierte, was mich auch sehr prägte. Dies hatte einen sehr positiven Einfluß auf die Identität der Schüler und Lehrer. Das *Judesein* verlor seine rein negative Bedeutung, man wurde stolz auf die Anfänge der nationalen Wiedergeburt und den Aufbau in Palästina. Aber nur eine Handvoll Schüler und kein einziger Lehrer nach meiner Information – wanderte nach Palästina aus.

Meine Vorbereitung für die Bar-Mizwah erhielt ich dann von Rabbiner Emil Cohn, einem für die deutschen Verhältnisse ziemlich orthodoxen Rabbiner. So kam es, daß ich kaum etwas über die Bibel lernte, der Unterricht konzentrierte sich hauptsächlich auf die Gebote und das Gebetbuch.

Damals interessierte mich das alles recht wenig, doch lernte ich dadurch etwas kennen, das mich vierzig Jahre später nach einer anderen Art des direkten Kontaktes mit Gott suchen ließ.

Wir hatten an unserer Schule auch eine kleine Anzahl orthodoxer Schüler. Sie lebten völlig abgesondert, aßen an einem Extratisch das mitgebrachte koschere Essen und beteiligten sich an keinem Sport, da dort Jungen und Mädchen zusammen waren. Ich beachtete sie kaum.

Dem Gesetz nach konnten Juden nicht mehr das Abitur machen, deshalb plante die PWK, die Schüler der zwei Oberklassen in ein Schweizer Institut zu schicken – so daß sie dann dort maturieren könnten. Um das auszuforschen, wurde der Lehrer Edwin während der Sommerferien 1935 ins Tessin geschickt. Doch er fuhr nicht allein – Kurt, Helmut B. und ich konnten ihn begleiten.

Es war eine herrliche Zeit. Kurt und ich kamen uns noch näher, glücklicherweise wußten wir nicht, wie nahe die Zeit unserer Trennung war. Die letzte Woche der Ferien fuhr ich mit Edwin auf seinem Motorrad nach Venedig. Es war wunderschön, man kann sich heute schwer vorstellen, wie die Dogenstadt vor sechzig Jahren aussah. Während dieser Tage lernte ich Edwin richtig kennen, und bis zu meiner Auswanderung war er mir eine wunderbare Stütze. Danach mußte ich wieder alles alleine entscheiden und auskämpfen – bis ich den Herrn fand.

Als ich von diesem Urlaub nach Hause kam, hörte ich an jenem Sonntag den Beschluß der Eltern, nach Palästina auszuwandern. Ich war fürchterlich erregt. Gerade jetzt, wo mein Leben begann sich zu normalisieren, ich Hoffnung hatte, gleichwertig zu werden – da wurde alles über den Haufen geworfen und die Zukunft unsicherer denn je. Doch dann beruhigte ich mich wieder, ich war so in das Schulleben vertieft – und ein Jahr bis zur Auswanderung schien mir wie eine Ewigkeit.

Die Zukunft der deutschen Juden wurde immer hoffnungsloser, und so war es kein Wunder, daß die Atmosphäre in der Schule immer zionistischer wurde. Das zeigte sich im Unterricht und auch am Verhalten der Schüler. Der PIONIER (Haluz) wurde das Ideal. Haluz ist das hebräische Wort für Pionier. Während der zwanziger und dreißiger Jahre wurden in der zionistischen Bewegung junge Männer und Frauen so genannt, die eine landwirtschaftliche Ausbildung erhalten hatten und bereit waren, sich in meistens neuen Kibbuzen (Gemeinschaftssiedlungen) anzusiedeln. Der Handwerksunterricht wurde enorm populär, körperliche Kraft das wichtigste Ziel. Die Gleichheit der Geschlechter wurde betont, das zeigte sich in der Kleidung der Mädchen und noch mehr am Haarschnitt. Marianne war nicht mehr die einzige, die ihre Mähne geopfert hatte, der kurze, männliche Schnitt wurde das Kennzeichen der Zionistinnen – egal, ob er ihnen stand oder nicht.

Diese zionistische Einstellung ließ mich im Herbst 1935 der Schomer-Jugendbewegung beitreten. Im Laufe der Woche hatte ich ja keine Zeit, aber am Wochenende, bei den Ausflügen, machte ich immer mit. Ich genoß das enorm. Trotz meiner Behinderung konnte ich bei den langen Märschen mitmachen – dank meinem alten Freund, dem Fahrrad. Das Gemeinschaftsleben verringerte meine Minderwertigkeitsgefühle. Wir waren alle gleich – Jungen und Mädchen waren Kameraden – Liebesaffären gab es nicht, denn unsere Interessen wurden auf andere Gebiete gelenkt.

Aber trotz der Erziehung, die ich beim Schomer (einer zionistisch-sozialistischen Jugendbewegung in Israel und in der Diaspora) erhielt, es war mir ganz klar: Mein Weg würde nicht in den Kibbuz führen. Mein bisheriges Leben hatte mich zu einem Individualisten gemacht. Außerdem machten meine Behinderungen die völlige Gleichheit, die dort herrschte, unmöglich.

Im Oktober 1935 zogen wir wieder um, in eine provisorische Wohnung in der Frankfurter Allee. Im kommenden halben Jahr war alles schon auf die Auswanderung konzentriert, Möbel wurden verkauft und passendere gekauft, Gegenstände, die nicht für den täglichen Gebrauch waren, wurden schon verpackt, auch meine Eltern begannen Hebräisch zu lernen.

Fünfzehn Jahre lang hatte mein Vater für den Aufbau seiner Praxis gearbeitet, jetzt mußte er sie für ein Butterbrot verkaufen. Doch er hatte keine Wahl, die Lage der Juden wurde ausgenutzt. So konnte der Vater nur mit Mühe und Not die für die Einwanderung verlangten eintausend Pfund aufbringen.

So näherte sich die Zeit des Abschieds von der Heimat. Das ist für jeden Auswanderer etwas enorm Schweres, aber für mich war es unwahrscheinlich problematisch. Jahrelang hatte ich mich darum bemüht, einen Platz in der Gemeinschaft zu finden, in der ich lebte. Und dann hatte ich Erfolg, ich wurde als gleichwertig angenommen – soweit es sich um Jungs handelte. Sicher wurde das hauptsächlich ermöglicht durch die einzigartige Atmosphäre, die in der Priwaki herrschte.

All das war nun zu Ende, ein völlig neues Kapitel meines Lebens würde beginnen. Ich wußte zwar, was ich verlieren würde, aber die enormen Schwierigkeiten, die diese Veränderung bringen würde – das war mir nicht klar. Ich konnte nicht ahnen, daß meine Jugend mit fünfzehn Jahren praktisch zu Ende sein würde, meine formelle Schulbildung nicht fortgesetzt werden würde. Es mußte ein vollkommen neuer Anfang sein, doch jetzt würde zu meinen Behinderungen – und der daraus entstandenen psychischen Hemmungen – noch der enorme Nachteil eines Immigranten kommen.

Der Abschied von der Familie, die ich nie wiedergesehen würde; das Verlassen der Heimat, wo ich geboren wurde und aufwuchs; die Trennung von der Muttersprache und ihrer Kultur – all dessen war ich mir zwar bewußt, aber doch wurde es schnell von einer kindlichen Abenteuerlust verdrängt: Ich würde nach Palästina kommen, dem alt-neuen Heimatland der Juden! War das nicht ein herrliches Ziel?

Die erste Phase meines Lebens war hiermit beendet, doch bevor ich fortfahre, möchte ich noch einmal auf diese Periode aus meiner jetzigen Sicht als gläubiger Mensch zurückblicken.

Das Leben eines jeden Menschen wird stark von seiner Kindheit beeinflußt. Doch in meinem Leben hatten die Ereignisse der ersten fünfzehn Jahre unauslöschliche Auswirkungen auf die gesamte Lebensgestaltung.

Für meine Krankheit, die mich von einem Tag auf den anderen von einem normalen zu einem mehrfach behinderten Jungen machte, hatte ich fünfzig Jahre lang keine andere Erklärung, als daß das grausame Schicksal mich getroffen hatte, ein unerklärbarer, sinnloser Schlag. Doch nach meiner Wiedergeburt änderte ich meine Meinung:

Der Mensch kann nie völlig Gottes Wege verstehen, doch ich habe den festen Glauben, daß, was mir geschah, *einem göttlichen Plan entsprach.* Gott hatte mich erwählt zur Erlösung, aber in seiner Allwissenheit wußte er auch: Ich würde die Gabe der freien Entscheidung dazu benutzen, *dieses Gnadenangebot auszuschlagen.* Deshalb ließ Gott mich den schweren Weg gehen.

Und doch ließ er mich nicht alleine gehen. Ich habe keine Zweifel darüber: *Ohne seine Führung und Hilfe wäre es mir unmöglich gewesen, ein Leben zu führen, wie ich es tat. Vielleicht hätte ich überhaupt nicht überleben können.*

Wenn ich die fünf Jahre von Beginn meiner Erkrankung bis zur Auswanderung betrachte, frage ich mich: Wie konnte ein zehnjähriger Junge solch einen Lebenswillen haben, solch eine Anpassungsfähigkeit und Bereitschaft zum Verzicht besitzen. Noch dazu ohne Hilfestellung der Eltern?

Fünfzig Jahre lang glaubte ich fest, alles sei nur meiner Kraft zu verdanken, meinen Fähigkeiten und meinem eisernen Willen, aber heute bin ich dessen ganz sicher: *Ohne die Hilfe meines Schöpfers wäre das unmöglich gewesen!*

Nun, als fünfzehnjähriger Junge verließ ich die Heimat mit den Eltern, die mir nicht viel Hilfe geben konnten, die von den erlittenen Schicksalsschlägen völlig gebrochen waren.

Ich konnte mich nur mit Mühe vorwärtsbewegen, der Gebrauch meiner Hände war sehr eingeschränkt und dadurch war ich auch psychisch gehemmt. Doch ich hatte einen Traum, eine Hoffnung, die mir den Abschied erleichterte. Ich träumte davon, am Aufbau der alt-neuen Heimat mithelfen zu können. Ich wollte als gleichwertig in der Gesellschaft aufgenommen werden. Und als drittes, eigentlich Wichtigstes: Ich wollte geliebt werden – und besonders von einem Mädchen!

Das waren meine Träume damals.

Palästina

Die Reise

1936

So verließ ich Ende März 1936 die Heimat. Auf dem Bahnhof verabschiedeten wir uns von den Verwandten, die wir ohne Ausnahme nie wiedersehen würden. Nur ein Onkel starb eines natürlichen Todes, alle anderen wurden umgebracht.

Der Zug fuhr durch das Rheinland Richtung Marseille, wo wir das Schiff nach Jaffa besteigen würden. Die politische Lage war sehr gespannt, Hitler hatte gerade den ersten Schritt in seiner Politik der Mißachtung internationaler Abkommen gemacht. Das deutsche Heer war ins Rheinland einmarschiert – eine dem Versailler Vertrag nach entmilitarisierte Zone. Doch niemand intervenierte.

Ich war das erste Mal auf einem Schiff, und so war ich natürlich sehr aufgeregt. Es war wirklich ein großer Dampfer – nicht nur in meinen Augen. Die drei Klassen beherbergten Hunderte von Passagieren.

Ich genoß die Seereise enorm. Das blaue endlose Meer, ohne die kleinste Welle, darüber der wolkenlose Frühlingshimmel – all das war so schön und völlig neu für mich. So vergaß ich alles, was ich verlassen hatte – und noch mehr die unbestimmte Zukunft.

Abends, wenn meine Eltern gesellschaftlich beschäftigt waren, war ich mir selbst überlassen. Ich ging dann auf das Oberdeck, von dort konnte ich das

Touristendeck beobachten. Es war jeden Abend dasselbe Bild: Eine Gruppe von vierzig bis fünfzig Pionieren saß dicht aneinandergedrängt und sang hebräische Lieder. Davor, auf dem freien Platz, tanzten etwa zwanzig Jugendliche Hora, den speziellen Tanz der »Haluzim«. Es ist eigentlich schwer zu erklären, was mich so zu dieser Gruppe zog. Ich war mir doch bereits im klaren darüber, daß ich nicht für das Gemeinschaftsleben im Kibbuz geeignet war – wegen meiner Behinderungen. Nein, ich hatte diese Tatsache nicht vergessen. Ich genoß einfach den Anblick dieser enthusiastischen, idealistischen Jugend – auch wenn diese Welt für mich verschlossen war.

Doch das war nur am Abend, tagsüber interessierten mich die Passagiere der beiden anderen Decks. Wer waren diese Hunderte von Menschen? Selbstverständlich hatte ich nur mit ganz wenigen persönlichen Kontakt – und das fast nur durch meine Eltern. Doch als Ausgleich für meine so begrenzte Fortbewegungsmöglichkeit erhielt ich eine scharfe Beobachtungsgabe. Und so gelang es mir, bald die Menge der Passagiere in fünf verschiedene Gruppen einzuteilen. Als erstes war da eine kleine Anzahl von europäischen Touristen; danach kam die größte Gruppe der jüdischen Emigranten aus Deutschland – wie wir es waren. Sie gehörten natürlich zu einer ganz anderen Gesellschaftsschicht als die Pioniere. Sie waren altersmäßig so in den vierziger oder fünfziger Jahren, Akademiker oder Kaufleute mit dem vorgeschriebenen Mindestkapital von eintausend Pfund. Es muß berücksichtigt werden, daß im Jahre 1936 die Juden fast nur finanziell oder beruflich durch das Naziregime unter Druck geraten waren. Nur so ist es verständlich, daß die Emigranten nicht von dem befreienden Gefühl des Endes aller Verfolgungen beherrscht waren, sondern besorgt waren wegen der unsicheren Zukunft – wirtschaftlich, beruflich, gesellschaftlich und kulturell gesehen.

Die nächste Gruppe waren auch Juden, aber palästinensische, die in ihre Heimat zurückkehrten. Sie waren zur Erholung in Europa gewesen oder geschäftlich, einige hatten auch dort studiert. Natürlich waren sie alle gut situiert.

Dann war da eine Anzahl von Personen, die dem Volk angehörten, das Palästina regierte – die Engländer. Es waren Beamte, Offiziere, Geistliche, Kaufleute und medizinisches Personal.

Die letzte Gruppe dieser so gemischten Gesellschaft waren Personen, die mir total fremd waren: palästinensische Araber. So wie auch ihre jüdischen Landsleute gehörten sie – wirtschaftlich und kulturell – zum oberen Mittelstand. Die meisten von ihnen hatten in Europa Urlaub gemacht.

Die Reise von Marseille bis Jaffa dauerte acht Tage, das Schiff ankerte auch in Alexandrien und Port-Said. Mein Vater hatte die Bekanntschaft eines arabischen Kollegen gemacht. Der hatte in Deutschland studiert, und so hatten die beiden eine gemeinsame Sprache. Er lebte in Jaffa und hatte mit seiner Familie die Ferien in der Schweiz verbracht. Seine Frau war sehr freundlich und unterhielt sich in ihrem schlechten Deutsch gerne mit meiner Mutter. Das Paar hatte vier Kinder, drei Jungen und ein Mädchen zwischen elf und achtzehn Jahren. Ich war viel mit dem mittleren Sohn zusammen, er war in meinem Alter. Er war nett, doch – ehrlich gesagt – der Hauptgrund dafür, daß ich Johns Gesellschaft suchte, war seine Schwester Jeanette. Wenn wir zusammensaßen, dann konnte ich sie hin und wieder verstohlen anschauen. Und das lohnte sich, ihre Schönheit war nicht zu beschreiben, alles an ihr war exquisit: Gesicht, Figur, Haar, Stimme, Manieren.

Die Jungen waren sehr freundlich zu mir, aber das Mädchen – außer einer kurzen Begrüßung – sprach nie ein Wort mit mir. Ich fragte mich, was der Grund für dieses Verhalten sein mochte, ob Scheu, Erziehung – oder einfach, weil sie mich als Krüppel verachtete.

Doch dann geschah etwas, dessen Wichtigkeit mir erst vierzig Jahre später bewußt wurde. Einige Tage vorher hatte ich zu meinem Erstaunen bemerkt, wie Jeanette mich manchmal betrachtete und wie traurig ihr Blick dabei war. Nun, an jenem Morgen ging ich langsam auf dem Oberdeck spazieren, das zu dieser frühen Stunde noch menschenleer war. Ich hatte mir das zur Gewohnheit gemacht, denn ich genoß es sehr, auf Deck zu sein, aber nicht, wenn mich die Leute wegen meines Hinkens anstarrten. Deshalb war ich so früh draußen, denn dann konnte ich sicher sein, daß ich niemanden traf.

Doch an jenem Morgen gab es eine Überraschung. Als ich um eine Ecke kam, sah ich plötzlich auf einer Bank Jeanette mit einem älteren Herrn sitzen. Sie hatten mich gesehen, deshalb drehte ich nicht um – das hätte als unhöflich angesehen werden können. So ging ich an ihnen vorbei und grüßte. Dann fand ich eine Bank – etwa zwanzig Meter weiter – und setzte mich hin.

Fasziniert bestaunte ich den Sonnenaufgang und träumte. Doch dann hörte ich Stimmen, der Wind kam aus der Richtung der beiden. Interessiert lauschte ich.

»Du kennst den Jungen, meine Liebe?« fragte der Herr.

Jeanette zögerte mit der Antwort: »Mein Bruder unterhält sich viel mit ihm. Er ist ein Auswanderer aus Deutschland. Er ... er leidet so. Sie sahen ja, wie er geht, auch seine Hände sind nicht normal. Er muß so einsam sein und scheint so sehr Liebe zu suchen. Ich beobachtete, wie er mich verstohlen ansieht – mit solch sehnsüchtigen Blicken. Oh, er tut mir so leid«, sie weinte wohl, dann sprach sie weiter: »Ich bete für ihn, es muß ihm geholfen werden.«

Einen Moment lang war Stille, dann sagte der Herr: »Ich bitte dich, rufe ihn her, du kennst ja den Jungen!«

Kaum hatte ich das Gehörte richtig verdaut, da hörte ich schon ihre melodische Stimme und drehte mich um. »Günter, Mr. Johnson bittet dich zu kommen. Er möchte mit dir reden!«

Ich konnte kein Wort sagen, starrte sie nur an. Sie war immer dezent gekleidet, doch das herrliche lange, volle Haar, offen getragen, hatte ihre Erscheinung weltlich gemacht. Aber die Jeanette, die jetzt vor mir stand, schien wie aus einer anderen Welt zu kommen: Sie trug ein großes Tuch, das ihr gescheiteltes und geflochtenes Haar fast völlig bedeckte und ihr bis über die Schultern reichte. Doch das Beeindruckendste war ihr Gesichtsausdruck. Er war so voll Liebe und Frieden, wie ich es noch nie bei einem Menschen gesehen hatte. So mußte sie ihre Worte wiederholen, diesmal in bittendem Ton.

»Selbstverständlich komme ich. Was will er denn von mir?« fragte ich, bemüht nicht auf ihr madonnenhaftes Gesicht zu blicken. Jeanette antwortete nur kurz, sie wisse es nicht, und ging fort.

Herr Johnson stellte sich als anglikanischer Pastor aus Jaffa vor. Er kannte Jeanettes Familie schon sehr lange, sie waren Mitglieder seiner Gemeinde. Ich war sehr erstaunt darüber.

»Araber können Christen sein?« fragte ich. »Ich dachte, sie müssen Moslems sein. Religion und Nationalität gehören doch bei ihnen zusammen – genau wie bei uns Juden.«

»Da irrst du dich, Günter. Volksangehörigkeit und Glaube sind nie miteinander verbunden – weder bei Arabern noch bei Juden. Jeder Mensch gehört durch Geburt zu einem bestimmten Volk. Aber Religion, oder besser ausgedrückt Glaube, beruht immer auf einer persönlichen Entscheidung.

Das war etwas völlig Neues für mich. Doch was ich da hörte, war noch überraschender. Er sprach über Jesus Christus: »Er ist nicht nur der Messias *auch* für die Juden, er kam als *erstes* zum jüdischen Volk!«

Herr Johnson sagte es mit strahlendem Blick und bat mich, am nächsten Tag wiederzukommen, da er mir noch viel Wichtiges zu erzählen hatte. Ich tat es und saß noch an vier Tagen bei ihm. Ich hörte wirklich Erstaunliches: daß Jesus ein Jude war, von Gott gesandt, um Juden, aber auch alle anderen Menschen von ihren Sünden zu erlösen. Er war der Messias und Gottes Sohn – wie es in der Bibel schon prophezeit worden war. Und während der ersten drei Jahrhunderte nach seinem Kreuzestod hätten Zehntausende Juden Jesus als Herrn und Erlöser angenommen.

Aber all das sagte mir gar nichts. Ich hatte anderes im Kopf als Religion und Erlösung von Sünden. Ehrlich gesagt, ich kam nur, weil ich diesen sympathischen Herrn nicht verletzen wollte. Außerdem hoffte ich im Stillen, Jeanette würde sich an unserer Unterhaltung beteiligen – doch das geschah nicht.

Ich vergaß dann diese Episode völlig. Doch vierzig Jahre später, als ich so nach einer Verbindung zu Gott suchte – einer, die sich von dem rabbinischen Verständnis unterschied – da erinnerte ich mich wieder an dieses Gespräch auf dem Schiffsdeck. Damals wurde der Same gesät, es dauerte über vierzig Jahre, bis er keimen konnte – als ich meine Schwäche erkannte und im Herrn stark wurde.

Und die schöne tiefgläubige Araberin Jeanette hatte mich so beeindruckt, daß ich sie noch fünfzig Jahre später vor Augen hatte, als ich das Buch »Unter dem Davidsstern« schrieb.

Das Schiff ankerte in Alexandrien und die Passagiere konnten an Land gehen, um die Stadt zu besichtigen. Am Vormittag fuhr ich mit meinen Eltern durch diese für mich völlig neue Welt. Doch als sie am Nachmittag beschlossen, mit dem arabischen Ehepaar einen Spaziergang zu machen, zog ich es vor, auf dem Schiff zu bleiben.

So saß ich auf Deck und betrachtete die einem Ameisenhaufen gleichende Betriebsamkeit im Hafen. Auf der gegenüberliegenden Bank saßen zwei Jugendliche, Jungen und Mädchen. Sie mußten etwa in meinem Alter sein. Eine Weile sahen sie gelangweilt auf den Kai, dann sprach der Junge mich auf englisch an.

»Du bist Einwanderer, nicht wahr?« sagte er, »ich heiße Josef, und das ist meine Schwester Dina.« Wir gaben uns die Hand, das Mädchen hielt ihren Blick weiter nach unten gerichtet. »Warum bist du an Bord geblieben, die Stadt mußte dich doch interessieren?«

Ich war perplex. Einerseits wollte ich nicht lügen, andererseits schämte ich mich, vor diesem zweifellos arroganten Mädchen meine Behinderung zu erwähnen, und so gab ich nicht gleich eine Antwort.

Da kam mir Dina zuvor: »Blöde Frage, Joe«, sagte sie, gelangweilt ihre manikürten Fingernägel betrachtend. »Du hast doch gesehen, wie er sein verkrüppeltes Bein nachzieht, wenn er auf Deck herumgeht.«

Ich errötete vor Ärger, es war schon lange her, seit ich solche taktlosen Bemerkungen gehört hatte. Ich betrachtete sie genauer. Sie mußte älter sein als ihr Bruder, war elegant gekleidet und stark geschminkt. Was mir besonders auffiel, waren ihre Augenbrauen. Ich sah so etwas zum ersten Mal: Sie waren bis auf millimeterbreite Striche ausgezupft. Dina war nicht hübsch und ihr Blick hatte einen hinterlistigen Ausdruck. Abgesehen von ihrer taktlosen Bemerkung – sie gefiel mir nicht.

Joe ignorierte die Frage seiner Schwester und erzählte von sich und seiner Familie. Die Eltern waren reiche Plantagenbesitzer in Petah Tikva. Vor einem Jahr waren Joe und Dina in die Schweiz geschickt worden, um dort das Abitur zu machen. Er wollte Arzt werden. Als er über Dinas Pläne reden wollte, unterbrach sie ihn:

»Einerseits lockt es mich nicht, zu studieren, doch andererseits, der Gedanke, in dieses rückständige Loch Petah Tikva zurückzukehren, macht mich krank. Was nützt es, daß unsere Eltern reich sind? Es ist so schrecklich langweilig dort, kein kulturelles Leben, alles dreht sich nur um die Plantagen. Und der andere Teil der Bevölkerung – die Arbeiter –, das ist doch überhaupt eine ganz andere Welt. Was ist das für ein Unsinn, aus Armut und körperlicher Arbeit ein Ideal zu machen? Und dieses Geschwätz über die Gleichheit der Geschlechter! Ich genieße es, Frau zu sein, möchte geliebt und verwöhnt werden. Ich will gut gekleidet sein und mein Haar gepflegt lang tragen und nicht geschoren wie ein Mann!« Sie schüttelte ihre rötliche Mähne.

Dann fragte Joe nach meinen Zukunftsplänen: »Ich nehme an, du willst das Gymnasium fertigmachen. Es wird nicht leicht für dich sein – ich meine gesellschaftlich. Fast alle Schüler kommen aus Pflanzerfamilien, die paar Proletarierkinder haben es schwer. Du bist Einwanderer, gehörst zu keiner Klasse, und außerdem bist du noch behindert – etwas, das man im Land kaum kennt.«

Dina mischte sich wieder ins Gespräch: »Hast du, Joe, denn eine bessere Idee für ihn? Was soll er tun? Er ist noch keine sechzehn und verkrüppelt – soll er mit der Turiah in den Plantagen arbeiten? Wer würde ihn anstellen? Für zehn Piaster pro Tag küßt ein Riese von Araber die Füße des Pflanzers, der ihm Arbeit gibt!«

Diese Unterhaltung deprimierte mich sehr. Ich hatte mir alles im Land nur rosig vorgestellt. Nun tröstete ich mich damit, daß mein Vater sich in einem kleinen Ort niederlassen würde … Ich hatte nie etwas über Klassenunterschiede in Palästina gehört, und auch, daß körperliche Arbeit nicht von allen idealisiert wurde, war mir völlig neu.

Als ich am nächsten Morgen aufwachte, hatte das Schiff schon die Anker geworfen – wir befanden uns vor der Küste Jaffas. Es gab keinen Hafen, nicht einmal eine Mole, die in das Meer hineinreichte, um das Aussteigen der Passagiere zu erleichtern. So sahen wir eine Stunde später, wie sich eine Flotte von kleinen Booten dem Schiff näherte, um die Passagiere an Land zu bringen. Strickleitern wurden zu den Booten hinabgelassen. Das war eine ziemlich angsterregende Prozedur – besonders für die Neueinwanderer. Ich erinnere mich, wie meine Mutter schreckliche Angst bekam.

Als wir endlich am Kai waren, warteten schon unsere Verwandten auf uns – der Bruder meines Vaters mit Frau und zwei Söhnen. Sie waren ja schon drei Jahre früher ausgewandert.

Die Judenverfolgungen des Nazi-Deutschlands lagen hinter uns – aber die Zukunft in der neuen Heimat war völlig undurchsichtig.

Erste Schritte in der neuen Heimat

1936 – 1937

Wir wohnten einen Monat bei den Verwandten in Tel Aviv. Ich benutzte diese Zeit, um meine Heimat kennenzulernen. Und was ich fand, war so vollkommen anders als alles, was ich bisher kannte.

Heute kann man sich schwer vorstellen, wie die erste – und damals einzige – jüdische Stadt war. An Tel Aviv erinnere ich mich als eine schöne, gemütliche, freundliche Stadt. Sie war vollkommen anders als die Großstadt Berlin. Die Häuser waren niedrig, vierstöckige galten schon als Hochhäuser. Meist waren die Straßen schmal und garantierten so den neun Monate lang notwendigen Schatten. Doch diese Enge beeinträchtigte nicht den Verkehr, denn er war sehr spärlich. Nur in dem etwa halben Dutzend Hauptstraßen verkehrten Busse, PKWs waren eine Rarität, für den Lastverkehr gab es Pferdewagen, Esel und Schiebkarren.

Fast alle Gebäude waren richtig schön, in einem Stil, den man im Mittelmeerraum vorfindet, mit einem orientalischen Einschlag. Es ist schade, daß nur wenige die Modernisierung der Stadt überlebt haben. Tel Aviv war damals eine Stadt mit kaum vierzigtausend Einwohnern.

Die Bevölkerung lebte ruhig und friedlich miteinander, viele Menschen kannten sich, Neuigkeiten wurden schnell verbreitet – auch ohne Medien. Ich konnte mir von meinem Vetter ein Fahrrad borgen und so die Stadt durchkämmen und ab und zu mein schwaches Hebräisch praktizieren.

Was mir auffiel, war die völlig unformelle Kleidung der Leute, sowohl bei Männern als auch bei Frauen. Anzüge und Jacketts sah man nicht, Frauen trugen fast ausschließlich Blusen und Röcke oder Hemden und Shorts. Der bevorzugte Stoff war Khaki – für alles. Westliche Hüte trug natürlich niemand, Arbeitermützen und der populäre Tembelhut (Universalkopfbedeckung der Arbeiter und Pioniere) waren die übliche Kopfbedeckung, Frauen trugen oft Kopftücher als Schutz gegen die brennende Sonne.

Ich liebte die Strandpromenade, besonders bei Sonnenuntergang. Das ruhige Meer, der wolkenlose Himmel und die Stille ließen mich träumen – von einer besseren Zukunft.

Ein besonderes Erlebnis war der Beginn des Schabbats. Obgleich ja fast die ganze Bevölkerung nichtreligiös war, in der ganzen Stadt war die Feiertagsstimmung zu spüren. Zwei Stunden vor Sonnenuntergang ging ein traditionell gekleideter Mann durch die Hauptstraßen und blies ein Horn, um damit den Ruhetag anzukündigen. Dann wurden alle Geschäfte geschlossen und der Verkehr kam nach und nach zum Erliegen. Es wurde nicht durch Zwang erreicht, sondern durch Toleranz und ein richtiges Verständnis des so nötigen Ruhetags.

Während der ersten Wochen unseres Aufenthalts in Tel Aviv untersuchte mein Vater die Aussichten, als Zahnarzt in der Stadt zu arbeiten. Das Resultat war nicht ermutigend, die Einwanderungswelle aus

Deutschland hatte so viele Zahnärzte gebracht, daß Patienten fehlten. Das beste Beispiel dafür war ja mein Onkel: Nach drei Jahren im Land konnte er noch nicht seine Familie ernähren.

Mein Vater war ziemlich verzweifelt darüber. Die einzige Hoffnung war, daß vielleicht in anderen Orten die Lage besser wäre. So besuchten wir Jerusalem, Hadera, Rehowoth und Haifa, doch überall fanden wir dieselbe Situation vor – es fehlte nicht an Zahnärzten.

Doch dann geschah etwas, das dieses Problem vorübergehend in den Hintergrund schob. Wir waren in Haifa und hatten den Nachmittagszug nach Jaffa genommen – Tel Aviv hatte noch keinen Bahnhof. Wir befanden uns allein im Abteil. Dann hielt der Zug in dem arabischen Städtchen Kalkilieh, nicht weit von Jaffa, und plötzlich war der ganze Zug überfüllt mit schreienden, sichtbar sehr aufgeregten Arabern. Wir verstanden natürlich nichts von dem, was sie redeten, doch fühlten wir uns reichlich bedrängt. Wir schienen die einzigen Juden in dem ganzen Waggon zu sein, und man warf uns nicht gerade freundliche Blicke zu. So atmeten wir auf, als wir in Jaffa den Zug verlassen und einen jüdischen Bus nach Tel Aviv nehmen konnten. Erst später hörten wir, wie uns der Herr beschützt hatte: Die Hunderte von Arabern im Zug waren auf einer Versammlung in Nablus gewesen und dort gegen die jüdische Bevölkerung aufgehetzt worden.

Vor dreißig Jahren war Tel Aviv in der Absicht gegründet worden, die jüdischen Einwohner Jaffas und die Neueinwanderer in einer jüdischen Vorstadt zu konzentrieren. Daher war die Zahl der Juden, die noch in Jaffa lebten, sehr klein. Doch es gab sehr enge

Beziehungen unter den beiden Nachbarstädten, und da der Hafen, alle Regierungsämter, offene Märkte und der Großhandel sich in Jaffa befanden, kamen jeden Tag eine große Anzahl von Juden nach Jaffa.

Am 19. April 1936 geschah etwas, das leider von den Historikern oft übergangen wird, doch es war der Anfang des organisierten Kampfes gegen die Rückkehr der Juden in ihr altes Heimatland. Und dieser Kampf reicht bis in unsere Tage – nur die sechs Jahre Weltkrieg unterbrachen ihn.

Genau so wie an jedem anderen Wochentag kamen an jenem Morgen viele Tel Aviver zur Erledigung ihrer Angelegenheiten nach Jaffa, und einige Stunden später überfiel ein Mob von aufgehetzten Arabern die völlig wehrlosen Juden mit Messern und Äxten. Hundertundfünfzig Tote und viele Verletzte waren das entsetzliche Resultat dieses Pogroms. Wenn man berücksichtigt, daß damals die ganze jüdische Bevölkerung nur etwa vierhunderttausend Personen zählte, entspräche das heute eintausendfünfhundert Toten.

Dieser völlig unerwartete Überfall schockierte natürlich alle, aber ich, der ich glücklich war, dem Naziterror entkommen zu sein, konnte so etwas kaum fassen. Wo war ich hingeraten!

Unsere Verwandten wohnten in der Bialikstraße, sie führte von der Allenby-Hauptstraße zum Gebäude der Stadtverwaltung. Eine ganze Woche lang sah ich täglich dasselbe makabre Bild: eine lange Reihe von Särgen wurde durch die Straßen getragen und vor dem Rathaus abgestellt. Dort hielten dann der Bürgermeister und andere Persönlichkeiten Trauerreden für die Ermordeten.

Ich konnte es nicht glauben, ich war fassungslos. Meine erste Reaktion war Angst um mein Leben. Trotz all dem Schweren, das ich durchgemacht hatte – der Gedanke zu sterben versetzte mich in Panik. Dann wurde sie von großer Enttäuschung abgelöst: Was nutzte das Weglaufen vor den Naziverfolgungen, wenn es weit gefährlicher war, in Palästina zu leben? fragte ich mich verzweifelt.

Doch dann sah ich die Reaktion der Bevölkerung: keine Verzweiflung, keine wertlosen Anklagen, kein Ausbruch von Haß, geschweige denn Rachsucht. Als Antwort auf das Geschehene mußten Aktionen folgen: Alle Beziehungen zur Nachbarstadt mußten abgebrochen werden, für alles mußte ein Ersatz in Tel Aviv gefunden werden – sogar ein Hafen mußte gebaut werden. Und natürlich mußte in Tel Aviv sowie im ganzen Land die – zwar illegale – Sicherheitsorganisation, die Haganah, für die Verteidigung der Juden sorgen.

Diese Einstellung und Aktionen der Jischuws (der jüdischen Bevölkerung) hatten eine enorm positive Wirkung auf meine Niedergeschlagenheit. Plötzlich sah ich den enormen Unterschied zwischen meiner Lage vorher in Deutschland und jetzt hier. In Deutschland waren wir hilflos, konnten nichts für unsere Verteidigung tun, doch in Palästina war es anders. Wir waren zwar nicht sicher und hatten Feinde, aber wir hatten hier auch das legale und historische Recht auf dieses Land – und die Mittel, dieses Recht zu verteidigen.

So verließ mich meine Depression und ich wurde noch zionistischer als vorher. Aber es fiel mir schwer, einen düsteren Gedanken zu unterdrücken: Mir wurde klar, daß mein Traum, beim Aufbau des Landes mitzuhelfen unvollständig wäre, wenn ich mich nicht an der Verteidigung des schon Bestehenden beteiligen könnte. Doch das erschien mir mit meiner Behinderung unmöglich. Der Gedanke, auch diesen Bereich zu der langen Liste des »Unmöglich« hinzufügen zu müssen, ließ mich verzweifeln. Mein einziger Trost war mein Alter. Ich war erst fünfzehn, und so würde das Problem erst in einigen Jahren akut werden.

Nachdem mein Vater alle Möglichkeiten geprüft hatte, kam er zu dem Entschluß, sich in dem Städtchen Petah Tikva niederzulassen. Einer der bekanntesten Zahnärzte war weggezogen, und deshalb schienen die Aussichten nicht schlecht. So hatte er eine Dreizimmerwohnung in einem großen, kaum fertiggestellten Gebäude gegenüber einem Markt gemietet.

Petah Tikva sollte praktisch siebzehn Jahre lang meine Heimat werden. Der Ort hatte damals etwa zehntausend Einwohner. Er wurde in den achtziger Jahren des vorigen Jahrhunderts von ungarischen Juden gegründet, die beschlossen hatten Bauern zu werden. Eine Zeit lang fristeten sie ein reichlich karges Leben, doch dann entdeckten sie, daß die große Zukunft in Zitrushainen lag, einer Kultur, die sich besonders für die leichten Böden der Kolonie eignete. Und so legte jeder Bauer auf den Hunderten von Dunam (1 Dunam ≙ 1000 qm), die er besaß, Zitrusplantagen an und pflanzte hauptsächlich Orangen. Die Bewässerung war kein Problem, jeder hatte seinen eigenen Brunnen, der die Zitrushaine mit Grundwasser versorgte. Aus den ehemaligen Bauern wurden reiche Pflanzer, der Ort entwickelte sich, Arbeiter und Geschäftsleute siedelten sich an. Die Plantagenbesitzer waren in der Minderheit, aber die Mehrheit der Bewohner war völlig abhängig von ihnen.

Bis zum Ersten Weltkrieg arbeiteten nur Araber in den Hainen. Es gab ja eine unbegrenzte Menge von armen Fellachen, die bereit waren für einen Hungerlohn zu arbeiten. Doch dann begann die Einwanderungswelle der jungen Pioniere aus Osteuropa, ihr Ziel war körperliche, besonders landwirtschaftliche Arbeit, was für Juden zweitausend Jahre lang unmöglich gewesen war. Ein Teil von ihnen siedelte sich in Gemeinschaftsdörfern an, doch andere bevorzugten das individuelle Leben eines Lohnarbeiters in den Plantagen. Und so begann der Kampf um die Arbeitsplätze. Anfangs zeigten die Pflanzer wenig Interesse daran, die weit teureren jüdischen Arbeitskräfte zu beschäftigen, doch allmählich erkannten sie, daß die Juden verantwortungsvoller waren und der höhere Lohn keinen Verlust bedeutete.

Nach dem Ausbruch der Unruhen im April 1936 verschwanden die arabischen Arbeiter fast völlig aus allen Kolonien.

Ich sah Petah Tikva erst, nachdem unsere Wohnung schon gemietet war. Meinen ersten Besuch dort werde ich nie vergessen. Wir kamen mit dem Bus, die Entfernung von Tel Aviv betrug achtzehn Kilometer. Es war Ende April, und die Haine standen in voller Blüte. Der himmlische Geruch, der uns während der Fahrt begleitete, war unbeschreiblich. Doch nicht nur der Geruch war so angenehm, auch der Blick auf das endlose Meer von Bäumen voller weißer Blüten war unvergeßlich schön.

Der Bus hielt im Zentrum des Ortes, um einen großen Park herum gab es einige Geschäfte, zwei Banken und das einzige Café. Die »Hauptstraße« war auch die Geschäftsstraße, die das Zentrum mit dem Wohnviertel der Plantagenbesitzer verband – große, schöne Villen, von gepflegten Gärten umgeben. Eine schmale Straße zweigte von der Hauptstraße ab. Sie war für sieben Monate des Jahres der wichtigste Teil der Kolonie, denn dort befanden sich die Büros der Exportgesellschaften. Jeden Abend war die Straße überfüllt mit den Arbeitern, die zum Pflükken und Packen der Früchte angestellt waren. Dort erfuhren sie auch, wo sie am nächsten Tag arbeiten würden.

Von dieser »Altstadt« aus führten Straßen – teilweise noch ungepflastert – in die Stadtteile, in denen der Rest der Bevölkerung wohnte. Unser neues Zuhause befand sich auch dort in einem großen dreistöckigem Gebäude mit mehreren Eingängen und einer langen Reihe von Geschäften. Unsere Wohnung hatte dreieinhalb Zimmer, auch die Praxis war dort. Das Wohnzimmer sollte auch als Wartezimmer für die sehnsüchtig erwarteten Patienten dienen. Bei Nacht schlief ich dort auf einer Couch, denn die Großmutter brauchte auch noch etwas Wohnraum. Verglichen mit den Wohnungen, die wir in Berlin hatten, war es fraglos eine enorme Einschränkung.

Meinen Eltern und auch mir schien es selbstverständlich, daß ich für weitere vier Jahre das Gymnasium besuchen würde – obwohl das eine enorme finanzielle Belastung wäre. Ich nehme an, daß sie – genauso wie auch ich – keinen klaren Begriff von meinem zukünftigen Beruf hatten. So wurde ich in das Gymnasium eingeschrieben.

Das Schuljahr würde erst fünf Monate später beginnen, so hatte ich viel Zeit, mich in dem Ort umzusehen, denn meine einzige Vorbereitung auf die Schule war in Hebräisch nötig. Und da fehlte es mir hauptsächlich an Konversation. So nahm ich mein Fahrrad, das mit den Möbeln angekommen war, durchquerte das Dorf und vereinigte auf diese Weise meine beiden Ziele. Dank der schnellen Beobachtungsgabe, die mir der Herr geschenkt hatte, durchschaute ich bald die Situation. Ich hatte ja schon in Tel Aviv gesehen, daß das Land mit Akademikern überschwemmt war: Ärzte, Rechtsanwälte, Architekten und Ingenieure gab es im Überfluß. Was konnte ich mit einem Abiturzeugnis anfangen?, fragte ich mich. Außerdem machte mir Joes Warnung über die zu erwartenden Schwierigkeiten in der Schule Sorgen. Wie schwer hatte ich es anfangs in der Priwaki gehabt! Doch was mir in dem hiesigen Gymnasium bevorstand, mußte x-mal schlimmer sein.

So begann ich, mehr und mehr den Gedanken eines Schulbesuches zu verwerfen – doch was könnte an seine Stelle treten? Ich hatte keine Antwort. Etwa zwei Wochen lang fuhr ich ziellos durch den Ort. Doch dann geschah etwas, was menschlich gesehen schwer zu verstehen ist. Ich fand eines Tages einen Weg, der nicht sandig, sondern von schwerem Boden und im trockenen Sommer hart wie Stein und dadurch befahrbar war. Er führte aus dem Ort hinaus. Zuerst kamen einige Orangenhaine, doch dann war es klar, daß das Gelände zu einem Bauernhof gehörte. Einige Getreidefelder waren reif zur Ernte, andere bereits abgeerntet. Daran schloß sich ein Stück mit frisch geackertem Boden an, dann kam ein Platz, auf dem frisches Heu gestapelt war.

Ich war jetzt schon nah am Bauernhof, ich war müde und froh einen Baum zu finden. Unter seinem Schatten warf ich mich auf den Boden und schloß die Augen. Ich roch den Duft des Heus und des frisch geackerten Bodens, hörte das zufriedene Muhen der Kühe und das laute Blöken der Schafe. Ich öffnete die Augen und sah in der Krone des Baumes Vögel verschiedener Art.

Da geschah es, durchfuhr mich wie ein Blitz aus heiterem Himmel. Plötzlich wußte ich, welchen Beruf ich ergreifen wollte: Ich wollte Bauer sein, der Natur nahe und mit Tieren zusammen sein, den Boden bearbeiten – so wie es meine Vorfahren bis vor zweitausend Jahren getan hatten! Das war es, was das Land brauchte – und ich selbst nicht weniger!

Rein verstandesmäßig betrachtet, war so ein Entschluß völlig absurd. Ich war in einer Großstadt aufgewachsen, hatte nie irgendwelche Verbindungen mit Landwirtschaft gehabt, und vor allem: Ich war körperlich behindert. Wie konnte ich davon träumen, Bauer zu sein? Was gab mir die Sicherheit, alle Schwierigkeiten überwinden zu können?

Damals hatte ich keine Antwort darauf. Heute als Gläubiger kenne ich die Quelle für meinen plötzlichen Entschluß und die Kraft, dreiundvierzig Jahre lang diesen Entschluß zu verwirklichen. Es kam von meinem Schöpfer, dem allmächtigen Gott.

Etwas war mir klar: Bevor ich meinen Eltern erzählen konnte, was ich beschlossen hatte – kein Besuch der

Schule, sondern Landwirt zu werden – mußte ich erst wissen, wie dieser Beschluß praktisch zu verwirklichen war. Der einzige, der mir dabei helfen könnte, war Asow.

Asow war sein Nachname, aber niemand nannte ihn anders. Er war ein Waise, mit seinem Onkel aus Rußland eingewandert, so an die dreißig. Er war ungebildet, hatte noch in Rußland den Friseurberuf erlernt. Er arbeitete viel, verdiente wenig und war immer zufrieden. Er liebte seinen Beruf vor allem deshalb, weil er ihm die Möglichkeit gab, den ganzen Tag mit Menschen zusammenzusein.

Asows Laden war gleich neben unserem Hauseingang, und so machten wir schnell Bekanntschaft. Er hatte meinen Vater sehr gern und bemühte sich, ihm Patienten zu schicken. Mag sein, daß es nur aus Mitleid war, auf jeden Fall war er bereit, alles nur mögliche für mich zu tun.

Ich ging oft zu ihm, und wenn er beschäftigt war, wartete ich einfach. Dabei lernte ich viel. Ich traf die verschiedenen Bevölkerungsschichten – von den Pflanzern allerdings nur die Männer, die Frauen fuhren nach Tel Aviv, wenn sie einen Friseur brauchten. Ungewohnt für mich war der freie Umgang miteinander, es gab keine Barrieren. Noch etwas anderes fand ich schnell heraus: Wie arm die Menschen waren. Fast niemand bezahlte bar, die Schuld wurde aufgeschrieben. Manchmal fragte ein Mann oder Junge, wie die Preisdifferenz zwischen einem Haarschnitt und einer Glatze sei. Und dann ließ er sich kahlscheren, um einen Piaster zu sparen.

Aber auch Frauen kamen zu Asow und das verwunderte mich. So fragte ich ihn eines Tages: »Ich kann das nicht verstehen, sie sind so knapp mit dem Geld, warum müssen sie dann ihr Haar kurz schneiden lassen? Die meisten sehen so häßlich aus mit dem männlichen Schnitt. Warum tun sie das?

Asow mußte erst eine Kundin bedienen, bevor er mir antworten konnte. Die junge Frau hatte langes gewelltes Haar. Asow schnitt es über den Ohren und im Nacken ab, dann nahm er die Haarschneidemaschine und schor die Seiten und den Nacken vollkommen kahl. Das Haar oben auf dem Kopf schnitt er zu einer kurzen Bürste.

Bei den Pionieren in Deutschland war der Herrenschnitt Mode geworden, aber so etwas schockierte mich. Doch nicht die Frau, sie sah in den Spiegel und strich zufrieden über die Borsten auf dem Kopf und den kahlen Nacken.

»Du mußt eins verstehen, Shlomo. (Ich nannte mich schon so.) Die Ideologie der Pioniere – und alle Arbeiter betrachten sich als solche – betont die Gleichheit der Geschlechter. Und das wollen die Frauen auch mit ihrem Äußeren betonen, mit Kleidung und Haartracht.«

»Aber doch sind sie Frauen. Stört es sie denn gar nicht, daß es die meisten von ihnen so häßlich macht?« fragte ich.

»Nein, keineswegs. Schönheitssinn ist eine Eigenschaft der Bourgeoisie, muß also abgeschafft werden. Du hast ja eben selbst gesehen, wie zufrieden die junge Frau mit dem neuen Haarschnitt war.«

Ich konnte nur den Kopf schütteln, es war mir unverständlich. Aber Asow hatte noch eine andere Art Kundschaft, die für mich fremd war: die religiös-orthodoxen Juden. So etwas kannte ich ja nicht.

Unser Haus befand sich in einem frommen Viertel mit Synagoge und Lehrhaus. Asow war der Friseur all dieser frommen Juden. Als ich sie zum ersten Mal sah, hielt ich es für eine Nazi-Propaganda: die bis auf die Haut kahlgeschorenen Köpfe von Männern und Jungen mit den wie Schwänze herabhängenden Schläfenlocken. Doch was mit den Frauen geschah, schokkierte mich noch mehr. Daß verheiratete Frauen Kopftücher trugen, erschien mir noch verständlich. Aber dann sah ich eines Tages, wie Asow ein junges Mädchen ratzekahl schor. Ich hörte dann die Erklärung dafür: Nach einem sehr alten Gebot mußte die Braut vor der Hochzeit alles Haar abschneiden lassen und es durfte nie wieder nachwachsen. Daher hatte Asow oft Kundinnen, die sich die einige Zentimeter langen Haare wieder abscheren ließen.

Nun aber wieder zurück zu der Frage meiner Berufswahl. Ich hatte den ersten Schritt getan, ich wußte, welchen Beruf ich ergreifen wollte. Doch wie das praktisch zu verwirklichen wäre, hatte ich keine Ahnung. Asow war meine einzige Hoffnung.

Es war gegen Abend, der Laden war leer. Gutgelaunt kehrte Asow eine Unmenge Haare zusammen. »Ich habe eine neue Kundin bekommen«, sagte er, sich eine Zigarette anzündend, »eine Tochter vom Rabbiner heiratet morgen einen steinreichen Pflanzer, streng orthodox. Sie wird alle zwei bis drei Monate kommen, um sich scheren zu lassen – und bar bezahlen.«

Ich erzählte Asow von meinem Entschluß. Er schwieg einige Minuten, dann sagte er, indem er mich liebevoll anblickte: »Daß du den Schulbesuch aufgeben möchtest, kann ich gut verstehen. Akademische Berufe sind aussichtslos. Auch deine Angst vor der Gesellschaft dort ist mir verständlich. Aber – daß du mit deiner Behinderung Bauer werden willst, das erscheint mir nicht realistisch.«

Ich war enttäuscht und befürchtete, er würde jede Hilfe ablehnen. Doch ich irrte mich.

»Aber ich kenne dich schon gut genug, um zu wissen, wozu du fähig bist – und daß du ein Idealist bist. Nun zu dem Praktischen: Du mußt Kenntnisse erwerben, sozusagen in die Lehre gehen. Es gibt in der Umgebung von Petah Tikva viele private Bauernhöfe, man muß bei ihnen nachfragen.« – Er überlegte eine Weile.

»Ich hab's, Shlomo! Dr. Färber, der Tierarzt kommt ja überall hin. Er ist Österreicher, spricht deutsch. Dein Vater soll sich an ihn wenden.«

Meine Eltern waren weniger entsetzt, als ich befürchtet hatte. Etwas anderes machte ihnen noch mehr Sorgen als mein Beruf: die finanzielle Lage. Das mitgebrachte Kapital schmolz zusammen, die Anzahl der Patienten betrug weniger als zehn. Dazu kam noch, daß im Nebenhaus eine alteingesessene Zahnärztin ihre Praxis eröffnet hatte. Daher war die Aussicht, das Schulgeld sparen zu können, keine schlechte Botschaft. Außerdem hatten die Eltern nach all den Schicksalsschlägen jede Kraft zu widersprechen verloren.

Dr. Färber war bereit zu helfen, und so begleitete ich ihn täglich bei seinen Besuchen. Ich sah etwas völlig Unerwartetes – jüdische Bauern, die ihre eigenen Höfe bearbeiteten. Nicht wie in den Kibbuzim, in denen alles gemeinschaftlich geführt wurde und eigene Initiative unmöglich war. Alle Farmen waren Gemischtwirtschaften mit vier bis fünf verschiedenen Zweigen.

Ich war begeistert und fühlte mich wie geboren zu einem solchen Leben. Dr. Färber sprach natürlich in meiner Abwesenheit mit den Bauern. Nachdem ich ihn etwa zehn Tage lang begleitet hatte, sprach er mich an. Er war sehr offen: »Es nützt nichts, die Probleme zu vertuschen. Auch wenn du keinen Lohn bekommst, viele wollen dich wegen deiner Behinderungen nicht nehmen. Aber ich habe doch jemanden gefunden – es ist Juda W., ein Freund von mir. Er ist ein guter Mensch und erfahrener Bauer. Sie haben keine eigenen Kinder, daher hätten sie gerne einen Jungen bei sich.«

So begann ich bei den W.s zu arbeiten. Sie waren sehr liebe Menschen, er war als Junge von Rußland gekommen, seine Frau stammte aus einer der Gründerfamilien von Petah Tikva. – Der Hof war nicht weit von der Stadt, ich konnte mit dem Fahrrad hinfahren. Es hatte etwas Symbolisches an sich: Mein erster Arbeitstag war an meinem sechzehnten Geburtstag. Ich feierte ihn auf eine andere Art als bisher, aber ich war sehr glücklich, im Schatten der alten Orangenhaine den Wasserstrom in die Baumgruben zu leiten.

Ich lernte eine Unmenge – und schnell. Juda hatte fünfzig Dunam Orangen- und Zitronenhaine, auf zehn Dunam pflanzte er Gemüse, auf weiteren zwanzig wurde Grünfutter für die zwanzig Milchkühe plus Jungvieh angebaut. Die Getreidefelder waren verhältnismäßig klein – nur so an die siebzig Dunam. Der einzige Zweig, der nur extensiv betrieben wurde, war die Geflügelzucht.

Auf solch einer großen Farm brauchte es natürlich noch Lohnarbeiter. So war noch ein junger Mann fest angestellt, der auch bei ihnen wohnte, zum Gemüseernten brauchte man dann Saisonarbeiter. Im Winter, wenn die Zitrusernte war, wurden Pflücker beschäftigt. Das waren meistens junge Mädchen, Töchter von Pionieren, die mit vierzehn Jahren die Schule verließen und in den Plantagen Arbeit suchten.

Ich arbeitete am liebsten mit dem Vieh, beim Gemüseanbau und in den Hainen. So sehr ich Pflügen liebte, ich sah bald, daß ich dazu körperlich nicht fähig war. Mit dem Vieh und den Pferden umzugehen verlangte Kraft, aber ich bekam schnell kräftige Armmuskeln.

In den Hainen arbeitete ich am liebsten im Sommer, wenn ich allein war. Dann genoß ich die Natur und die Stille, der fließende Bewässerungsstrom war so beruhigend – und erfrischend.

Aber im Winter gab es nur das Pflücken, und das bedeutete die Gesellschaft von einem Dutzend Teenager-Mädchen. Ich mochte sie nicht, sie waren so einfach und oberflächlich, äußerlich allerdings oft attraktiv. Sie interessierte nur Geld, Klatsch, Jungen und Amusement. Ich war enttäuscht, daß die zweite Generation so ohne jegliche Ideale war – wenigstens die Mädchen waren es.

Aber ich war nicht nur Geist, sondern auch Fleisch. Dieses tägliche Zusammensein – acht Stunden lang – mit einer Gruppe von hohlköpfigen, aber vollbusigen jungen Frauen mußte meine Gedanken auf etwas anderes lenken als zionistische Ideologie. Aber meine Versuche, ihnen näherzukommen waren erfolglos. Anfangs lachten sie über meine Art zu gehen und imitierten sie. Sie machten sich über mein Hebräisch lustig. Sie sahen, daß ich zwar an ihnen interessiert war, doch andererseits zu scheu, um ihnen auch nur die Hand zu geben. Später ignorierten sie mich völlig und sprachen ohne Scham über ihre intimsten Liebesaffären.

Ich haßte diese Pflückzeit, aber nachts träumte ich oft von den Mädchen. Erst als die Saison vorbei war, kehrten Ruhe und Zufriedenheit in mir zurück.

Wenn ich auf dieses Jahr bei Juda zurückblickte, dann kann ich zweifellos sagen: Es war eine glückliche Zeit. Daß so ein Mensch wie Juda mein Lehrmeister war – das war auch ein Geschenk des Herrn. Und diese so schwer erklärbare Liebe für Boden, Pflanzen, Bäume und Tiere – auch sie mußte ein Gottesgeschenk sein.

Wenn ich nun all die anderen Berufe betrachte, muß ich feststellen, daß – trotz aller damit verbundenen Schwierigkeiten – die Landwirtschaft der passendste Beruf für mich war. Was hätte ich anderes tun können? Berufe, die mehr physische Kraft verlangten, schieden wegen meinem Bein aus. Viele Berufe kamen nicht in Frage wegen meiner behinderten Hände. Ich bin zwar nicht dumm, aber jeder intellektuelle Beruf setzt voraus, daß Schreiben keine Schwierigkeiten macht, für mich aber war es immer problematisch.

Fazit: Landwirtschaft war eine gute Lösung, allerdings, wenn ich es nicht so sehr genossen hätte, eine sehr harte Lösung. Und doch war keineswegs alles rosig – was würde die Zukunft bringen? Lohnarbeiter zu sein, war sicher nicht erstrebenswert, andererseits bestand auch kaum Aussicht, als Krüppel angestellt zu werden.

Als sich das Jahr bei Juda seinem Ende näherte, beunruhigte mich dieses Problem mehr und mehr. Ich wollte selbständig sein, aber um das zu erreichen, brauchte ich Geld, viel Geld, und ich kannte die finanzielle Lage der Eltern. Aber wie immer bisher, der Herr fand eine Lösung.

Die von den Arabern ausgelösten Unruhen, die in Jaffa begonnen hatten, breiteten sich über das ganze Land aus. Und so mußte die *Haganah* (jüd. Verteidigungsorganisation) für jede Siedlung die Verteidigung organisieren und dazu in den benachbarten Städten und größeren Orten Verstärkung für die gefährdeten Siedlungen mobilisieren, um in der Nacht dort zu wachen.

So wurden jeden Abend über hundert Freiwillige in die sechs Dörfer gesandt, die um Petah Tikva herum lagen. Mein Vater war mit einundfünfzig Jahren nicht mehr der Jüngste, aber er hielt es für seine Pflicht, sich als ehemaliger Soldat auch zu melden. Und so wurde er zweimal in der Woche zu einem kleinen Ort, Hayowel genannt, geschickt.

Im Blick auf meine Zukunft kam ihm der Gedanke, dort vielleicht günstig ein Stück Land kaufen zu können. Meinem Vater gefiel das Dorf sehr gut, und durch die Nähe zu Petah Tikva – etwa vier Kilometer – wäre es möglich, eine Praxis in der Stadt zu haben und in dem Dorf zu wohnen.

Doch dies blieb reine Theorie, solange wir nicht wußten, ob dort etwas zu kaufen wäre. So fragte ich eines Tages Juda danach.

Wieder war es ein Zufall – gibt es überhaupt so etwas? –, Juda hatte einen Freund in Hayowel, der verkaufen wollte. Wir kauften es günstig, aber dennoch war unser ganzer finanzieller Rückhalt damit aufgebraucht. Als ich mein Lehrjahr bei Juda beendet hatte, zogen wir um.

Das Haus war sehr klein, zwei Zimmer mit einer provisorisch angebauten Küche. Die Dusche befand sich in einem kleinen Schuppen, etwa fünfzehn Meter entfernt, zur primitiven Toilette mußte man noch dreißig Meter gehen. Der Eimer, der den Kot enthielt, mußte alle paar Tage geleert werden – in einer Grube, die ich graben mußte. Direkt am Haus gab es drei Dunam Boden, sechs weitere aber nicht bewässerbare waren weiter entfernt und noch vier Dunam Olivenhain lagen neben einem arabischen Dorf und waren dadurch praktisch nicht zu erreichen.

Hayowel bestand aus dreißig Familien. Wegen der beschränkten Bodenmenge arbeiteten die meisten Männer außerhalb, nur etwa ein halbes Dutzend von ihnen hatte größere Hühner- oder Kuhställe. Die Mitglieder des Dorfes waren alle in demselben Alter – Ende zwanzig.

Da wir nur wenig Grund und Boden hatten und auch die finanziellen Mittel meiner Eltern beschränkt waren, erkannte ich deutlich, daß Geflügelzucht der einzige entwickelbare Zweig wäre. Doch leider hatte ich davon kaum Ahnung.

Meine Ausbildungszeit bei Juda war zu Ende. Ich hatte eine gute Grundlage und Praxis in den Zitrushainen erhalten, in Viehzucht und Milchwirtschaft war ich versiert, auch Gemüse- und selbst Getreideanbau waren mir nicht fremd. Ich hatte in so kurzer Zeit viele Kenntnisse erwerben können.

Der Herr hatte mich zu dem für mich geeignetsten Beruf geführt, und was noch wichtiger war: Ich fand große Befriedigung darin. Doch waren noch viele Hindernisse zu überwinden, bis ich mein Ziel erreicht hatte.

Tischlerhandwerk und Orangenhaine

1937 – 1940

Ende 1937 zogen wir nach Hayowel. Mein Vater hatte eine kleine, zentral gelegene Wohnung für seine Praxis gemietet, und ich war natürlich beglückt, auf dem Lande leben und meine eigene Landwirtschaft aufbauen zu können. Unser primitives Zuhause störte mich überhaupt nicht, doch wenn ich heute zurückblicke, kann ich meine Eltern nur bewundern, wie sie die enorme Veränderung ohne Murren hinnahmen: von den luxuriösen Wohnungen in der Großstadt Berlins zu dem Zwei-Zimmer-Haus für vier Personen mit Dusche und Toilette im Hof, in einem kleinen Dorf, dessen einzige Straße sieben Monate im Jahr einer Wüste glich und einem Bus als einzige Verbindung zur Außenwelt, der zweimal am Tag vorbeikam.

Von dem letzten Geld meines Vaters waren Ställe für achthundert Hühner gebaut und tausend sechs Wochen alte Junghennen bestellt worden. Diese Zahl von Legehühnern würde uns eine schöne Existenz sichern – so sagte uns G., der Lieferant der Junghennen. Doch es kam anders, ich erlebte eine meiner schwersten Krisen und Enttäuschungen.

Wie ich ja schon bemerkte, von Hühnerzucht verstand ich nicht viel. Diese Tatsache wurde von dem skrupellosen G. ausgenutzt. Die eintausend Tiere, die er uns lieferte, waren an Kokzidiosis erkrankt, wogegen es damals kein Mittel gab. Das jämmerliche Aussehen der Tiere erklärte er mit dem Transport und der Umstellung. Ich konnte das natürlich nicht widerlegen, so bekam G. sein Geld und verschwand.

Was in den kommenden drei Monaten geschah, war eine Katastrophe für mich. Als die Hennen das Legealter erreicht hatten, waren von den eintausend ganze zweihundert übriggeblieben! Es ist nicht schwer, sich meinen Gemütszustand vorzustellen. Mit jedem toten Huhn begrub ich auch einen Teil meines landwirtschaftlichen Traumes. Alle Schuldzuweisungen an G. waren nutzlos. Er erklärte nur, meine Unwissenheit sei der Grund gewesen. Später hörte ich, daß mit den damals zur Verfügung stehenden Kontrollmöglichkeiten auch der erfahrenste Züchter überfordert gewesen wäre.

Und so war im Sommer 1938 mein Traum, Bauer zu sein, auf die lächerliche Aufgabe, für zweihundert Hühner zu sorgen, zusammengeschrumpft. Das mitgebrachte Vermögen war aufgebraucht, die Praxis brachte noch kaum etwas ein. Es war klar: Ich mußte Geld verdienen. Ich hatte keine Ahnung wie, und so besuchte ich wieder meinen alten Freund Asow.

Asow freute sich, mich wiederzusehen, er war krank gewesen und sah noch schlecht aus. Er hatte eine Gehilfin, die jemanden bediente. Ich erzählte ihm, was ich durchgemacht hatte, er war entsetzt und bedauerte mich.

»Asow, ich muß Geld verdienen, wir brauchen es dringend«, sagte ich, »aber ich möchte auch etwas lernen, kein ungelernter Arbeiter bleiben.«

Die Gehilfin war gerade ohne Arbeit und hatte sich zu uns gesetzt und meine letzten Worte mit angehört.

»Vielleicht habe ich da etwas für dich«, sagte sie und reichte mir die Hand. »Ich heiße Gilah.«

Sie war jung, aber enorm korpulent. Die große Hose platzte fast über dem riesigen Gesäß, ihre Arme waren so dick wie Schenkel, dazu hatte sie einen enormen Busen, der mich an das Euter von Judas Rekordmilchkuh erinnerte. Ihr Gesicht war nicht häßlich, das krause schwarze Haar war so kurz wie bei Negerinnen. Sie war sehr freundlich und hatte eine melodische Stimme.

»Der Vater meiner Freundin Galiah hat einen Schuppen an eine Tischlerei vermietet. Sie arbeiten dort zu zweit, suchen aber schon lange einen Gehilfen. Jetzt hörte ich, sie wären auch bereit, jemand Ungelernten zu nehmen. Wenn du interessiert bist – ich kann dich hinführen. Ich bin sicher, du wirst es schnell lernen!«

Ich zögerte, denn ich hatte mich ja immer vor allem Handwerklichen gescheut, andererseits hatte Holz für mich immer eine seltsame Anziehungskraft. Wieder sagte mir eine innere Stimme: Das ist das Richtige für dich! – So bat ich Gilah, mich dort hinzuführen.

»Aber erst muß ich dir die Haare schneiden. So verwildert kannst du dich nicht vorstellen«, sagte sie. Sie hatte recht, ich war monatelang nicht bei Asow gewesen. Gilah machte mir Komplimente, blickte mich liebevoll mit ihren kleinen Augen an, streichelte meinen Kopf und Nacken weit mehr als es das Haareschneiden erforderte. Mir wurde klar, daß sie sich für mich interessierte. Ich als Behinderter konnte nicht wählerisch sein – aber ich konnte keinen Gefallen an ihr finden.

Dann machten wir uns auf den Weg. Es war ein Wunder, daß wir heil zur Tischlerei kamen. Das Radfahren, mit Gilah auf dem Rahmen sitzend, war ein enorm schwieriges Unternehmen. Die beiden Tischler, H. und K. waren bereit, es mit mir zu versuchen und boten mir ein kleines Gehalt an, das wachsen würde, wenn ich auch Facharbeit leisten könnte. Die zwei alten Junggesellen waren erstklassige Möbeltischler, sie bemühten sich wirklich, mich schnell anzulernen. Ich wurde nicht enttäuscht, die Arbeit machte mir enormen Spaß und gab mir Befriedigung – besonders da meine Behinderung der Hände nicht störte. Nach drei Monaten wurde mein Gehalt aufgebessert. – Doch dann erhielt ich wieder einen Schlag – der sich allerdings später als Vorteil erwies: Die beiden Partner trennten sich und zogen weg. Ich mußte wieder Arbeit suchen.

Zu den zweihundert Legehühnern waren noch zweihundert Junghennen gekommen, diesmal achtete ich sehr darauf, daß sie gesund waren. Ich stand jeden Morgen vor fünf Uhr auf, fütterte die Hühner, reinigte den Stall und bereitete Grünfutter vor, das später gegeben wurde. Um Viertel vor sieben fuhr ich zur Arbeit, die um sieben Uhr begann. Um vier Uhr kam ich zurück, gerade rechtzeitig, um die Hühner zu füttern und die Eier einzusammeln. Tagsüber sahen meine Mutter oder die Großmutter nach den Tieren. Die Zeit bis zum Abendbrot nutzte ich, um Grünfutter anzupflanzen, die Obstbäume zu pflegen oder nötige Reparaturen auszuführen.

Es war eine schwere Zeit, besonders, wenn man noch bedenkt, wie schwer mir das Gehen fiel. Doch das störte mich nicht, etwas anderes bedrückte mich sehr: daß ich schon über zwei Jahre völlig ohne Gesellschaft war. Nach meiner Freundschaft mit Wolfram und der Gemeinschaft in der Priwaki war das schwer zu ertragen. Doch ich sah keine Lösung, trotz allem war ich nicht bereit, von einem Mädchen wie Gilah die Freundschaft anzunehmen.

Ich fand ziemlich schnell einen neuen Arbeitsplatz bei den Tischlern L. und W., sicher halfen die Empfehlungen meiner vorigen Chefs dabei. L. und W. kamen aus Deutschland und waren nur zehn Jahre älter als ich. Auch sie waren gute Fachleute, allerdings arbeiteten sie hauptsächlich als Bautischler – etwas, das ich später gut würde verwenden können.

Bautischler arbeiten ja auch viel außerhalb der Werkstatt – Gebäude aufstellen, Dächer aufrichten, Fenster und Türen einbauen. Ich genoß es sehr, obwohl es physisch schwer für mich war. Eines Tages hatte ich dabei ein interessantes, allerdings enttäuschend endendes Erlebnis. – Zwischen Hayowel und Petah Tikva lag ein anderes Dorf: Kfar Ganim. Dort war eine Synagoge und neben ihr wohnte der Rabbiner, der für die ganze ländliche Umgebung zuständig war. Aber es fehlte eine Mikweh – das religiöse Tauchbad für Frauen. Dieses aus Holz zu bauen, hatten meine Chefs als Auftrag bekommen.

Der Dachstuhl war fertig, so wurde ich allein geschickt, um die vielen Dachlatten für die Dachziegel anzunageln. Oben zu sitzen, ist leichte Arbeit, aber alle paar Minuten hinunterzuklettern, um Latten hochzuholen, das ist kein Vergnügen – und für mich schon gar nicht, aber das gehörte nun einmal dazu.

Ich war ganz konzentriert am Nageln, da hörte ich eine Stimme von unten: »Soll ich dir die Latten hinaufreichen?«

Erstaunt blickte ich nach unten, der Stimme nach mußte es eine Frau oder ein Mädchen sein. Es war letzteres, ungefähr in meinem Alter, gut gewachsen, das Gesicht nicht hübsch, aber mit jugendlicher Frische. Ich nahm an, sie gehöre zur Familie des Rabbiners, deshalb verwunderte mich ihr Angebot zu helfen – und auch ihr Äußeres, denn sie war weltlich gekleidet und ihr langes blondes Haar war offen und nicht geflochten.

Ich sagte freudig zu, und sie reichte mir die Latten sehr überlegt. So konnte ich die Arbeit in der halben Zeit beenden. Gespannt, wer das Mädchen war, kletterte ich hinunter.

»Danke für die Hilfe, ohne sie hätte ich bis in den Nachmittag hinein gearbeitet. Du hast es ja richtig fachmännisch gemacht.« – Sie war gar nicht verlegen, daß ein Mann zu ihr sprach.

Rachel war die jüngste Tochter des Rabbiners, er hatte noch sieben ältere Kinder, alle längst verheiratet. Wir unterhielten uns, sie war völlig ungehemmt. So fragte ich sie, warum sie sich gar nicht wie ein frommes Mädchen verhielte. –

»Ich weiß nicht, warum der Vater mir so vieles erlaubt, was eigentlich frommen Mädchen verboten ist«, sagte sie, mit ihrem Haar spielend, »vielleicht liebt er mich so, weil ich so unerwartet kam. Die Eltern dachten, daß nach zehn Geburten die Mutter nicht mehr fruchtbar sei. Vater sagt immer, wenn ich verheiratet wäre, würde der Mann alles bestimmen. Bis dahin sollte ich noch etwas Freiheit haben.«

»Dein Vater ist sehr liberal als religiöser Mensch – und besonders als Rabbiner. War nett mit dir zu reden. Auf Wiedersehen!«

Ich kam noch oft – meistens schaffte ich die Arbeit allein. Fenster und Türen mußten eingesetzt, Bänke und Gitter für die Becken aufgestellt werden. So hatte ich noch öfters Gelegenheit, mit Rachel zusammenzusein. Je mehr ich sie kennenlernte, desto mehr gefiel sie mir. Ich weiß nicht, ob ich in dem üblichen Sinn in sie verliebt war – sie war immerhin sehr attraktiv, wenn auch nicht direkt hübsch. Was mir am meisten bei ihr gefiel, war, daß sie mich als völlig gleichwertig zu betrachten schien. Sie könnte ein guter Partner fürs Leben sein, dachte ich – keine Liebe, aber Kameradschaft.

Es war mein letzter Arbeitstag. Es war schrecklich heiß, so hatte ich mein Hemd ausgezogen. Ich hatte Rachel nicht hereinkommen hören, da ich hämmerte.

»Du hast einen kräftigen Körperbau, bist überhaupt sehr männlich«, sie sagte es sehr sachlich. Ich drehte mich um und errötete, ich hatte wirklich sehr starke Armmuskeln entwickelt. Ich war erstaunt über ihr Aussehen.

»Du siehst heute so ..., so fromm aus: langes Kleid, wollene Strümpfe, geflochtenes Haar. Du machst mit deinem Vater einen Besuch?«

»Ja, ich treffe den Mann, den mein Vater für mich zur Heirat bestimmt hat.« Sie sagte es so selbstverständlich, als wenn von einem unwichtigen Gegenstand die Rede wäre.

Ich dachte, ich hörte nicht richtig. Sie hatte nie erwähnt, daß sie bald heiraten würde, sie war ja auch erst knapp siebzehn Jahre alt. Ich hatte sie gern, meine geheime Hoffnung war zerstört. Ich wurde ärgerlich und wollte sie verletzen: »Ich habe gar nicht gewußt, daß du es so eilig hast, von einem frommen Mann beherrscht zu werden. Natürlich, dauernd schwanger sein, wird deine Figur enorm verbessern! Auch ein kahlgeschorener Kopf wird dir sehr gut stehen.«

Sie blieb ruhig und antwortete mit ruhiger Stimme: »Es bestand kein Grund dafür, dir meine Pläne zu erzählen; wir sind ja so verschieden. Auch wenn ich nicht alle Gebote für wichtig halte, ich glaube an die Grundlagen der Religion: Gottes Existenz, seine Offenbarung in der Bibel und die Erwählung Israels. Ich habe von dir selbst gehört, daß du über Religion ganz anders denkst. Es tut mir leid, daß du so einsam bist, aber ich wäre die letzte, die deine Freundin oder Frau sein könnte – auch wenn ich mich mit deiner Behinderung abfinden könnte.«

Sie schwieg einen Moment, dann sagte sie zynisch: »Ich muß dich enttäuschen, mein Haar wird nicht ganz abgeschoren werden, nur gekürzt, und ich werde draußen ein Tuch tragen. Und was meine Figur betrifft – Kinderkriegen ist mir wichtiger als einen attraktiven Körper zu haben.« Ohne ein weiteres Wort ging sie hinaus.

Ich wurde so traurig, denn obgleich ich erst achtzehn Jahre alt war, hatte ich jede Hoffnung aufgegeben, ein Mädchen zu finden, das mich liebt. Mein Traum war darauf reduziert, ein weibliches Wesen zu treffen, das bereit wäre, mit mir ein Leben der Kameradschaft und sexueller Beziehungen zu teilen. Und ich hatte gehofft, Rachel könnte solch ein Mensch sein.

So würde ich wieder allein sein, könnte mit niemandem meine Gedanken teilen. Doch dann war ich mit anderen Dingen beschäftigt, welche diese Probleme in den Hintergrund schoben.

Die arabischen Unruhen, die 1936 begonnen hatten, gingen weiter und alle jüdischen Siedlungen waren in Gefahr, in der Nacht angegriffen zu werden. Die Engländer sahen ein, daß sie allein nicht fähig waren, alle Siedlungen zu beschützen. Die Polizei wußte natürlich von dem Bestehen der Haganah, aber sie war ja illegal. Doch da wurde eine andere Lösung gefunden, eine neue Organisation entstand: die JSP – jüdische Siedlungspolizei. Hauptberufliche Polizisten waren wenige dabei, aber es wurde erlaubt, eine große Anzahl von Hilfspolizisten zu mobilisieren. Die wurden eingeschworen, bekamen einen Ausweis und durften Uniform und Waffen tragen. Auf diese Weise wurde die Haganah teilweise legalisiert.

Natürlich konnte nicht jede Siedlung eine JSP-Station haben, dazu wurde immer eine zentral gelegene ausgewählt. So war es auch bei uns in Gat-Rimon. Die Station befand sich in dem Dorf, das hinter Hayowel in Richtung Petah Tikva lag. In jeder Siedlung war ein vollangestellter Polizist, und zusätzlich wurden fast alle Männer zwischen achtzehn und fünfzig Jahren als Reserve eingeschworen. Auf der Station waren legale Waffen für etwa vierzig Mann eingelagert, englische und kanadische Gewehre, einige Revolver, Handgranaten und ein einziges Maschinengewehr.

Mein Vater konnte wegen seines Alters nicht zur JSP genommen werden, aber ich war über achtzehn, und mein größter Wunsch war natürlich, eine Waffe zu tragen und mich bei der Verteidigung des Dorfes zu beteiligen. Praktisch gesehen gab es kein Hindernis, die Wächter hielten sich die ganze Nacht in Verteidigungsstellungen auf, also würde meine Behinderung nicht stören. Das Problem lag woanders: Das Einschwören wurde von englischen Offizieren vorgenommen, und sie würden nie einen Krüppel bestätigen. Doch der Leiter der Station wollte mir helfen und hatte eine Idee: Ich sollte warten, bis eine große Gruppe von Anwärtern da sei, dann gäbe es kein persönliches Vorstellen. Die Leute ständen dann in mehreren Reihen und hätten nur »hier« zu rufen, wenn ihr Name genannt wurde. Wenn ich in der Mitte stünde, würde niemand mein Bein bemerken.

So war es dann auch, ich bekam einen Ausweis als JSP-Reservemann. Ich war überglücklich, nun doch an der Verteidigung meines Dorfes teilnehmen zu können.

Zweimal die Woche war eine halbe Nacht lang Wache. Jeden Abend wurde uns noch Verstärkung aus Petah Tikva gebracht. Wir hörten jede Nacht Schüsse, doch von weit her: In den Vorkriegsjahren gab es keinen direkten Angriff in unserer Gegend. Vielleicht deshalb, weil unsere Verteidigung den Arabern bekannt war.

Im Herbst 1939 erklärten meine Chefs in der Tischlerei, sie könnten mich nicht länger beschäftigen. Wegen des Kriegsausbruchs in Europa wurden fast alle Aufträge rückgängig gemacht. Das war ein harter Schlag für mich. Erstens hatte ich die Arbeit liebgewonnen, und zweitens brauchten meine Eltern das Geld. Der Ertrag der dreihundert Hühner und die Einnahmen aus der Praxis reichten nicht aus für den

Unterhalt der Familie. Es schien, als ob auch das ein vollkommener Mißerfolg war, als hätte ich etwas gelernt, was letzten Endes nutzlos war. Doch es war nicht so, was ich gelernt hatte, konnte ich später sehr gut gebrauchen.

Nun mußte ich wieder nach einer Arbeit suchen, hatte aber keine Ahnung wie und wo. Wieder gab es einen *Zufall* – irdisch gesehen. Die Pflück- und Packsaison der Zitrusfrüchte stand bevor, so riet man mir einen Kurs in Orangenwickeln zu machen, das würde gut bezahlt. Das ist leichte Arbeit, meistens tun es Frauen im Sitzen. Ich versuchte es, mußte aber bald aufhören. Das Sitzen auf der Erde, acht Stunden lang, verursachte schreckliche Schmerzen in meinem Bein. So war die einzige Möglichkeit, beim Pflücken zu arbeiten. Das konnte ich, hatte es ja schon bei Juda gemacht. Doch bei dem großen Angebot von Arbeitern – wer wäre bereit einen Behinderten anzustellen? Da kam die Hilfe von Gott. Mein Vater hatte als Praxishilfe eine junge Frau aus Deutschland angestellt. Ihr Mann war Aufseher in einer großen Plantage in der Nähe von Hayowel. Als mein Vater ihr von meiner Arbeitssuche erzählte, wandte sie sich an ihren Mann – und ich wurde als Pflücker beschäftigt. Doch war dies nicht lange meine Aufgabe. Ich bekam eine Arbeit, bei der ich bald Experte wurde: Die gepflückten Früchte wurden in Körben zu dem großen Packhaus gebracht. Dort mußten sie bis zu einer bestimmten Höhe gestapelt werden – bis schließlich das ganze Packhaus ein Meer von Früchten enthielt. Diese Arbeit verlangte eine bestimmte Technik und einen schnellen Blick, um den richtigen Platz für jede

Frucht zu finden. Die Arbeit war reichlich anstrengend, doch ich liebte sie sehr, vor allem aber auch, daß ich dabei soviel Anerkennung fand.

Dann kam der Sommer, die Gruppe der Arbeiter wurde klein, wir waren noch vier oder fünf. Es gab noch zwei Hauptarbeiten: das Bewässern und das Hacken der Baumgruben. Letzteres war eine enorm schwere Arbeit, doch trotz des schmerzenden Rükkens tat ich die Arbeit gern. Das Bewässern war leichter, doch um den Brunnen voll auszunutzen, mußte auch nachts gewässert werden – dann bekam der Arbeiter einen Revolver, denn es gab noch einzelne Überfälle bei Nacht.

Der Sommer 1940 ging vorbei, und wir merkten noch kaum etwas vom Krieg. Doch dann wurde es Herbst und die Vorbereitungen für die neue Saison sollten getroffen werden, da kam die Hiobsbotschaft für die Pflanzer sowie die Arbeiter: Es würde keinen Export geben, der ganze Schiffsraum wurde für militärische Zwecke gebraucht.

Der große Krieg – und meine kleinen Kämpfe

1940 – 1944

Es war jetzt mein fünftes Jahr in Palästina. Im Alter von fünfzehn Jahren war ich ins Land gekommen, jetzt war ich über zwanzig – ein Mann. Die schönsten Jahre der Jugend hatte ich nie erlebt. Ich wußte nicht, was es bedeutet, Freunde zu haben, Tätigkeiten, Hobbys zu genießen, Vergnügen und Freizeit zu haben. Ich arbeitete vierzehn Stunden am Tag. Zu meinem Problem mit der Behinderung, der dadurch entstandenen Gehemmtheit, der Einsamkeit und Sehnsucht nach Liebe – zu all dem war noch die Sorge um das tägliche Brot gekommen.

Meine Pläne für die Zukunft mußten ganz realistisch sein: Ich brauchte eine Arbeit, um Geld zu verdienen, und das war zu der Zeit eine enorm schwere Aufgabe. Aber wieder gab es einen *Zufall*: Herbert, der Vetter meiner Mutter half mir.

Er war kein alltäglicher Mensch. Seine Eltern waren geschieden, seine Mutter eine sehr begabte, aber erfolglose Künstlerin. Der Sohn hatte ihr Bildhauertalent geerbt, aber auch ihre Unbeständigkeit. Herbert hatte nichts auf konventionelle Art gelernt, doch besaß er mehr praktische und technische Kenntnisse als viele Fachleute. Er sah sehr gut aus und war ein erfolgreicher Boxer.

Gleich nach seiner Heirat 1933 kam er mit seiner Frau nach Palästina, er war damals Mitte zwanzig. Herbert wurde bald ein gesuchter Arbeiter, die Arbeitgeber hatten entdeckt, daß er ein »Jolly Joker« war, der überall eingesetzt werden konnte. Seinen letzten Arbeitsplatz hatte er in einem Privatkrankenhaus. Dort war er Chauffeur, Krankenpfleger und Hausmeister. Ein sehr guter Job, aber seine Unbeständigkeit trieb ihn weiter. Nach einigen abenteuerlichen Unternehmungen erfand er etwas: Blumentöpfe, die nicht aus dem üblichen Ton waren – der ja sehr leicht zerbrach –, sondern aus einer besonderen, porösen Betonmischung. Die Maschinen dafür hatte er selbst gebaut. Herbert und seine Frau arbeiteten schwer, um die Bestellungen liefern zu können. Als er hörte, daß ich Arbeit suchte, bot er mir sofort eine Stelle an.

Ich war sehr froh darüber, und so arbeitete ich dort ein Jahr lang. Es war nicht einfach, denn ich mußte täglich fünfzehn Kilometer zwischen Hayowel und Ramath Gan, wo Herbert wohnte, mit dem Fahrrad zurücklegen. Die Arbeit war schwer, doch ich genoß die Zeit der Gesellschaft dieses interessanten, so vielseitigen Onkels – außerdem brauchten wir ja dringend die fünfzehn Piaster pro Tag. Doch leider war auch diese Gelegenheit nur kurzfristig, nach einem Jahr konnte Herbert den nötigen Zement nicht mehr erhalten – wegen des Krieges.

Nach dem Fall Frankreichs 1940 wurde uns klar, daß auch der Mittlere Osten zur Kampfzone gehören würde, Palästina wurde die Basis für die Alliierten Kräfte. Neben den Engländern gab es Soldaten aus

Australien, Neuseeland, Polen, aus den afrikanischen Kolonien und Freiwillige aus Palästina – fast nur Juden.

Wirtschaftlich war alles gelähmt, was nicht mit dem Krieg zusammenhing. Bei diesen Unternehmen allerdings herrschte Hochbetrieb.

Nach Beginn des Krieges hatten die arabischen Unruhen vorübergehend aufgehört. Aber es war den Führern des Yishuw (Organisation der zionistischen Einwanderer) klar, daß die Vernichtung des Nazi-Deutschlands auch das Hauptziel der Juden in Palästina sein mußte. Und so wurde eine allgemeine Mobilisierung der jungen tauglichen Männer und Frauen angeordnet. Dieser Befehl hatte keine gesetzliche Grundlage, aber der Druck von seiten der jüdischen Institutionen – und noch mehr von der Gesellschaft – war sehr stark. Die sich meldenden Leute wurden nach ärztlicher Untersuchung in drei Gruppen aufgeteilt: für das Militär, für den Dienst in der Haganah, für den Dienst untauglich.

Es war mir klar, daß Militärdienst für mich nicht in Frage käme, doch ich war ziemlich sicher, man würde mich – da ich Hilfspolizist war – für die Haganah reservieren. Doch das geschah nicht.

Der untersuchende Arzt warf nur einen Blick auf mich, schrieb etwas und schickte mich zu den Beamten, welche die Papiere ausfüllten. Ich stellte mich in die lange Reihe der Wartenden – sie waren alle sicher, fürs Militär bestimmt zu sein.

Endlich kam ich an die Reihe. Die junge Soldatin, sehr hübsch, mit schickem kurzem Haarschnitt, registrierte zuerst meine Personalien. Als sie zur Farbe der Augen kam, sah sie mich eindringlich an: »Mensch, hast du schöne Augen!« rief sie, »ich wünschte, ich hätte deine langen Wimpern! Du bist ein netter Bursche, melde dich zur Luftwaffe – dann können wir uns vielleicht treffen.«

Ihre Komplimente ließen mich erröten, ich vergaß völlig die Wirklichkeit. Doch die kam schnell zurück – und viel schlimmer, als ich erwartet hatte. »Ach, du liebe Güte! Du bist ja ein Invalide, für jeden Dienst untauglich! Du tust mir leid.«

Sie gab mir das graue Abzeichen der Untauglichen. Wie im Traum ging ich hinaus. Wenn ich einen Revolver gehabt hätte, wäre ich heute nicht mehr am Leben.

Es dauerte einige Wochen, bis ich mich von dem Schock erholt hatte. Schlimm war ja nicht nur, daß ich von jedem Dienst ausgeschlossen wurde, sondern auch die Umstände, unter denen es mir gesagt worden war: Es von einem so hübschen Mädchen zu hören, das mich einen Moment vorher so gerne hatte treffen wollen. Es war einer der Fälle, in denen ich mein Schicksal verfluchte. – Und doch gab ich nicht gleich auf, suchte vielmehr nach anderen Möglichkeiten, am Kriegsdienst teilzunehmen. Ich hörte, der NAAFI – ein Kantinendienst, der in jedem Militärlager tätig war – suchte Leute, die im Vorderen Osten dienen wollten. Ich lief von einem Büro zum anderen, doch es war hoffnungslos – Krüppel wurden nicht angestellt.

So mußte ich wieder eine Arbeit suchen. Jetzt war der Grund dafür nicht das Geld, sondern ich brauchte eine Beschäftigung – das Versorgen von zweihundert Hühnern konnte mich nicht befriedigen. Mein Vater verdiente jetzt gut, das Militär brachte Geld unter die Bevölkerung – er hatte auch arabische und englische Patienten.

Wie immer, wenn ich Rat brauchte – Asow war die beste Adresse. Als ich zu ihm kam, war sein Geschäft voll mit Kunden, alles Militär. Asow arbeitete ohne Hilfe, unheimlich schnell und wie ein Roboter. Die Männer wurden schnell bedient, der halbe Kopf wurde mit der Maschine kahlgeschoren, das übriggebliebene Haar kurzgeschnitten. Bei den Soldatinnen war es schon schwieriger. Ein kurzer Schnitt war nicht vorgeschrieben, aber das Haar durfte Ohren oder Uniformkragen nicht berühren. Solch eine Frisur war umständlich, deshalb wählten viele einen kurzen Schnitt, und das nahm Zeit in Anspruch.

Ich wartete geduldig, bis Asow alle bedient hatte. Erschöpft setzte er sich. Ich erzählte ihm, daß ich Arbeit suchte.

»Diesmal ist es nicht so sehr das Geld«, sagte ich, »ich brauche eine Beschäftigung, irgendein Ziel in meinem miserablen Leben.«

Er zündete sich eine Zigarette an und überlegte: »Warum nicht mit mir arbeiten?« Du hast selbst gesehen, wie ich schuften muß. Ich finde keine Hilfe.«

Ich war erstaunt – ich ein Friseur, das sollte mein Lebensinhalt sein, die Erfüllung meines zionistischen Traumes?

»Danke für das Angebot, Asow, aber ich habe doch keine Ahnung von dem Beruf. Außerdem kann ich nicht stundenlang stehen.« Das war nur ein Teil meiner Argumente – ich hoffte, sie würden ihn überzeugen.

»Das ist kein Problem, du lernst schnell. Wie war es bei der Tischlerei? Und du kannst auf einem hohen

Hocker sitzen – ich hab' so etwas schon gesehen.« – Es half nichts, ich mußte noch mehr Gründe liefern:

»Es gibt noch andere Schwierigkeiten, Asow. Meine Hände sind nicht sicher. Ich könnte falsche Schnitte machen – und auch nicht mit dem Messer rasieren.«

»Das ist Unsinn! Wenn du Tischler warst, dann kannst du auch mit der Schere schneiden. Und rasieren – das kannst du auch mit der Gilletteklinge machen. Also, abgemacht – du kommst zu mir?« Es war offensichtlich, wie interessiert er war. So mußte ich mit dem letzten Grund herausrücken:

»Asow, ich ... ich«, ich errötete, »ich kann keine Frauen bedienen.«

»Aber warum, Shlomo«, rief er ganz erstaunt, »ich habe doch gerade bemerkt, wie du dich für weibliche Schnitte interessierst.«

»Das stimmt, aber ich kann sie nicht machen. Ich ... ich bin nicht gewohnt, Frauen zu berühren. Ich wäre so aufgeregt, daß meine Hände ganz unbrauchbar wären. Tut mir leid, ich würde gerne mit dir arbeiten.«

Ich schämte mich, aber Asow verstand. Dieser ungebildete Mann hatte mehr Gefühl und gesunden Menschenverstand als manch ein Gebildeter. Er wußte, was mir fehlte.

»Ich muß offen mit dir reden, Shlomo. Meiner Meinung nach hast du einen Fehler gemacht, als du mit fünfzehn aufhörtest zu lernen. Es ist richtig, du hast Landwirtschaft und Tischlerei praktisch erlernt. Aber das ist nicht genug, du bist mehr Kopf als Hände, mit denen bist du nun einmal behindert. Du mußt Theoretisches lernen – am besten in der Landwirtschaft. Du willst keine Schulen besuchen, das kann ich in deinem Fall verstehen. Aber es muß auch andere Wege geben, du mußt sie suchen. Darin kann ich dir leider nicht helfen.«

Ich fuhr nach Hause und hatte eine schlaflose Nacht. Ich wußte, Asow hatte recht, ich brauchte mehr Wissen. Finanziell ging es uns jetzt auch besser, so daß ich nicht mehr den ganzen Tag arbeiten mußte, um Geld zu verdienen.

Am nächsten Tag fuhr ich nach Tel Aviv, um mich mit meinem Onkel dort zu beraten. Er riet mir, zu dem British Council zu gehen – einem Kulturzentrum. Dort verwies man mich an ein Institut, das Korrespondenzkurse anbot, die Diplomprüfungen wurden in Tel Aviv abgehalten. Und die Hauptsache: Es gab einen Kurs in Agronomie. Ich war begeistert. Plötzlich wurde mir bewußt, wie sehr mir eine geistige Beschäftigung gefehlt hatte. Da ich gerade in Tel Aviv war, nutzte ich die Gelegenheit aus und ging an den Strand. Es war ein sonniger Wintertag, mein Lieblingswetter, kühl und windig – bei klarem Himmel. Ich fand eine freie Bank und blickte auf das ziemlich stürmische Meer.

Meine Gedanken kehrten zur Kindheit und Jugend zurück – bis ich nach Palästina kam, dann dachte ich über die sechs Jahre in der neuen Heimat nach. Es sah alles so zufällig aus, so durcheinander, ja so sinnlos. Ich wußte, mein Leben war ungewöhnlich, vielleicht einzigartig – aber warum mußte es *so* sein? Ich mußte an die Worte Rachels, der Rabbinertochter, denken: Gott ist der Schöpfer und Erhalter jeden Lebens! Wenn das richtig wäre, dann müßte es in meinem Fall ein sehr grausamer Gott sein, dachte ich. Da war es schon besser, seine Existenz überhaupt abzuleugnen.

Doch dann verließ mich die trübe Stimmung, und ich genoß die schöne Aussicht. Plötzlich fühlte ich in mir die Kraft weiterzukämpfen, nicht aufzugeben. Ich werde letzten Endes das Leben meinen Wünschen entsprechend führen, dachte ich. Nur einer darf in meinem Leben Herr sein – das bin ich, Shlomo Krebs!

So begann ich zu studieren, doch nebenbei arbeitete ich noch etwa vier Stunden täglich auf den Höfen anderer Leute. Es war körperlich schwere Arbeit, hauptsächlich Umhacken, da auf den kleinen Flächen kein Pferd benutzt werden konnte.

Mein Englischkurs und die »britische« Atmosphäre, die damals im Land herrschte, beeinflußten irgendwie meine Identität. Ich wollte Engländer sein. Ich las nur englische Bücher, hauptsächlich Novellen über das Leben im Vorkriegs-England. Es kam mir vor, als ob ich selbst dort gelebt hätte. Mein Englisch verbesserte sich enorm, oft fing ich an, auf Englisch zu denken. Ich begann Pfeife zu rauchen und im Gegensatz zu meinem früheren Verhalten besuchte ich Asow oft, um den »englischen« Haarschnitt zu bekommen, d.h. die Seiten und der Nacken mit dem O-Scherkopf »weiß«, d.h. kahl gemacht.

Ich lebte in einer Art Traumwelt, doch das war ja nichts Neues für mich. Manchmal, wenn ich einen freien Tag hatte, fuhr ich nach Tel Aviv zu meinem Lieblingsort, dem Strand. Dort konnte ich stundenlang sitzen, während Soldaten vorbeigingen, und ich träumte, einer von ihnen zu sein, nach schwerem Wüstendienst den Urlaub genießend. Doch natürlich war ich nicht alleine, engumschlungen ging ich mit einer hübschen Soldatin.

Menschen, die ein normales Leben führen, halten solche Träume vielleicht für pathologisch, aber ich denke, ich war ganz normal und dieses »Ersatzleben« war ein Geschenk von Gott.

Anderthalb Jahre studierte ich und genoß die Zeit enorm. Doch ich hatte keine Ahnung, wie ich die erworbenen Kenntnisse einsetzen könnte. Bei dem geringen Besitz eigenen Grund und Bodens war ja die praktische Anwendung völlig aussichtslos.

Und so ging ich kurz vor der Endprüfung zum British Council zu einer Beratung. Mit großer Freude hörte ich, daß Diplomlandwirte für große Farmen im Mittleren Osten gesucht würden.

Beglückt ging ich zum Examen, bestand es und durfte jetzt meinem Namen die Initialien M.I.E.T. (Agr.) hinzufügen. Doch als ich mich um einen Posten bewarb, hörte ich wieder die so bekannte Hiobsbotschaft: Es gab zwar viele offene Stellen – aber wer würde einen Invaliden anstellen?

Wieder ein Mißerfolg. Die erworbenen Kenntnisse waren wertlos, so wie die praktische Erfahrung, die ich bei Juda gewonnen hatte und das Erlernen der Tischlerei. Es dauerte eine Weile, bis ich mich von diesem Schlag erholte, besonders da ich keinen anderen Weg vor mir sah.

Meine Eltern hatten gesellschaftliche Beziehungen zu einigen Familien im Dorf, die auch aus Deutschland kamen. Mit zwei dieser Familien war ich eng verbunden, es waren zwei Brüder, die aus Süddeutschland stammten. Shimon, der ältere, war in dem Alter meiner Mutter. Er war traditionell religiös, von Beruf Börsenmakler. 1934 wanderte er im Alter von vierundvierzig Jahren mit Frau und zwei kleinen Kindern ein. Er kaufte fünf Dunam Privatboden und errichtete darauf eine große Hühnerfarm. Mit schwerer Arbeit konnte er sich davon ernähren.

Sein Bruder, Meir, wanderte im selben Jahr ein. Er war siebenunddreißig und noch unverheiratet, von Beruf Antiquitätenhändler. Er siedelte sich neben dem Bruder an, doch errichtete er eine Gemischtwirtschaft: einen mittelgroßen Hühnerstall, sechs Kühe, fünfundzwanzig Dunam Zitrushain und acht Dunam Gemüse- und Grünfutteranbau. Meir heiratete dann eine fünfzehn Jahre jüngere Frau. Ruths Eltern kamen auch aus Deutschland und waren streng orthodox. Die Tochter setzte diesen Lebensstil fort. Ob ihr Kopf kahl war oder das Haar nur ganz kurz geschnitten, das konnte natürlich niemand wissen. Auf jeden Fall saß das Tuch wie angeklebt auf ihrem Kopf, und das nicht bedeckte Haar im Nacken war sorgfältig abrasiert. Ruth war hübsch, und trotz der vier Kinder behielt sie ihre jugendliche Figur. Mich konnte sie nicht besonders leiden, ich glaube, der Grund dafür war mein völliges Mißachten aller Gesetze und Gebräuche.

Ich glaube nicht, daß Meir religiöser war als sein Bruder; daß er die Gebote strenger hielt, lag sicher an der Orthodoxie seiner Frau. Andererseits fand ich bei Meir mehr Glauben als ich bisher bei religiösen Juden angetroffen hatte – mit Ausnahme von Rachel, der Tochter des Rabbiners.

Als ich wieder ausgeglichen genug war, um besonnen nachdenken zu können, entdeckte ich zwei Dinge: Als erstes mußte ich mir eingestehen, daß trotz der tiefen Befriedigung, die mir körperliche und manuelle Arbeit gaben, ich doch auch eine geistige Beschäftigung brauchte. Die anderthalb Jahre Studium hatten mich davon überzeugt.

Das zweite war das logische Resultat von objektiven, realistischen Überlegungen: Obgleich ich mich sehr danach sehnte, Boden zu bearbeiten, sah ich keine Möglichkeit, diesen Traum zu verwirklichen. Hunderte von Dunam zu pflügen, säen und zu ernten; auf einem Traktor sitzend lange Furchen zu ziehen und den Geruch des frisch gepflügten Bodens zu genießen; dann den Mähdrescher zu lenken, der den goldenen Weizen – auf meinem Boden gewachsen – erntete, all das konnte nur ein Wunschtraum bleiben, unerfüllbar. Alles, was ich besaß, war ja praktisch nur der drei Dunam große Hof.

Ich mußte aufwachen und zur Wirklichkeit zurückkehren. Landwirtschaft besteht aus verschiedenen Zweigen, und ich mußte den wählen, für den ich die nötigen Voraussetzungen besaß. Es dauerte nicht lange, bis ich mir ganz klar darüber war, in welcher Richtung ich weitergehen sollte: Viehzucht mußte mein Ziel sein!

Doch da dieses Ziel praktisch noch nicht zu verwirklichen war, wollte ich mich theoretisch darauf vorbereiten. Und so begann ich meine autodidaktischen Studien; die allgemeine Grundlage, die ich in dem MIET-Kurs erhalten hatte, genügten mir nicht mehr. Zuerst verschlang ich alles, was mit Medizin zu tun hatte. Ich wollte mich in Veterinärmedizin weiterbilden, doch dafür gab es keine Bücher. Von Zeit zu Zeit fuhr ich nach Tel Aviv und durchsuchte die Buchläden nach Lehrmaterial auf folgenden Gebieten: Pathologie, Anatomie, Physiologie, Histologie, Immunologie, Bakteriologie und Pharmakologie. Meist waren die Bücher auf deutsch, doch ich wollte in englischer Sprache studieren, denn im geheimen hoffte ich, vielleicht eines Tages auf einer englischsprachigen Universität Veterinärmedizin studieren und mich dann auf Geflügelkrankheiten spezialisieren zu können. Aber ich wollte nicht nur in dieser Richtung meine Kenntnisse erweitern, ich interessierte mich auch für Chemie, Genetik, Biologie und Nahrungsmittellehre.

Es war ein enorm ausgedehntes Studiengebiet, es hätte auf einer Uni mehr als ein Dutzend Kurse umfaßt. Ich lernte etwa vier bis fünf Stunden täglich, die restliche Zeit brauchte ich für die Versorgung des Hühnerstalls und Aushilfsarbeiten auf anderen Höfen. Das Letztere tat ich, um etwas Geld zu verdienen, jetzt nicht als Hilfe für meine Eltern, sondern für mich selbst. Die Bücher, die ich kaufte, waren teuer, außerdem wollte ich etwas sparen.

Die Zeit schritt voran, das Jahr 1943 hatte begonnen, doch noch immer war kein Ende des Krieges zu erwarten. Ich wurde ungeduldig und suchte einen schnelleren Weg, um die theoretisch erworbenen Kenntnisse anzuwenden. Das war keine leichte Aufgabe, Veterinärmedizin im allgemeinen und Bekämpfung von Geflügelkrankheiten im besonderen, das waren Gebiete, die im Land kaum entwickelt waren.

Doch dann ergab sich wieder ein »Zufall«: Der

hebräischen Universität in Jerusalem war ein Laboratorium für Erforschung der Geflügelkrankheiten angeschlossen, es gehörte zu keiner Fakultät, war so eine Art Anhängsel der Immunologieforschung. Der Leiter des Laboratoriums war Dr. P.

Da ich Dr. P. einmal auf einem Hühnerzüchterseminar getroffen hatte, wo er Vorträge hielt, und ich ihn für einen sehr sympathischen, unkonventionellen Menschen hielt, wagte ich es an ihn zu schreiben. Ich fragte nach einer Möglichkeit, bei ihm zu volontieren und erhielt auch prompt Antwort – eine Einladung zu kommen, wann immer ich wollte.

Und so fuhr ich während des Sommers jede Woche nach Jerusalem und volontierte drei Tage in dem Laboratorium. Übernachten konnte ich bei den gastfreundlichen P.s. Ich wage zu behaupten, daß ich dort Kenntnisse in Geflügelanatomie, -physiologie, -pathologie, -immunologie und Geflügeltherapie in einem Ausmaß erwarb, wie kein anderer Hühnerzüchter sie besaß.

Dr. P. war anscheinend von meinem Eifer zu lernen beeindruckt, und deshalb riet er mir – sobald der Krieg zu Ende sei – nach Kalifornien zu reisen, um dort an der Universität einen zweijährigen Kurs in Geflügelzucht zu belegen. Allerdings brauchte ich dafür das Abitur. Die Idee gefiel mir gut, doch die Notwendigkeit des Abiturs schreckte mich ab. Ich wollte nichts lernen, was mich nicht richtig interessierte.

Daher nahm ich gerne ein anderes Angebot an. Während der letzten Jahre hatte ich meine sechs Wochen alten Junghennen immer von einer Brutanlage in Kfar Sirkin, einem Nachbardorf, gekauft. Der Inhaber war ein ungefähr fünfunddreißigjähriger deutscher Jude. Er bearbeitete seine Hühnerfarm allein mit seiner Frau, aber in der Brutsaison im Winter brauchte er eine Hilfe. Er bot mir diese Stellung an. Finanziell war es nicht sehr attraktiv, aber mich lockte etwas anderes. Ich würde die Gelegenheit haben, einen neuen Zweig kennenzulernen, von dem ich bisher kaum etwas wußte: Die Produktion von Bruteiern, das Aufziehen von Junghennen und vor allem – das ganze Brutgeschäft.

Josef K. war eine Ausnahme unter den Hühnerzüchtern und Brütern im Land damals. Er war der einzige, der seine Ausbildung schon in Deutschland erworben hatte. Das gab ihm natürlich einen großen Vorteil und machte meine Arbeit mit ihm so wertvoll. Josef war ein angenehmer Mensch und ein guter Geschäftsmann – sonst hätte er nicht ganz ohne Anfangskapital solch ein Unternehmen aufbauen können. Er war mit der Tochter eines ehemaligen deutschen Richters – ein charmanter, geistsprudelnder alter Herr, der auch bei ihnen wohnte – verheiratet. Hannah, seine Frau war bezaubernd, hübsch und klug, hatte zwei kleine Töchter und war vierundzwanzig Jahre alt, d. h. kaum älter als ich es war.

Während der Woche wohnte ich auch bei den K.s., nur das Wochenende verbrachte ich zu Hause. Ich hatte damals nur eine sehr kleine Anzahl von Hühnern – an die einhundert –, die meine Mutter allein versorgen konnte.

Ich genoß die Arbeit enorm. Es war ja das erste Mal, daß ich auf einer richtigen Hühnerfarm arbeitete, auf der auch noch Bruteier produziert und ausgebrütet wurden. Bisher hatte ich das nur theoretisch erlernt. Das Betätigungsfeld war sehr vielseitig: Auf der einen Seite die Zuchtherden, von denen die Bruteier genommen wurden, auf der anderen Seite das Aufziehen der Junghennen für den Verkauf – in verschiedenem Alter. Doch die wichtigste Neuigkeit, die ich erlernte, war das Brutgeschäft. Der Umgang mit den riesigen Inkubatoren war ja eigentlich eine technische Aufgabe. Josefs Unternehmen vereinte Landwirtschaft und die nahezu industrielle Produktion von Eintagsküken.

Nachdem ich etwa zwei Monate bei Josef arbeitete, begannen die Regenfälle, und ich konnte am Wochenende nicht mehr nach Hause fahren. Heute kann man sich das kaum vorstellen, aber vor fünfzig Jahren war es nichts Außergewöhnliches. Das Dorf Kfar Sirkin liegt viel tiefer als seine Umgebung, und so wurden die Felder – und der Ort selbst – im Winter von überschüssigem Regenwasser überschwemmt. Doch das war nur das halbe Übel. Der Boden, auf dem die Häuser und Höfe gebaut waren, war von der schwersten lehmartigen Sorte und wurde im Winter völlig sumpfig.

Die einzige gepflasterte Straße endete im Zentrum des Dorfes, wo die öffentlichen Gebäude lagen: der Lebensmittelladen, das Büro der Kooperative, das Lagerhaus für Tierfutter, die Werkstatt für landwirtschaftliche Maschinen – und natürlich der obligatorische Wasserturm, in dessen Untergeschoß die JSP-Station beherbergt wurde. Alle anderen Wege im Dorf waren im Winter sumpfähnlich und nur unter großer Mühe befahrbar. Aber auch das Gehen war keine angenehme Sache, verlangte viel Kraft und eine besondere Technik – sonst konnte es einem passieren, daß man die Beine nicht mehr aus dem Sumpf herausziehen konnte und einfach festklebte.

So konnte ich das Dorf am Wochenende nicht mehr verlassen. Doch das störte mich überhaupt nicht, ich fühlte mich so wohl bei den K.s, war dort wie zu Hause. Wenn ich abends frei hatte – was nur selten vorkam, denn oft verlangte die Überwachung der Inkubatoren eine Abend- oder Nachtschicht – dann unterhielt ich mich mit dem alten Herrn, dem Richter, und das war immer ein einzigartiges Erlebnis. Manchmal spielte Hannah Klavier oder sang mit ihrer schönen Stimme.

Die kleinen Mädchen nannten mich Onkel, Josef behandelte mich wie einen Kollegen, niemand ließ mich fühlen, daß ich »anders«, behindert, war. Aber die Krone von allem war Hannah. Ihr Verhalten mir gegenüber war so warmherzig, fürsorglich und liebevoll; noch nie hatte ich so etwas erlebt. Ich fühlte mich im siebenten Himmel, verlor jeden Sinn für die Realität. Ich konnte mir ihr Verhalten nur so erklären: Hannah mußte mich im geheimen lieben! Ich meinerseits war schon eine Zeitlang in diese bezaubernde Frau verliebt. Doch dann wurde diese Illusion plötzlich zerstört.

Es war eines Abends, ich war im Inkubatorenhaus gewesen, um noch einmal alles zu überprüfen. Als ich zurückkam und in mein kleines Zimmer gehen wollte, hörte ich Hannahs Stimme aus dem Schlafzimmer der Ks. Die Tür war nur angelehnt, wegen der kleinen kranken Tochter. Es ist nicht meine Gewohnheit, andere zu belauschen, aber als Hannah meinen

Namen erwähnte, konnte ich nicht weggehen. »Oh, Jupp, der arme Shlomo, er tut mir ja so leid!«, hörte ich sie seufzend sagen. »Wie schwer hat er es doch. Wie muß es ihn anstrengen, sich den ganzen Tag mit seinem verkrüppelten Bein herumzuschleppen. Und wie er sich bemüht, mit seinen behinderten Händen alle Arbeiten zu verrichten. Es bricht mir das Herz, und bestimmt ist er auch sehr einsam. Ich bemühe mich, nett zu ihm zu sein, für ihn zu sorgen – er ist doch so ein armer Mensch. Mein Mitleid verlangt, daß ich ihm ein Maximum an Liebe zeige, habe ich nicht recht, Jupp?«

Er schien mit einem Kuß zu antworten.

Es war wie ein Hammerschlag auf den Kopf, völlig unerwartet. Was ich als Liebe für mich gehalten hatte – es war einfach Mitleid für einen Krüppel! – Oh, was für eine Enttäuschung. Ich sehnte mich so danach, geliebt zu werden – einfach weil ich für jemanden liebenswert war. Ich wollte kein Mitleid, das war für mich ein Beweis meiner Minderwertigkeit. Diese Einstellung war natürlich in meiner Selbstverherrlichung begründet. Als ich gläubig wurde, konnte ich das anders sehen.

Ich war damals sehr getroffen, wäre am liebsten weggelaufen. Doch in der schlaflosen Nacht wurde ich wieder vernünftig. Ich selbst war doch an der ganzen Sache schuld, wie konnte ich auf den irrsinnigen Gedanken kommen, Hannah liebte mich? Eine Frau, die viele Gaben besaß, glücklich verheiratet und Mutter von zwei Kindern war!

Der Herr war mir gnädig, er gab mir die Kraft, mich am nächsten Morgen Hannah gegenüber so zu verhalten, als wenn nichts geschehen wäre. Eine

Woche später geschah dann das Unvergeßliche. Wie üblich stand ich um fünf Uhr auf, um die Zuchttiere zu füttern. In dem ersten Stall war alles normal, im zweiten lagen drei tote Hennen. So etwas geschieht manchmal und ist kein Grund zur Sorge. Aber als ich in den dritten Stall kam, wußte ich: Da stimmte etwas nicht! Von den etwas über hundert Tieren lagen zwanzig leblos da. Erschrocken rief ich Josef.

Die Krankheit – es konnte nur die Hühnerpest sein – breitete sich aus wie ein Feuer. Zwei Stunden später fanden wir schon in allen Ställen, in denen ausgewachsene Hühner waren, an die vierzig Prozent tote. Der herbeigerufene amtliche Tierarzt konnte die Diagnose nur bestätigen: Die ganze Farm war von der Hühnerpest befallen, eine tödliche Krankheit, die nicht gestoppt oder geheilt werden konnte.

Die Verordnungen des Tierarztes waren strikt und indiskutabel: Die toten Hühner mußten sofort tief im Boden vergraben werden, die noch lebenden mußten getötet werden, auch die Bruteier in den Inkubatoren mußten vernichtet und ebenfalls vergraben werden. Doch das Schlimmste war: Die fünftausend Küken, die gerade aus den Eiern geschlüpft waren, auch sie mußten getötet werden. Erst nach einem halben Jahr Quarantäne und gründlicher Desinfektion könnte Josef wieder ganz von vorne beginnen. Die Verordnungen des Tierarztes waren einleuchtend, aber sie auszuführen war ein Alptraum. Es ist schwer zu beschreiben, was es bedeutete, in einem solch lehmigen Boden eine große Grube zu graben. Der Boden klebte an dem Spaten und ein jeder Stich zerbrach einem fast den Rücken. Josef und ich arbeiteten zu zweit, von den Nachbarn durfte keiner den Hof betreten.

Vier Tage dauerte es, bis wir die zweitausend Hühner und die vielen Bruteier begraben hatten.

Dann aber kam noch das Schlimmste: das Töten der fünftausend Küken. Es gab drei Alternativen: sie lebendig zu begraben, sie zu ertränken oder sie einzeln durch einen Schlag auf den Kopf zu töten. Obgleich es die meiste Arbeit verlangte, wählten wir die dritte Methode. Die so vergnügt zwitschernden Geschöpfe lebendig zu begraben oder im Wasser schwimmen zu lassen, bis sie erschöpft ertranken – das erschien uns zu unmenschlich. Es war eine entsetzliche Arbeit, doch die Tiere litten nicht. Ich träumte noch viele Nächte davon, wie ich die Köpfe der Küken auf eine Eisenplatte schlug.

Endlich war alles zu Ende, und ich mußte an meine Heimkehr denken. Meine Kleider mußten gewaschen und desinfiziert werden, und ich selbst eine halbe Stunde unter einer fast kochendheißen Dusche stehen. Jede Vorsichtsmaßnahme mußte ergriffen werden, damit die Pest nicht noch weiter verbreitet wurde. Der Abschied von den Ks. war sehr traurig. Über Nacht war ihre Existenz zerstört worden. Es war das Ende von Josefs Selbständigkeit, er beteiligte sich bei einem anderen Brutunternehmen.

So kam ich nach einem halben Jahr nach Hause, einen Monat früher als geplant. Abgesehen von dem Ende war es eine angenehme Zeit gewesen. Ich hatte viel gelernt und Erfahrungen auf dem Gebiet gemacht, das mir vorher völlig unbekannt gewesen war.

Bald tauchte die übliche Frage wieder auf: Was weiter? – Es war Frühjahr 1944, und es wurde deutlicher, daß der Krieg nicht mehr lange dauern konnte. Ich dachte wieder über den Vorschlag von Dr. P. nach. Der Kurs in Geflügelzucht an der Universität von Kalifornien lockte mich. Aber da ich auch dort das Abitur brauchte, zog ich den Beruf eines Tierarztes, spezialisiert auf Geflügel, vor. Ob es mir gefiel oder nicht, ich mußte für die Abiturprüfung studieren. So schrieb ich mich wieder für einen Fernkurs ein, mit dem Ziel, im Januar 1945 in London die Abiturprüfung zu machen. Ich hatte neun Monate Zeit für das Studium: das war nicht viel, aber es schien zu genügen. Ich mußte fünf Fächer wählen, davon waren Englisch und Mathematik Pflicht. Außerdem wählte ich Chemie, Biologie und Deutsch.

Mein Optimismus bewies sich als gerechtfertigt. Deutsch war ja meine Muttersprache, die Kenntnisse, die ich in Chemie und Biologie besaß, waren weit größer als das, was verlangt wurde – dank des Agronomiekurses und meiner eigenen Studien. In Mathematik wurde kaum mehr verlangt, als ich in der Priwaki gelernt hatte. So blieb Englisch das einzige Fach, auf das ich mich konzentrieren mußte, und ich hatte noch genug Zeit, wieder auf anderen Höfen mitzuhelfen. Ich bekam ein Angebot von Meir P., bei ihm halbtags zu arbeiten, nahm es freudig an und arbeitete dann über drei Jahre bei ihm.

Das Jahr 1944 näherte sich seinem Ende. Ich fühlte mich gut vorbereitet für die Prüfung im Januar. Aber etwas anderes machte mir Sorgen – meine Hände.

Bei meiner rechten Hand war es wie bei meinem rechten Bein: Sobald vom Gehirn ein Befehl kam, verkrampften sich die Muskeln, und es war nicht mehr möglich, normale Bewegungen auszuführen. In vielen Fällen – besonders bei gröberen Tätigkeiten – gelang es mir, mit Hilfe von verschiedenen Anpassungsmanövern, mein Ziel zu erreichen – und deshalb konnte ich als Tischler arbeiten.

Aber feinmotorische Bewegungen konnte ich nicht ausführen. Deshalb mußte ich schon als Zehnjähriger auf das Schreiben mit der linken Hand überwechseln. Ich schrieb nicht schön, es dauerte länger als normal – aber es ermöglichte mir, in der Schule mitzukommen und auch später das Examen des Agronomiekurses zu bestehen.

Doch dann, etwa ein Jahr nach diesem Examen, bemerkte ich zu meinem Entsetzen in der linken Hand dieselben Symptome, die vor dreizehn Jahren bei meiner rechten Hand begonnen hatten. Hinzu kam noch, daß die linke Hand nie ruhte, daß sie ständig zitterte. Diese Erscheinungen hatten mich zwar erschreckt, doch da ich damals mit meinen autodidaktischen Studien beschäftigt war – die ja kaum Schreiben verlangten – nahm ich die Sache nicht so ernst.

Aber als ich dann den Abiturkurs begann, wurde das Problem wieder aktuell. Ich löste es durch den Kauf einer gebrauchten Schreibmaschine, auf der ich die Arbeiten schrieb. Doch das konnte keine Lösung für die Prüfung sein. Ich konnte die Maschine nicht dorthin mitnehmen, außerdem brauchte ich viel mehr Zeit als Handschrift verlangt. Nach vielen Überlegungen und Versuchen entdeckte ich, wie ich meine Armmuskeln kontrollieren konnte, um schreiben zu können. Es waren sehr auffallende und häßliche Bewegungen, doch in meinem starken Selbstvertrauen dachte ich, ich könnte so die Prüfung bestehen.

Im blinden Vertrauen auf meine Fähigkeit, Schwierigkeiten zu überwinden, hatte ich mir einen Plan zurechtgelegt: Ich war sicher das Abitur zu bestehen und wollte dann gleich nach Kriegsende nach Australien reisen, um dort Veterinärmedizin zu studieren – mit Spezialisierung auf Geflügelkrankheiten. Die Universitäten dort nahmen ausländische Studenten auf, Englisch beherrschte ich gut. Außerdem lebten dort eine Reihe von Verwandten mütterlicherseits, die mir auch finanziell behilflich sein könnten. Ein perfekter Plan, meinte ich. Doch der Herr dachte anders.

Der Jahreswechsel 1941/42 hatte ja für die jüdische Bevölkerung mit einer freiwilligen Mobilmachung begonnen, und das Land war Stützpunkt für die alliierten Kräfte geworden. Palästina war nie direkte Front gewesen, doch die Italiener hatten ein halbes Dutzend Luftangriffe auf Tel Aviv geflogen, und es hatte Schaden und Verluste gegeben. Deshalb wurden Luftschutzeinheiten und in den Städten Luftschutzkeller errichtet.

Zur Zeit der Siege von Rommels Afrikakorps in der westlichen Wüste fürchteten wir, unser Schicksal würde bald dasselbe sein wie das aller Juden in Europa. Die Stimmung im Lande war damals reichlich niedergeschlagen, doch die Haganah war auf eine Nazi-Invasion vorbereitet. Sie hatte in der Karmelgegend eine befestigte Verteidigungslinie errichtet. Glücklicherweise änderte sich die Lage nach dem Sieg der Alliierten unter Montgomery bei El-Alamein.

Aber auch nach dem Verschwinden der akuten Gefahr war das tägliche Leben – und vor allem die

Wirtschaft – völlig vom Krieg beeinflußt. Lebensmittel waren sehr knapp und teilweise rationiert. Der Grund dafür war der fast völlig gestoppte Import – wegen Mangel an Schiffsraum. Aber sogar die Eigenproduktion war vermindert durch den Mangel an Arbeitskräften und importiertem Viehfutter. Letzteres führte zur Rationierung von Milch, Eiern und Fleisch.

Aber es fehlte nicht an Geld. Die Armee beschäftigte viele Arbeitskräfte, und die ausländischen Soldaten bezahlten großzügig für alles, was sie kauften oder benutzten. Und die vielen Tausende von jüdischen Soldaten, die bei der britischen Armee dienten, sandten den größten Teil ihres Soldes nach Hause. Übrigens, diese Soldaten konnten nur in nichtkämpfenden Einheiten dienen, erst gegen Ende des Krieges erlaubten die Engländer die Einrichtung einer jüdischen Brigade, die eine Kampfeinheit war.

Den Yishuw und besonders seinen Führern war es klar, daß nach Beendigung des Krieges unser eigentlicher Kampf beginnen würde – politisch wie auch militärisch. Kurz vor dem Ausbruch des Krieges hatte die britische Regierung das berüchtigte »White Paper on Palestine« veröffentlicht. Die darin erklärte Politik bedeutete die endgültige Annullierung der Balfour-Deklaration aus dem Jahre 1917. Während der Zeit zwischen den beiden Weltkriegen hatte die Mandatsregierung Schritt für Schritt diese Erklärung zur Errichtung einer Jüdischen Nationalen Heimstätte in Palästina verletzt. Als erstes wurde der größte Teil des Mandats östlich des Jordans abgetrennt und wurde ein selbständiges Emirat. Dieser Teil war damit für die jüdische Ansiedlung gesperrt. Danach wurde die freie Einwanderung durch ein Quotensystem begrenzt.

Das bedeutete den Tod von vielen deutschen Juden, die nun nicht mehr auswandern konnten. In der Tat, die ganze Politik der britischen Verwaltung wurde immer antijüdischer.

Daher konnte es keine Frage sein: Nach dem Krieg würde der Yishuw – und mit ihm das ganze jüdische Volk – vor einem schweren politischen Kampf stehen. Doch das war nur die eine Seite der Medaille. Der arabische Widerstand gegen die Anwesenheit von Juden in dem, ihrer Meinung nach, rein arabischen Land war nicht verschwunden. Die Unruhen von 1936-1939 würden bestimmt fortgesetzt werden in dem Moment, wo der Krieg aufhören würde.

Deshalb bereiteten sich der Yishuw und besonders die Haganah auf einen erneuten Kampf vor. Eine der wichtigsten Aufgaben war es, Waffen zu beschaffen. Diese Aufgabe war nicht zu schwer, denn das Land war vollgespickt mit Militärlagern.

Wenig war damals im Land bekannt über das Schicksal der Juden in Europa. Wir hörten über Deportationen, – aber daß dies das physische Ende bedeuten würde, ging nicht einmal als Gerücht um. Ich kann das persönlich bezeugen: Die zwei Schwestern meines Vaters und ihre Familien waren in Deutschland geblieben. Doch mein Vater zweifelte nicht daran, daß er sie nach Kriegsende wiedersehen würde – was natürlich nicht geschah.

Außer Lebensmitteln waren auch viele andere Dinge durch den langen Krieg sehr knapp geworden. Schuhe waren eine Rarität, selbst Leder für Reparaturen fehlte. Ich erinnere mich daran, daß mein genialer Onkel Herbert sich Sandalen aus alten Autoreifen machte. Da Nägel nicht zu bekommen waren, arbeitete ich stundenlang bei Meir, um krumme Nägel wieder gebrauchsfertig zu machen. Auf unserem Hof befand sich ja die Dusche in einem Holzgebäude, und wir hatten auch einen großen hölzernen Schuppen. Beide Gebäude wurden gemauert, ohne daß ich einen Pfennig bezahlen mußte – nur das alte Holz mußte ich dafür hergeben, weil Holz auch kaum zu erhalten war.

Meine Eltern waren ja nie ein liebendes, engverbundenes Paar gewesen. Sogar die Tragödien, die sie durchmachten, änderten nicht diese lauwarme Beziehung. Mein Vater steckte all sein Interesse und seine Energie in die Arbeit.

So war es in Deutschland gewesen, und nach unserer Auswanderung hatten die beiden in der Tat überhaupt kein gemeinsames Leben mehr. Vorher in Deutschland hatte es wenigstens ein gemeinsames Gesellschaftsleben gegeben. Das existierte nun nicht mehr, abgesehen von gelegentlichen Besuchen im Dorf.

Mein Vater verließ das Haus um sieben Uhr morgens und kehrte frühestens um zwanzig Uhr zurück, mittags aß er in einem Restaurant. Mein Vater war in seinen fünfziger Jahren ein noch gutaussehender Mann. Ich bin sicher, er sehnte sich nach liebevoller weiblicher Gesellschaft. Es gab Gerüchte, doch ich zweifelte an ihrer Richtigkeit. Mein Vater war viel zu scheu für eine Affäre. Nach etwa sieben sehr mageren Jahren begann seine Praxis zu florieren – ich erwähnte ja schon die Gründe dafür, abgesehen von der Tatsache, daß er ein sehr guter und verantwortungsvoller Zahnarzt war.

Selbstverständlich war mein Verhältnis zu ihm sehr davon beeinflußt, daß wir nur wenig zusammen waren. Am Schabbat, seinem einzigen Tag zu Hause, schlief der Vater länger. Am Nachmittag empfing er meistens Patienten aus dem Dorf – in einem sehr provisorischen Untersuchungszimmer, dem Raum, der für so vieles diente: Wohnzimmer, Eßzimmer und bei Nacht als Schlafzimmer.

Doch trotz unserem so beschränkten Kontakt, liebte und schätzte ich den Vater sehr. Vielleicht war einer der Gründe dafür unser gemeinsames Schicksal: das Bedürfnis geliebt zu werden – und die Nichterfüllung dieses Traumes.

So ging das Jahr 1944 zu Ende, und noch eine Periode in meinem Leben war vollendet. Auch diese vier Jahre waren keine eintönige Periode gewesen. Zuerst mußte ich Geld verdienen und arbeitete bei meinem Onkel in der Blumentopfproduktion. Dann kam der Schock darüber, daß ich von jedem Militärdienst ausgeschlossen war. Diese Verzweiflung brachte mich wieder zu dem zurück, was ich sechs Jahre vorher abgelehnt hatte: theoretisches Lernen und intellektuelle Betätigung.

Ich erhielt ein Diplom in Agronomie, doch auch damit konnte ich nichts anfangen. Mein geistiger Hunger hielt an, und ich studierte autodidaktisch alle Fächer, die mit Landwirtschaft und Veterinärmedizin zu tun haben.

Dann volontierte ich in einem Laboratorium für die Bekämpfung von Geflügelkrankheiten, lernte viel, aber auch ohne die Möglichkeit praktischer Anwendung.

Einen Winter lang arbeitete ich auf einer Farm, die Bruteier produzierte und Legehennen züchtete. Ein Ausbruch der Hühnerpest liquidierte dieses Unternehmen.

Ich beendete diese Zeitspanne mit dem festen Plan, nach Ende des Krieges in Australien Veterinärmedizin zu studieren. Für dieses Ziel hatte ich mich auf die Abiturprüfung im Januar 1945 vorbereitet. Ich war weiter einsam, sehnte mich nach einer liebenden Gefährtin.

Dann geschah etwas völlig Unerwartetes: Mitte Dezember hatte mein Vater einen Schlaganfall. Bewußtlos wurde er ins Krankenhaus eingeliefert.

Endlich eine richtige Hühnerfarm

1945–1947

Meine Mutter und ich waren natürlich furchtbar erschrocken. Außer einem Basedow-Problem während der Nazizeit in Deutschland war mein Vater nie krank gewesen. Er stand unter ständiger ärztlicher Kontrolle. Und jetzt, über Nacht, war er ein hilfloser, bewußtloser Mensch geworden.

Drei Wochen war er ohne Bewußtsein, im Koma. Eine Woche nach dem Schlaganfall wachte er plötzlich auf, wir waren neben seinem Bett. Der Arzt wurde schnell gerufen. Froh über die plötzliche Veränderung fragte er den Vater – auf meine Mutter weisend: »Wer ist das?« Zu unserer großen Überraschung antwortete mein Vater mit normaler Stimme: »Meine Frau!«

Dann wiederholte der Arzt die Frage, jetzt auf mich zeigend.

»Das ist mein Sohn«, sagte der Vater, und das waren seine letzten Worte. Er verlor wieder das Bewußtsein, zwei Wochen später starb er.

Er wurde auf dem Friedhof in Petah Tikva beerdigt, nicht weit von dem Grab meiner Großmutter, die 1942 gestorben war. Es dauerte lange Zeit, bis ich mich von seinem plötzlichen Tod erholen konnte. Er fehlte mir. Auch wenn wir so wenig zusammensein konnten, hatte ich gespürt, wie seine Persönlichkeit die Atmosphäre zu Hause geprägt hatte. Er war sehr sensibel gewesen – obgleich er sich sehr bemüht hatte, das zu verstecken.

Die letzten Worte meines Vaters: »Das ist mein Sohn!« beunruhigten mich. Was bedeutet es eigentlich »der Sohn von jemandem« zu sein? fragte ich mich. Ist das nur physisch gemeint – von ihm gezeugt und von der Frau geboren, um das menschliche Leben im biologischen Sinne fortzusetzen – so wie es in der Tierwelt geschieht? Und wenn diese Aufgabe erfüllt ist, dann kann der Mensch sterben, sein Körper verwesen?

Oder vielleicht ist doch mehr in diesem »Sohn sein«? Wird ein gewisses Erbe vom Vater auf den Sohn übertragen, eine gewisse Verpflichtung dem Nachkommen übergeben?

Ich fand keine klaren Antworten, aber die Tatsache seines Todes, solch eines plötzlichen, unvorhergesehenen, frühzeitigen Todes, erschreckte mich enorm. Es war völlig verschieden von meiner – damals kindlichen – Reaktion, als meine beiden Brüder starben. Was jetzt geschehen war, das führte zu ernsten Gedanken über das Leben – seine Bedeutung und sein Ziel.

Gott war ja für mich nicht existent. Die Bibel, so wie sie mich in der Schule gelehrt worden war, sagte mir gar nichts. So war es natürlich, daß für mich allein die Zeitspanne zwischen Geburt und Tod Leben bedeutete. Und dieser Gedanke machte mir angst. Wenn ich das Alter meines Vaters – neunundfünfzig Jahre – betrachtete, war ja mein halbes Leben fast schon vorbei. Und was hatte ich erreicht, geschaffen, – und vor allem – wie wenig Schönes und Angenehmes hatte ich erlebt?

Die negative Bilanz schockierte mich. Alles, was ich getan hatte, erschien mir mehr oder weniger als Mißerfolg. Da war ich nun in meinem fünfundzwanzigsten Jahr ohne einen richtigen Beruf, durch meine Behinderungen von vielen Existenzmöglichkeiten ausgeschlossen. Ich lebte einsam wie ein Hund, meine Aussicht, eine liebende Gefährtin zu finden und eine Familie zu gründen, erschien völlig utopisch.

Doch bald mußte ich mich mit der Lösung praktischer Probleme beschäftigen. Zuerst war da die Abiturprüfung – drei Wochen nach dem Tod des Vaters fand sie statt. Ich war ja gut vorbereitet, aber plötzlich hatte ich alles Interesse an dem Studium verloren. Die Sorge um meine verwitwete Mutter war natürlich ein Grund dafür, doch nicht der einzige – vielleicht nicht einmal der wichtigste. Die Mutter hätte von der Verpachtung der Praxis und Mitarbeit dort eine bescheidene Existenz haben können. Auch gesellschaftlich hätte sie die sechs Jahre meiner Abwesenheit überstehen können, hatte sie doch vier Vettern und Cousinen mit ihren Familien im Lande.

Nein, der eigentliche Grund für meinen Meinungsumschwung war ein ganz anderer. Der Tod des Vaters ließ mich empfinden, daß die Zeit drängte. Ich wollte jetzt schon ein normales Leben führen – und nicht erst in sechs Jahren, mit einunddreißig. Schließlich war ich in Hayowel zu Hause, ich wollte meine Bemühungen um eine feste Existenz auf diesen Ort konzentrieren.

So ging ich nicht zu der Prüfung. Letzten Endes war das auch Gottes Führung – meine behinderten

Hände hätten bald dazu geführt, das Studium der Tiermedizin aufzugeben.

Und noch eine weitere Aufgabe drängte: die Praxis meines Vaters. Schließlich war das ein Eigentum, das realisiert werden konnte. Die Lage war zentral, der Patientenkreis groß und dazu kam noch die moderne Praxiseinrichtung. Der Verkauf war nicht ganz einfach, doch schließlich gelang es uns; der Preis war zwar niedriger als erwartet, aber doch eine nennenswerte Summe.

Der Vertrag enthielt eine Bedingung: Um den Übergang weniger auffallend zu machen, sollte die Sprechstundenhilfe meines Vaters mindestens ein Jahr lang dort weiterarbeiten. Hannah war sehr hübsch und ihr ruhiges, sanftes Wesen konnte eine zahnärztliche Behandlung angenehmer machen. Ich hatte sie nur einmal kurz gesehen, ihre Schönheit hatte mich fasziniert, aber sonst wußte ich nichts über sie. Hannah war liebenswürdig, nicht anmaßend, fast untertänig, immer bereit zu helfen und zu dienen. Sie war damals zwanzig Jahre alt, als Waise bei ihrem Onkel aufgewachsen und lebte auch bei ihm.

Durch den Verkauf der Praxis kamen wir öfter zusammen. Hannah war freundlich und schien mich als eine Art neuer Boss zu betrachten. Für mich war es sehr schwer, sachlich zu bleiben, denn ihre attraktive Erscheinung machte mich noch scheuer als gewöhnlich.

Dann war der Verkauf abgeschlossen, und ich verabschiedete mich von ihr. Ehrlich gesagt, ich war froh, daß ich sie nicht mehr sehen würde. Sie erschien mir so unerreichbar, deshalb zog ich es vor, nicht an sie zu denken. Doch dann, etwa einen Monat später, sagte meine Mutter ganz überraschend: »Wir werden dieses Wochenende einen Gast haben, Hannah besucht uns.«

Ich dachte nicht richtig gehört zu haben: »Hannah wird kommen?« fragte ich. »Wie ist sie auf diese Idee gekommen?«

»Ich habe sie eingeladen, und sie hat es gerne angenommen. Sie ist ein nettes Mädchen, so familiär. Sei nett zu ihr, sie ist eine arme Waise.«

Und so geschah das Unglaubliche. Über zwei Monate verbrachte Hannah jedes Wochenende bei uns. Ich war so glücklich wie noch nie. Meistens ging ich, kurz nachdem Hannah mit dem letzten Bus gekommen war, in die Synagoge. Seit meines Vaters Tod hatte ich die Aufgabe übernommen, jeden Freitagabend und Schabbatmorgen dort das Trauergebet zu sprechen. Meine Nachbarn waren nicht fromm, aber sie erwarteten von mir, diese Tradition zu befolgen. Mein Vater hatte dasselbe nach dem Tod der Großmutter getan. Der Gottesdienst ließ mich nichts fühlen, was auf eine Nähe zu Gott hinweisen könnte, doch ich genoß die Gemeinschaft mit den meist viel älteren Männern dort.

Doch nun konnte ich kaum die Zeit erwarten, bis die Gebete zu Ende waren. Ich sehnte mich so nach Hause, wo mich etwas so Herrliches erwartete. Die feierliche Atmosphäre, der Tisch schön gedeckt, die Schabbatkerzen brannten, Wein und Brot warteten auf die Segenssprüche.

Aber die Krone von allem war Hannahs Gegenwart. Sie hatte natürlich um dieses feierliche Empfangen des Schabbats gebeten – etwas, das wir sonst nie getan hatten. Und ich bin sicher, ohne Hannahs

Gegenwart hätte ich das Ganze überflüssig – wenn nicht sogar lächerlich – gefunden. Aber so stellte ich mir, wenn ich das Gebet für das Willkommen der Königin Schabbat sagte, Hannah als die personifizierte Schabbatkönigin vor. Sie sah so schön, so königlich aus in ihrer einfachen weißen Bluse und dem langen schwarzen Rock. Ihr volles, glänzendes Haar war zu einem Zopf geflochten, der bis zu den Hüften reichte; ihr Gesicht strahlte Liebe und Frieden aus.

Wir aßen zusammen das warme Abendbrot, danach half sie der Mutter beim Abwasch. Dann saßen wir noch eine Weile zusammen und unterhielten uns, bis es Zeit war schlafenzugehen.

Am nächsten Morgen stand ich wie üblich früh auf, tat meine Arbeit im Hof, aß ein improvisiertes Frühstück und ging in die Synagoge. Wenn ich zurückkam, hatten Hannah und die Mutter schon gefrühstückt, und während ich das Vieh versorgte, bereiteten die beiden das Mittagessen vor. Nach einer Mittagsruhe tranken wir zusammen Kaffee und unterhielten uns, dann verabschiedete sich Hannah. Meine Mutter bekam einen Kuß auf die Wange, und mir reichte sie die Hand mit einem liebevollen Lächeln, das ich die ganze Woche nicht vergessen konnte.

So vergingen zwei Monate. Ich arbeitete damals enorm schwer, doch gefühlsmäßig lebte ich nur für die Wochenenden mit Hannah. Wir drei waren dann wie eine Familie. Wegen der Mutter sprachen wir deutsch. Meine Mutter redete Hannah per »Sie« an, aber mich duzte sie. Unsere gegenseitige Scheu war verschwunden, doch hielten wir körperliche Distanz. Das liebevolle Lächeln, mit dem sie sich immer an mich wandte, verstand ich als ein deutliches Zeichen für ihre Zuneigung. Hannah zeigte auch viel Interesse für den Hof, stellte Fragen, wenn wir dort herumgingen. Unsere primitiven Lebensbedingungen schienen sie nicht zu stören.

Ich konnte natürlich keinen objektiven Grund dafür finden, weshalb dieses bezaubernde Geschöpf Interesse an mir verkrüppeltem armen Bauern haben sollte, aber die Tatsachen schienen zu bestätigen, daß es der Fall war, und so dachte ich, mein innigster Wunsch würde erfüllt werden. Doch dann kam einer der finstersten Tage meines Lebens.

Wie gewöhnlich erwarteten wir Hannah mit dem letzten Bus, doch dieser fuhr vorbei ohne anzuhalten. Hannah kam nicht. Es gab damals im ganzen Dorf kein Telefon, so konnten wir keine Nachricht erwarten, falls sie am Kommen verhindert wäre. – Es war ein sehr trauriger Schabbat und mir wurde klar, wie sehr Hannah ein Teil meines Lebens geworden war. Ich hatte keine Ruhe, mußte den Grund wissen, warum sie nicht gekommen war – vielleicht war sie krank oder es war etwas geschehen, bei dem sie meine Hilfe gebrauchen könnte. So nahm ich mein Fahrrad und fuhr nach Petah Tikva.

Zwanzig Minuten später stand ich vor dem Haus, in dem Hannah wohnte. Ich war etwas erstaunt, als ich aus dem Obergeschoß laute lachende Stimmen hörte sowie Tanzmusik, auf einem Grammophon gespielt.

Ich klingelte, jemand fragte von oben, was ich wollte. Als ich nach Hannah fragte, rief die Stimme lachend: »Hannah, geh runter, noch jemand wirbt um dich!«

Dann stand sie vor mir. Ich starrte sie an – es war eine andere Person. Anstatt dem engelhaften Mädchen sah ich eine weltliche Schönheit. Sie trug ein enganliegendes, sehr kurzes Kleid, der Mund geschminkt, das lange Haar zu einer kurzen modernen Frisur geschnitten und gelockt. Es war eine veränderte Hannah – äußerlich noch weitaus attraktiver. Bevor ich etwas sagen konnte, sagte sie:

»Es tut mir sehr leid, Shlomo. Aber ich konnte euch nicht benachrichtigen – alles ging so schnell. Ich kann mir vorstellen, wie ihr gewartet habt.« Sie schwieg einen Moment, ihre Augen strahlten: »Du kannst mir gratulieren, ich bin verlobt und werde in drei Monaten heiraten. Oh, ich bin so glücklich!«

Der Schock, den ich bekam, ist schwer zu beschreiben: Hannah verlobt, wird bald heiraten! All meine Träume zerstört! Doch dann wurde ich ärgerlich. Warum dann dieses aufdringliche Verhalten während der vergangenen zwei Monate? Warum mußte sie in mir falsche Hoffnungen wecken?

»Ja, ich gratuliere dir, doch deinem Verlobten kaum. Du bist eine gute Schauspielerin. Um seinetwegen hoffe ich, du meinst es diesmal ernst.«

Ihr Gesichtsausdruck veränderte sich, wurde verärgert: »Was redest du für einen Unsinn! Habe ich jemals das kleinste Zeichen gegeben, daß ich an dir Interesse hätte? Ich hatte deinen Vater gern, bedauerte deine Mutter, die so plötzlich Witwe wurde, sah, wie sie meinen Besuch genoß. Und meine Gefühle dir gegenüber waren auf derselben Ebene von Mitleid. Dein Schicksal ist grausam, ich bedaure dich. Wie konntest du nur denken, es wäre mehr?«

Was konnte ich ihr antworten, hatte sie nicht recht? Es war nur meine Schuld, wenn ich Mitleid und den Wunsch anderen zu helfen falsch deutete. Ohne ein weiteres Wort fuhr ich nach Hause, seelisch völlig gebrochen.

Die ganze Nacht konnte ich nicht schlafen, suchte nach einer Möglichkeit, mein Leben zu beenden. Ich fand keine, mein Leben mußte weitergehen. Aber etwas mußte verhindert werden – noch so eine bittere Erfahrung, solch ein grausames Zerstören von einem Hoffnungsstrahl. Gegen Morgen wußte ich, was ich zu tun hatte.

Meine Mutter mußte nach Petah Tikva fahren, um etwas zu erledigen. Zuerst nahm ich meine langen Arbeitshosen und schnitt die Beine ab. Kein Verstekken des verkrüppelten Beines mehr, jeder sollte es sofort sehen. Dann ging ich mit der Schere in das Duschhäuschen. Dort war ein großer Spiegel, denn es wurde auch zum Ankleiden und Rasieren benutzt.

Eine Weile sah ich in den Spiegel, dann sagte ich mir: So, du Hinkebein, jetzt sollst du das passende Aussehen bekommen! Für jede Frau abstoßend! Dann nahm ich die Schere und schnitt mein volles Haar ab, so kurz wie es mit der Schere möglich war. Das war nicht einfach, besonders im Nacken, den ich ja nicht sehen konnte. Endlich war es geschafft, mein Kopf war nun mit millimeterlangen Stoppeln bedeckt. Ich sah entsetzlich aus, aber das Schlimmste stand mir noch bevor. Es dauerte eine Weile, bis ich den Mut hatte, es auszuführen: Ich machte einen starken Seifenschaum und bedeckte meinen Kopf damit. Dann nahm ich eine Rasierklinge und begann den Kopf zu rasieren. Zuerst den Hinterkopf, die schwierigste Aufgabe – ich wollte den Anblick des rasierten Schädels noch aufschieben. Dann kamen die Seiten dran, jetzt konnte ich schon sehen, was ich tat. Nachdem der Schaum weg war, erschien die nackte weiße Haut. Doch dann kam das Schlimmste: der obere Teil des Kopfes, von der Stirn bis zum Hinterkopf. Endlich war auch das geschafft! Ich sah mich im Spiegel an – ein ekelerregendes Monstrum. Meine Ohren erschienen enorm groß und abstehend, der weiße nackte Schädel schien zusammengeschrumpft. Aber je länger ich in den Spiegel sah, desto zufriedener wurde ich. So muß ein Krüppel wie ich aussehen, sagte ich mir, dann können solche Illusionen und Enttäuschungen nicht geschehen!

Meine Mutter war über mein Aussehen entsetzt, aber sie konnte meine Verzweiflung verstehen – auch sie hatte dieselben Träume gehabt wie ich. Die Reaktion von anderen Personen, die plötzlich meine Glatze sahen, war verschieden. Fremde ignorierten sie meistens, die Mädchen im Dorf lachten darüber. Bekannte fragten natürlich nach dem Grund. Meine Antwort war einfach: Es ist bequem, ich habe es gern – und daß es ausgesprochen häßlich ist, interessiert mich überhaupt nicht.

Und so ging ich während der kommenden zwei Jahre einmal im Monat zu einem Barbier, um wieder eine perfekte Glatze rasiert zu bekommen. Zu Asow konnte ich nicht gehen, denn er weigerte sich, es zu tun, nannte es eine verrückte Idee. Daher ging ich zu einem kleinen Barbiergeschäft neben dem Markt, den die Ärmsten der Stadt besuchten; Kahlrasieren war dort üblich.

So sah ich bewußt häßlich und abstoßend aus. Zu der Glatze kamen noch die kurzen Hosen, zu Hause und im Dorf ging ich barfuß. Ich rasierte mich nicht mehr, der Barbier befreite mich auch von den Bartstoppeln. Und so war ich »glücklich«, und zwei Jahre lang befreit von illusorischen Liebesaffären.

Den Plan, im Ausland zu studieren, hatte ich aufgegeben, aber was sollte an seiner Stelle kommen? Es dauerte einige Wochen, bis ich mich entschieden hatte. Unter den vorhandenen Bedingungen konnte ich natürlich nur an eine Hühnerfarm denken: Das bedeutete aber praktisch auch, ganz von null zu beginnen, denn ich hatte damals nur siebzig Legehühner. Der Verkauf der Praxis gäbe mir das notwendige Anfangskapital, ich hätte eine Arbeit, die uns ernähren würde, und ich könnte meinen alten Traum verwirklichen und unabhängiger Bauer werden.

So begann ich, auf drei verschiedenen Gebieten zu arbeiten: Die Hühnerfarm wuchs ständig, die Zahl der Legehühner stieg von siebzig auf tausendfünfhundert, dazu kam noch das Aufziehen von Küken und Junghennen.

Das zweite Feld war die Bauarbeit: Neue Hühnerställe wurden gebraucht, Ausläufe und Futterschuppen für die wachsende Farm benötigt. Dabei konnte ich meine Kenntnisse des Tischlerhandwerks gut gebrauchen, ich baute alles selbst.

Das Geld vom Verkauf der Praxis und die Einnahmen aus der wachsenden Farm investierte ich, die laufenden Haushaltungskosten finanzierte ich durch Aushilfsarbeiten bei Meir.

So arbeitete ich vierzehn bis fünfzehn Stunden täglich. Ich ging direkt von der Arbeit zum Abendbrot, duschte und ging dann gleich ins Bett – um wenigstens sieben Stunden Schlaf für meinen total erschöpften Körper zu finden. Doch nicht nur körperlich war ich völlig in meine Arbeit versunken, auch meine Gedanken konzentrierten sich nur auf die Farm und ihre Entwicklung. Sicher war auch das eine Gottesgabe, ohne sie hätte die Enttäuschung mit Hannah mich völlig zerbrochen.

Es mag absurd klingen, aber es gab noch etwas anderes, das mir half, Hannah – und Frauen überhaupt – zu vergessen: das war mein rasierter Kopf. Jedesmal, wenn ich in den Spiegel sah, wurde ich daran erinnert, wer ich meines Erachtens war: ein abstoßender Krüppel, für den Frauen, Liebe und Familienleben unerreichbar waren.

Während der kommenden sieben Jahre kamen meine Mutter und ich uns näher als je zuvor. Sie brauchte mich, ich war die einzige ihr nahestehende Person, die ihr geblieben war, so gab sie mir alle ihre Liebe. Und ich brauchte sie nicht weniger: ganz praktisch als Haushälterin, aber auch als der einzige Mensch, den ich zum Reden hatte.

Es war mir klar, daß die Mutter eigentlich froh war über mein mangelndes Interesse an Frauen und Heirat. Nach dem ersten Schock bemerkte sie nichts mehr über meine Glatze, sie diente ja einem für sie günstigen Zweck.

Meine Mutter hatte noch verschiedene Kontakte zu den anderen aus Deutschland stammenden Familien im Dorf. Ich selbst hatte nur die Beziehung zu Meir, bei dem ich arbeitete, und zu seinem Bruder Shimon. Nach meines Vaters Tod übernahm er die Rolle eines väterlichen Freundes. Ich muß gestehen, jahrelang beneidete ich Shimon um seine große, gut geführte und florierende Geflügelfarm – während ich nichts tun konnte, um in dieser Richtung vorwärtszukommen.

Doch nun hatte sich die Lage verändert; ich besaß die Mittel und auch den starken Willen, eine richtige professionelle Hühnerfarm aufzubauen. So wurden wir auch Berufskollegen, und ich genoß es, stundenlang mit ihm über Probleme und Pläne zu sprechen.

Der landwirtschaftliche Zweig der Geflügelzucht hat eine besondere Stellung, weil er schon früh von Wissenschaft und Technologie beeinflußt wurde. Eine moderne Hühnerfarm ähnelt einer Fabrik. Das Rohmaterial ist das Futter, das Endprodukt sind Eier und Fleisch, die Nebenprodukte Federn und Mist. Die »Maschinen«, welche diesen Veredelungsprozeß ausführen, sind die Hühner. Und das unterscheidet die Hühnerzucht von einem Industrieunternehmen: Hühner sind lebendige Kreaturen und brauchen entsprechende Bedingungen und Pflege. Als ich im Jahr 1937 begann, scheiterte ich vollkommen; es war nicht meine Schuld, und doch blieb der Mißerfolg lange Zeit eine düstere Erinnerung. Aber jetzt, acht Jahre später, ging ich ganz gelassen an die große Aufgabe, eine richtige Hühnerfarm aufzubauen, nachdem ich ja inzwischen so viel Theoretisches und auch Praktisches gelernt und letzten Endes mehr Kenntnisse als die meisten Züchter hatte.

Gleich als ich das Geld von dem Praxisverkauf in den Händen hatte, bestellte ich achthundert Küken, zusammen mit ihnen wollte ich vierhundert Tiere für Meir aufziehen. Der Stall, in dem die Küken untergebracht waren, war eigentlich nicht dazu bestimmt. Er war zu leicht gebaut und deshalb auch sehr kalt.

Doch ich hatte keine Geduld, auf den Sommer zu warten.

Einige Tage nach der Ankunft von tausendzweihundert kleinen gelben, fröhlich zwitschernden Vögeln änderte sich das Frühlingswetter; es wurde kalt und windig. Mittags wurde aus dem Wind ein Sturm, und das mit dünnen Wellblechen bedeckte Dach machte ungewöhnliche Geräusche und tanzte etwas. Ich machte mir Sorgen, konnte aber nichts tun. So ging ich ins Haus, um etwas zu ruhen.

Etwa eine Stunde später weckte mich ein fürchterlicher Krach. Ich lief hinaus und sah die ganze Bescherung: Das hundertvierundfünfzig Meter lange Dach hatte sich losgelöst und war vom Wind weggetragen worden. Die tausendzweihundert Küken saßen unter freiem Himmel, ohne jeglichen Schutz vor Wind und Kälte; glücklicherweise regnete es noch nicht.

Was sollte ich tun? Ich hatte so viel gelernt, aber niemand hatte mich gelehrt, wie ich mich verhalten sollte, wenn tausendzweihundert einige Tage alte Küken in einem dachlosen Stall Wind und Regen ausgesetzt waren. Einige Minuten lang war ich ratlos, doch dann brachte das erbarmenerregende Gezwitscher der frierenden Küken mich in die Wirklichkeit zurück. Ich mußte die Tiere an einen warmen, geschützten Ort bringen – bevor es zu spät war! Aber wohin konnte ich sie bringen? Ich hatte kein anderes passendes Gebäude. Ich kratzte meinen kahlen Kopf. Es gab nur eine Möglichkeit: Ich mußte zu Hause schnell mein Zimmer leer machen und die Tiere dort unterbringen, sie waren noch so klein, daß es nicht zu eng sein würde.

Ich lief nach Hause und informierte meine Mutter über die notwendige Invasion. Mit Meirs Hilfe leerten wir das Zimmer, streuten Häcksel auf den Fußboden und brachten die Küken ins Haus. Kaum waren wir fertig, da setzte ein fürchterlicher Regen ein. Meir dankte Gott dafür, daß die Tiere gerettet waren, ich lächelte darüber und schrieb es meiner prompten Reaktion zu. Die Küken hatten nicht gelitten, entwikkelten sich normal und sorgten in unserer Wohnung für ungewöhnlichen Mistgeruch.

Inzwischen mußte ich an die Zukunft denken. Die Küken konnten höchstens noch etwa eine Woche bei uns bleiben. Ich mußte das ganze weggewehte Dach auseinandernehmen und daraus wieder ein neues über den Stall bauen. Ich verstärkte es sehr, und um ganz sicher zu sein, legte ich noch schwere Steine auf die Enden.

Dieser Zwischenfall brachte auch Segen, denn er bewirkte, daß ich meine Pläne in bezug auf das Bauen von neuen Gebäuden zunächst fallen ließ. Ich sah ein, daß das Notwendigste ein geschützter, warmer Platz zur Aufzucht war. So vergrößerte ich das bestehende gemauerte Gebäude und baute dreistöckige Batterien für tausendzweihundert Küken.

Das war keine leichte Aufgabe, ich machte ja alles allein. Mauern war etwas völlig Neues für mich, ebenso das Konstruieren von Batterien aus Eisen. Ich mußte viel lernen und oft auch improvisieren, doch ich schaffte es. Alle, die es sahen, staunten – ich selbst schrieb alles stolz meinen Fähigkeiten zu. Heute weiß ich, daß ich nur mit Gottes Hilfe das eigentlich Unmögliche vollbringen konnte.

Ich änderte auch die Inneneinrichtung der Ställe

und installierte eine Wasseranlage. So gehörte nun die rückenbrechende Arbeit des Wassereimerschleppens der Vergangenheit an. Übrigens, auch das war eine neue Errungenschaft – Klempner sein.

Ende 1945 hatte ich bereits vierhundert Legehennen in dem erneuerten Stall und ein Aufzuchthaus für tausendzweihundert Küken. Ein Anfang war gemacht, der große Mißerfolg von 1937 ausradiert. Ich war damals glücklich, die erfolgreiche Arbeit befriedigte mich. Mit den Augen eines Außenstehenden erscheint das allerdings schwer nachvollziehbar: fünfzehn Stunden am Tag schwerste Arbeit und immer allein mit der Mutter. Nach Petah Tikva fuhr ich nur, um Material zu kaufen und natürlich, wenn ein Besuch beim Barbier anstand. Ich hatte mich so daran gewöhnt, daß ich mich freute, wenn der Kopf wieder kahlrasiert war. Über die erstaunten, oft auch Ekel ausdrückenden Blicke von Frauen und Mädchen konnte ich zufrieden lächeln – ich hatte mein Ziel erreicht: Ich war so abstoßend, daß niemand sich mir nähern wollte.

Fünfmal in der Woche arbeitete ich halbtags bei Meir. Ich war dort in allen Zweigen beschäftigt: im Hühnerstall, bei den Kühen, in der Zitruspflanzung, beim Gemüse- und Grünfutteranbau.

Obgleich er schon Ende vierzig war, arbeitete Meir wie ein Jüngling; keine Arbeit war ihm zu schwer oder zu schmutzig. Je mehr ich diesen immer freundlichen, niemals sich beklagenden Mann kennenlernte, desto mehr schätzte ich ihn. Meir hatte kein leichtes Leben. – Abgesehen davon, daß der ehemalige Antiquitätenhändler wie ein Pferd schuftete. Es war nicht leicht für ihn, seine Familie mit den vier kleinen Kindern zu versorgen. Seine junge Frau verlangte viel von ihm, und sein Schwiegervater warf ihm vor, ein schlechter Bauer und Geschäftsmann zu sein und dazu nicht religiös genug. Nichts von dem war wahr. Übrigens traf ich in Meir das erste Mal einen religiösen Mann, der neben dem Befolgen der Gebote auch eine persönliche Beziehung zu Gott hatte. Das verwunderte mich damals sehr.

Als ich das zweite Jahr bei Meir arbeitete, begann er etwas Neues. Er gab die Milch nicht mehr zur Molkerei nach Petah Tikva, sondern machte Butter und Käse davon. Außerdem verkaufte er Milch direkt an Verbraucher in Hayowel. Für diese zusätzliche Arbeit stellte er ein junges Mädchen ein, das bei ihnen wohnte. Sie war sehr nett und attraktiv. Ich traf sie oft, wenn ich im Hof arbeitete oder wenn sie Milch im Dorf verteilte. Sie redete nie ein Wort mit mir, ihr Blick sagte mir deutlich, wie abstoßend sie mich fand. Das war ja auch kein Wunder, ich tat ja alles dafür. Doch mich störte diese Abneigung nicht. Vor anderthalb Jahren hätte ich von dem hübschen Mädchen geträumt, aber jetzt waren meine Gedanken mit anderen Dingen beschäftigt.

Der schreckliche Weltkrieg war zu Ende, aber für den Yishuw und das ganze jüdische Volk hatte der Sieg über die Nazis einen schlechten Nachgeschmack, denn erst jetzt wurde der entsetzliche Holocaust bekannt.

Aber die Vergangenheit war nicht zu ändern, so war der Yishuw mit der Gegenwart und Zukunft beschäftigt. Im Jahre 1945 war es nur eine theoretische Vorbereitung, sowohl bei den Juden als auch bei den Arabern. Wir wußten, daß die hunderttausend Überlebenden der Todeslager nach Palästina kommen wollten, aber die Mandatsregierung erlaubte nur einer kleinen Anzahl von ihnen, einzuwandern.

So wurde die illegale Einwanderung organisiert, aber nicht weniger Aufmerksamkeit widmete man der Verteidigung der jüdischen Siedlungen. Die arabischen Unruhen würden wieder aufflackern, daran bestand kein Zweifel.

Ich erinnere mich daran, wie eines Morgens einer meiner Nachbarn mich rief und aufforderte, ich solle ihm helfen zu graben.

Erstaunt fragte ich ihn: »Was hast du vor, Haim? Du willst etwas bauen und den Boden für das Fundament ausheben?«

Er antwortete lachend: »Nein, es ist nichts derartiges! Man hat uns die Geräte geschickt, um die wir so dringend gebeten hatten. Sie müssen sofort vergraben werden. Wir beiden sind die einzigen Männer, die zu Hause sind. Nachmittags werden wir Hilfe bekommen, wenn die anderen von der Arbeit kommen. Los, nimm eine Turiah und ran an die Arbeit!«

Jetzt verstand ich: Die »Geräte« waren illegale Waffen, und die einzige Möglichkeit, sie vor den Engländern zu verstecken, war, sie zu vergraben. Ich arbeitete mit Haim bis zum Nachmittag, es war nicht leicht, mit ihm Schritt zu halten – er war bekannt als der beste Arbeiter mit der Turiah in der ganzen Umgebung.

Gegen Abend kamen andere, um uns abzulösen, und mich schickte man in das Gebäude, das als Versammlungsraum für das ganze Dorf diente. Dort arbeiteten schon ein Dutzend Leute, die Hälfte von ihnen Frauen. Die Männer zerlegten die Waffen in einzelne Teile – es waren Gewehre, Revolver, Handgranaten und zwei Maschinengewehre. Die Frauen waren damit beschäftigt, die einzelnen Teile einzufetten, um sie vorm Rosten zu schützen. Danach wurden die Teile in Rohre gesteckt und die beiden Enden zugeschweißt.

Um Mitternacht war alles bereit. Die Rohre wurden in die Gruben versenkt, dann goß man eine Schicht Beton darüber – als Schutz gegen die Metalldetektoren der englischen Soldaten.

Obgleich es im Land noch still war, hatte die Mitgliederversammlung des Dorfes beschlossen, die Nachtwachen wieder einzusetzen, natürlich im legalen Rahmen der JSP. Jeder mußte jede dritte Nacht wachen, da wir keine Verstärkung aus Petah Tikva erhielten. Das war für mich noch eine zusätzliche Belastung.

Das Jahr 1945 war zu Ende. Der lange Krieg lag hinter uns. Für mich persönlich hatte es wichtige Ereignisse gebracht: den plötzlichen Tod des Vaters, die tragisch endende Bekanntschaft mit Hannah und Anfänge für den Aufbau einer richtigen Geflügelfarm.

Für das Jahr 1946 hatte ich ehrgeizige Pläne: Ich wollte bis auf tausend Legehennen kommen. Das erforderte aber auch den Bau von neuen Ställen. Und so baute ich während des Frühlings und Sommers noch hundert Quadratmeter Ställe für die neuen Legebatterien. Meine Mutter mußte mir während dieser Zeit bei der Versorgung der Tiere helfen, und ich war auch genötigt, die Arbeit bei Meir vorübergehend einzuschränken. Nur dadurch konnte ich genug Zeit für das Bauen aufbringen.

Wieder mußte ich mir dieselbe Frage stellen – und dieselbe Antwort geben: Wie konnte eine behinderte Person ohne Hilfe diese Ställe bauen? Zum Teil Arbeit verrichten, die sie vorher niemals getan hatte? Die sechs Meter langen Balken tragen, die schweren Bleche allein aufs Dach legen und befestigen, dutzendmal die Leiter rauf- und runterklettern – mit einem verkrüppelten Bein? Wie war so etwas möglich? – Die Antwort kann nur lauten: Mein Schöpfer gab mir diese – ich möchte sagen – übernatürlichen Kräfte. Damals dachte ich natürlich anders, bezog alles auf meine eigenen Fähigkeiten:

Der Erfolg, den ich mit der Aufzucht von dreitausend Küken hatte, beruhte auf den guten Kenntnissen, die ich auf allen dazugehörigen Gebieten erwerben konnte: Geflügelkrankheiten – ihre Verhinderung und Behandlung, Ernährung der Tiere und technische Bedingungen für erfolgreiche Aufzucht. Aber auch dazu hat Gott die Gaben gegeben und die Ausdauer und Freude am Studieren.

So war ich nun Ende des Jahres stolzer Besitzer von tausend Legehühnern anstelle der siebzig, mit denen ich anderthalb Jahre vorher begonnen hatte. Und die Fläche der Gebäude war von siebzig Quadratmeter auf zweihundert gewachsen. So hatte ich wirklich Grund stolz zu sein, aber ich hatte auch keinen kleinen Preis dafür bezahlt. Zu einem solchen Leben wäre kaum ein anderer junger Mann im Alter von sechsundzwanzig Jahren bereit gewesen. Ich hatte außer meiner Arbeit alles andere aufgegeben, meinen Körper weit über das Erlaubte ausgenutzt. Ich war enorm mager, wog kaum vierundfünfzig Kilo. Wenn ich in den Spiegel sah, konnte ich mich kaum wiedererkennen: Das abgemagerte Gesicht mit dem kahlen Schädel ähnelte einem Totenkopf. Es wurde mir klar: Ich mußte dieses Leben ändern, doch es dauerte noch einige Zeit, bis ich das verwirklichen konnte.

So setzte ich auch in dem kommenden Jahr die geplante Vergrößerung der Farm fort. Ich kam bis auf tausendfünfhundert Legehühner und baute noch hundert Quadratmeter Ställe. Ich arbeitete nicht weniger als vorher, hatte weder Zeit noch Interesse für irgend etwas anderes.

Die politische Lage im Land verschlechterte sich noch mehr. Arabische Unruhen waren an der Tagesordnung, es gab Plünderungen und Vernichtung jüdischen Eigentums. Trotzdem nahm die illegale Einwanderung zu, doch war sie nicht immer erfolgreich. Viele Schiffe wurden von den Engländern erwischt und Zehntausende von Flüchtlingen nach Zypern gebracht und dort in Lagern gehalten.

An einem warmen Herbsttag, als ich gerade in meiner üblichen Ausstattung – in kurzen Hosen, ärmellosem Hemd, ohne Schuhe, Kopf und Gesicht mit millimeterlangen Stoppeln bedeckt – bei Meir arbeitete, erschien plötzlich ein Lastwagen, auf dem schon etwa ein Dutzend Männer saßen. Der im Nachbarort angestellte JSP-Polizist rief uns zu: »Kommt mit, wir brauchen dringend Leute für die Verteidigung!«

Meir und ich ließen alles liegen, kletterten auf den LKW und fuhren mit. Unterwegs kamen noch etwa ein Dutzend Männer dazu, alle wurden von ihren Arbeitsplätzen weggeholt. Es wurde uns nicht erklärt, wohin die Fahrt ginge. Es war klar, es mußte sich um etwas Illegales handeln, daher stellte niemand Fragen.

Nach etwa einer Stunde Fahrt verließen wir die Chaussee und fuhren auf einem Sandweg weiter, der zu einem Kibbuz führte. Als wir das Eingangstor passiert hatten, hielt der LKW und wir mußten aussteigen. Der JSP-Mann rief uns zusammen und sagte zu uns: »Hört gut zu! In der vorigen Nacht landete nicht weit von hier eine Gruppe von illegalen Einwanderern. Es gelang ihnen, diesen Kibbuz zu erreichen. Aber die Engländer wissen, daß sie hier sind und haben Truppen geschickt, um den Kibbuz zu durchsuchen. Wir wissen nicht, was sie tun werden. Die Einwanderer wurden angewiesen, alle Papiere zu ihrer Identifizierung zu vernichten. Und wenn sie verhört werden, sollen sie sagen, sie gehören zum Kibbuz. Wir werden keine Waffen benutzen, aber passiven Widerstand leisten. Deshalb wurden Hunderte von Nichtansässigen hierhergebracht. Das soll die Soldaten davon abhalten, die Anwesenden zu verhören.

Also, befolgt die Anweisungen: Wenn gefragt wird, keinen Namen nennen; nichts darüber äußern, wo ihr herkommt – Ausweise habt ihr ja sowieso nicht bei euch. Die einzige Antwort – die alle geben! – muß lauten: Wir leben hier in diesem Kibbuz! Ich weiß nicht, wie lange wir hier bleiben werden, vielleicht bis zum Abend, vielleicht auch länger.

So, jetzt geht und vermischt euch mit den anderen, versucht besonders mit den Einwanderern Kontakt zu bekommen.«

Wir taten, was man uns geheißen hatte und zerstreuten uns unter die Hunderte von Menschen. Die Zeit verging, es war schon Nachmittag und nichts rührte sich. Ich war müde und hungrig und suchte einen Platz, wo ich mich wenigstens hinsetzen konnte. So verließ ich die Menge, und nach einigen Minuten sah ich von weitem einen großen Stein. Als ich mich näherte, bemerkte ich, daß sich schon jemand anders dorthin gesetzt hatte. Ich wäre lieber allein gewesen, doch hatte ich keine Wahl, und so ging ich weiter, um mich dazuzusetzen.

Die Person, die dort saß, war zweifellos ein Einwanderer, es schien eine Frau zu sein. Sie war entsetzlich mager, ihr Haar nur millimeterlang und sehr spärlich, nur ihre kleinen Brüste deuteten ihr Geschlecht an. Ich sprach sie auf jiddisch an, das ich gut beherrschte: »Darf ich mich hier hinsetzen?«

Eine Art von Lächeln erschien auf dem so müden Gesicht: »Komische Frage! Ich bin neu hier, so wie du. Wir haben doch längst die guten Manieren vergessen – sonst hätten wir doch gar nicht die Hölle überleben können. Dich hat man ja auch schön zugerichtet. In welchem Lager warst du – du hast gar keine Nummer?«

Ich verstand, sie hielt mich für einen Überlebenden der Todeslager. Das war ja auch kein Wunder, ich sah nicht anders aus. Mein verkrüppeltes Bein konnte von einer Grausamkeit verursacht sein, ich war unheimlich mager und meine Kleidung nicht gerade elegant. Ich betrachtete sie näher. Ihr Alter war schwer zu schätzen – Leiden und Entbehrung lassen frühzeitig altern, sie konnte einmal hübsch gewesen sein.

»Du irrst dich, ich bin nicht erst jetzt angekommen. Ich lebe schon über sechs Jahre hier, komme aus Deutschland. Von wo kommst du her?«

Ihr Blick wurde starr: »Auschwitz. Was vorher war, habe ich vergessen. Die Hölle hat alle Erinnerungen ausgelöscht, war ja noch ein Kind, als ich dorthin kam, kaum zwölf. – Aber warum siehst du so aus? Hast du einen Unfall gehabt? Und warum bist du so kurz geschoren? Ich wollte mich schon damit trösten, daß es auch bei anderen so schwer nachwächst.«

Ich fühlte mich unbehaglich. Was sollte ich dieser jungen Frau erzählen? Daß ich die Hölle durchgemacht hatte? Daß ich absichtlich so abstoßend aussehen wollte? Sie würde das nie verstehen. Plötzlich fand ich mein Verhalten selbst blöd. Glücklicherweise sah ich, wie unser JPS-Mann seine Leute sammelte, so konnte ich mich verabschieden.

Stunden vergingen, es wurde dunkel. Wir waren nicht nur hungrig, sondern begannen auch zu frieren. Die meisten von uns trugen sommerliche Arbeitskleidung – so wie ich selbst. Plötzlich hörten wir einen freudigen Ausruf: »Kameraden! Ich habe etwas gefunden, das uns wärmen kann. Es gibt hier eine Unmenge von Säcken, darf ich vorstellen: die letzte Mode von Schefaim!«

Er hatte ein Loch in den Boden des Sacks geschnitten, groß genug, um mit dem Kopf durchzukommen, und zwei kleinere Löcher an den Seiten für die Arme. Das Ergebnis war eine Art Kleid, das bis über die Knie reichte. Und so waren bald alle, die froren, auf dieselbe Weise gekleidet – so auch ich selbst.

Um Mitternacht sahen wir, daß die Engländer den ganzen Kibbuz umzingelt hatten und langsam vorwärts gingen – bis wir so zusammengetrieben waren, daß kaum genug Platz zum Stehen war. Ich hatte mich zur äußersten Linie durchgedrängelt, weil ich dort besser stehen konnte.

Die Entfernung betrug etwa zehn Meter. Es waren Fallschirmjäger, alle noch sehr jung. Jemand teilte uns über Lautsprecher mit, daß der Kreis der Soldaten an vier Stellen geöffnet sei und jeder von uns dort durchgehen sollte. Zehn Minuten vergingen, eine halbe Stunde, eine Stunde – niemand näherte sich den Öffnungen. Über Lautsprecher kam die letzte Warnung: »Noch eine halbe Stunde, danach werden die Soldaten alle festnehmen, die in der ersten Reihe stehen!«

Ein Befehl wurde von Mund zu Ohr gegeben: »Geht langsam vorwärts bis auf fünf Meter Abstand von dem Seil!« – Wir taten wie geheißen, und ich konnte im Mondlicht den verängstigten Ausdruck auf den Gesichtern der jungen, mir gegenüberstehenden Soldaten sehen. Sie hatten den Finger am Abzug ihrer Maschinenpistole, die Arme zitterten. Es war verständlich, daß sie Angst hatten. Zwar waren sie bewaffnet, aber unsere Zahl überstieg die ihre um ein Vielfaches. Wenn sie schießen würden, gäbe es zwar Opfer auf beiden Seiten, aber unsere zahlenmäßige Übermacht hätte sie bald erledigt.

Ich war nicht weniger verängstigt. Jeden Moment konnte der Befehl kommen, zu feuern – und dann wäre die erste Reihe nur noch ein Haufen von Leichen. Aber fast noch mehr fürchtete ich, daß einer der Soldaten ohne Befehl schießen würde. Der Finger auf dem Abzug konnte ungewollt abdrücken oder der Angstzustand, in dem sie sich befanden, ließ sie Gespenster sehen – und dann auf sie schießen.

Die Angst zu sterben kam wieder. Ich wollte nicht sterben – ich hatte ja noch nicht einmal richtig gelebt! – Heute weiß ich, daß meine Angst völlig unbegründet war: Der Herr hätte mich nicht aus der Welt genommen, bevor ich nicht die Möglichkeit gehabt hätte, den Messias kennenzulernen und dadurch das ewige Leben geschenkt zu bekommen.

Über zwei Stunden dauerte diese nervenaufreibende Begegnung, dann bekamen die Soldaten den Befehl, sich zurückzuziehen. Der Alptraum war vorüber, die Flüchtlinge konnten in ihrer neuen Heimat bleiben. Gegen Morgen war ich wieder zu Hause. Meine Mutter hatte gehört, daß ich weggeholt worden war, aber nicht in Gefahr sei.

Die zwei Ereignisse, die ich in Shefaim erlebt hatte, – die Begegnung mit dem Mädchen aus Auschwitz und meine Todesangst – verhalfen mir, ernsthaft über meine Lebensweise nachzudenken.

Viele Landwirte hatten zu jener Zeit junge Mädchen als sogenannte Lehrlinge angestellt. In der Tat waren sie billige Arbeitskräfte. Gegen Verpflegung, eine Schlafmöglichkeit und Taschengeld arbeiteten sie eine nicht festgelegte Anzahl von Stunden pro Tag. Viele hatten Interesse an solch einem Job, denn ungelernte weibliche Arbeitskräfte wurden kaum gesucht. Übrigens hatte man auch uns geraten, solch ein Mädchen anzustellen. Entsetzt hatte ich es abgelehnt – ich wußte nur zu gut, daß es mein mühsam gefundenes seelisches Gleichgewicht gefährden würde. Meine Mutter verstand es – obgleich es ihr arbeitsmäßig sehr geholfen hätte.

Vor einem halben Jahr hatte auch Shimon P. solch ein Mädchen angestellt, genauso wie sein Bruder es getan hatte. Ihr Name war Milli, sie war etwa zwanzig Jahre alt. Mit vierzehn hatte sie die Schule beendet, ihre Eltern – auch deutsche Emigranten – konnten sich nicht erlauben, die Tochter aufs Gymnasium zu schicken oder sie eine Berufsschule besuchen zu lassen. So mußte Milli verschiedene ungelernte Arbeiten verrichten, sie tat das sehr ungern und hatte öfter Streit mit ihren Arbeitgebern.

Daher nahm sie die Stelle bei den P.s an. Sie fühlte sich sehr wohl dort, wurde wie eine Tochter behandelt und die Reaktion darauf war, daß sie die Farm wie ihre eigene betrachtete und sehr stolz darauf war.

Übrigens war Milli zweifellos sehr intelligent. Sie war eigentlich unheimlich unattraktiv. Ihr Gesicht war nicht hübsch, sie trug eine Brille, ihre Figur war zu mager – das einzig Schöne an ihr war das lange dichte Haar, doch sie versteckte es meistens in einem Netz. Eigentlich erinnerte mich Milli an Lilli in der Priwaki.

Während ihres ersten Jahres bei Shimon traf ich Milli kaum – ich hatte ja jeden gesellschaftlichen Kontakt abgebrochen. So konnte ich Milli nur sehen, wenn sie bei Meir vorbeikam oder ich etwas Geschäftliches mit Shimon zu tun hatte.

Doch dann, kurz nachdem ich aus Shefaim zurückgekehrt war, brachte Milli eine Nachricht für meine Mutter – es war eine Einladung. Meine Mutter war nicht zu Hause, so suchte Milli mich im Hof. Ich war gerade mit Füttern fertig, hatte mich hingesetzt und betrachtete den halbfertigen Stall, den ich gerade baute. Es war schon früher Abend geworden, die

Herbsthitze war vorbei. So hatte ich den Tembelhut, den ich immer bei der Arbeit trug, abgenommen. Einen Tag zuvor war ich in Petah Tikva gewesen und hatte Holz gekauft. Trotz der Gedanken, die ich mir nach Shefaim gemacht hatte, war ich wieder zum Barbier am Markt gegangen und hatte meinen Kopf kahlrasieren lassen.

Ich hatte Millis Kommen nicht bemerkt. »Du liebe Güte«, rief sie, »wie siehst du denn aus! Ein völlig kahler Kopf! Du bist doch weder orthodox noch geistig gestört – also warum hat man dir den Schädel rasiert?«

Ich errötete und setzte schnell den Hut auf. Ich kannte das Mädchen ja kaum, aber irgendwie drängte es mich, ihr meine Nöte zu erzählen. Wäre sie attraktiv gewesen, dann hätte ich es sicher nicht getan. Aber so erzählte ich ihr, wie ich mich schon von Kindheit an nach weiblicher Liebe gesehnt hatte und wie all meine Bemühungen gescheitert waren.

»Und du glaubst, wenn du wie ein schwachsinniger Bettler aussiehst, dann werden dir die Schönheitsköniginnen nachlaufen?« fragte sie sarkastisch.

»Natürlich nicht, aber ich riskiere nicht mehr, irregeführt zu werden – wie es früher geschah«, sagte ich.

»Das stimmt, aber du mußt Risiken in Kauf nehmen, wenn du eines Tages eine Frau finden willst, die ihr Leben mit dir teilen will. Nein, ohne etwas zu riskieren bekommst du nichts in dieser Welt. Daß du behindert bist, ist nicht zu ändern, aber du mußt das doch nicht noch betonen. Du mußt dein Äußeres verändern und auch ein Gesellschaftsleben beginnen.«

Und so begann meine Freundschaft mit Milli, doch es war keine Spur Erotik dabei.

Ich befolgte ihren Rat, trug wieder Schuhe und lange Hosen, rasierte mich und ließ mein Haar wachsen. Ich besuchte wieder die bekannten Familien in Hayowel. Außerdem suchte ich wieder die Gemeinschaft mit den Mitgliedern des Dorfes, was ich jahrelang vernachlässigt hatte. Der Entschluß, mein Leben zu verändern, war zur richtigen Zeit gekommen. Meine Hühnerfarm hatte ihre optimale Größe erreicht; ich durfte nicht mehr bauen, ohne das Gesetz zu übertreten.

Wieder war eine Phase meines Lebens vorbei. Diese drei Jahre – 1945-1947 – brachten mir eine der dunkelsten Perioden meines Lebens. Ich verlor meinen Vater im relativ jungen Alter von neunundfünfzig Jahren, er stand mir ja nahe.

Mein Ziel, Tierarzt zu werden, hatte ich aufgeben müssen, und ich hatte wieder einmal die Hoffnung verloren, eine Frau gefunden zu haben, die mich liebte und ihr Leben mit mir zu teilen bereit war.

Ich hatte alles Interesse am Leben verloren, nur wegen mangelnder Möglichkeiten beging ich keinen Selbstmord. Doch führte der Herr mich in seiner Gnade weg von vollkommener Verzweiflung und gab mir andere Interessen. Ich erhielt eine praktische Aufgabe und vergaß alles andere.

Nun, nach drei Jahren, war das Ziel erreicht. Ich hatte ohne Hilfe eine Geflügelfarm aufgebaut, auf die ich stolz sein konnte. Ich verdiente genug, um meine Mutter und mich zu ernähren.

Ich hatte die Kraft bekommen, wieder wie ein Mensch zu leben – und nicht wie ein an die Arbeit geketteter Sklave.

Der Herr hat mich aus totaler Verzweiflung gerettet. Ich wollte wieder normal leben – auch wenn das bedeuten würde, Risiken einzugehen.

Israel

Der Kampf um den Staat

1947–1948

Es wird im allgemeinen angenommen, Israels Kampf um Unabhängigkeit hätte erst im Mai 1948 begonnen – nach der Ausrufung des Staates und dem Angriff der sieben arabischen Staaten. Aber das ist nicht richtig. Der Kampf begann früher und hatte seinen Ursprung nicht in Feindseligkeiten zwischen den Armeen. Es war ein täglicher Kampf um das Überleben der jüdischen Bevölkerung – und besonders für jene, die in kleinen Siedlungen lebten. Die Angreifer waren keine Soldaten, sondern arabische Zivilisten. Sie agierten entweder aus einer örtlichen Stellung, ihrem Dorf – oder sie waren in Banden organisiert.

Die Haganah – die jüdische, illegale Verteidigungsorganisation – hatte diese Entwicklung vorausgesehen. Daher wurde sie in drei verschiedene Gruppen aufgeteilt: 1. die C.H.I.M., die örtliche Verteidigung, deren Mitglieder die Siedler selbst waren, 2. die C.H.I.S.H.-Einheiten, die für die Sicherheit von größeren Gebieten zu sorgen hatten und deren Mitglieder hauptsächlich aus Städten und großen Siedlungen kamen, 3. der Palmach, eine Art Kommando-Elite-Einheit, die später der Kern der israelischen Armee wurde.

Nach dem 29. November 1947 flackerten die arabischen Unruhen wieder auf. Das war der Tag, an dem die UNO für die Teilung des britischen Mandates in zwei unabhängige Staaten stimmte. Dieser Plan erschien den arabischen Staaten – und den Arabern im Land – als unannehmbar. Palästina sei ein arabisches Land, die Juden hätten keine Rechte an ihm. Die Balfour-Deklaration, die eine nationale Heimstätte bestätigte, wurde von den Arabern ebenso ignoriert wie die Tatsache, daß ja schon zwei Drittel des Mandats dem jordanischen Emirat übergeben worden waren.

Im Gegensatz zu den Unruhen 1936-1939 fanden die Angriffe auf die jüdischen Dörfer nicht nur nachts statt, sondern der Kampf gefährdete auch tagsüber sowohl den Überlandverkehr als auch einzelne Bauern, die auf den Feldern arbeiteten. Mit diesen Angriffen mußte täglich gerechnet werden, und sie verlangten viele Opfer.

Ich erinnere mich an einen besonders tragischen Fall, der sich in unserer Gegend ereignete und uns alle sehr erregte. Herr H. war in Deutschland ein bekannter Anwalt gewesen. 1936 war er nach Palästina ausgewandert und wohnte nun in Petah Tikva. Er war damals etwa sechzig Jahre alt, als Anwalt konnte er selbstverständlich nicht mehr arbeiten. Um einen bescheidenen Unterhalt zu verdienen, besuchte er die umliegenden Dörfer, um dort Waren zu verkaufen, d. h. er war Hausierer.

Der einst berühmte Anwalt und Dozent durchquerte nun zu Fuß die Gegend, in seinem Rucksack die Ware – von Zahnpasta und Seife bis zu Lebertran für Hühner und Gemüsesamen. – 1948 hatte Herr H. diese Tätigkeit schon über zehn Jahre ausgeübt, er war schon über siebzig. Die Leute hatten ihn sehr gern, er war immer fröhlich und gutgelaunt. Er hatte keine Kinder, seine Frau war schon vor Jahren gestorben.

Dann hörten wir eines Tages, daß Herr H. auf grausamste Art und Weise auf dem Weg zwischen Petah Tikva und Kfar Sirkin ermordet worden war. Er wurde geschlagen, dann zu Tode gewürgt und schließlich wurde sein Kopf abgeschnitten. Die ganze Umgebung war in Aufruhr: Wozu konnte ein so sinnloser Mord dienen? War es aus blindem, krankhaftem Haß? Herr H. hatte niemals in seinem ganzen Leben jemandem Schaden zugefügt, sogar viele arabische Bauern kannten und schätzten den alten Mann.

Eines Tages kam ein arabischer Hirte und erzählte, er sei Augenzeuge des Mordes gewesen und nannte die Namen der Täter. Da beschlossen die örtlichen Haganah-Führer, in diesem Fall die allgemeinen Verordnungen zu überschreiten. Eine Aktion zur Bestrafung der Täter wurde geplant – und ausgeführt: Ein offener Lieferwagen fuhr langsam durch die Hauptstraße des arabischen Dorfes Fedjah, das zwischen Petah Tikva und Kfar Sirkin lag. Das Auto hielt vor einem der Cafés, zwei arabisch gekleidete Männer stiegen aus und betraten das Café. Dann hörte man Schüsse, die beiden rannten aus dem Café und sprangen in das Auto, welches sofort davonraste. Es war ein Racheakt, eigentlich verboten, doch der Zorn der Bevölkerung über diesen Mord an Herrn H. verlangte eine Bestrafung der Täter.

Als ich vor zehn Jahren ins Dorf gekommen war, unterschied ich mich in vielem von den hier Ansässigen: als Neueinwanderer kam ich aus einem ganz anderen Milieu, mein Vater war kein Arbeiter, sondern Zahnarzt – und vor allem, ich war behindert, d. h. für körperliche Arbeit eigentlich untauglich. Doch dann wurde ich Tischler, arbeitete in den Zitrushainen und als Lohnarbeiter im Dorf und sprach perfekt hebräisch. Ich unterschied mich nicht mehr von der Bevölkerung.

Dann starb mein Vater, ich wurde Mitglied des Moshaws (bestimmter Typ einer Genossenschaftssiedlung). Innerhalb von kaum drei Jahren errichtete ich eine moderne, gut florierende Geflügelfarm. Zu der Zeit hatten viele Leute im Dorf das Ziel, das zu erreichen, was ich schon besaß. Und so wurde ich auf einmal eine gefragte Person: Es war bekannt, daß ich ein landwirtschaftliches Diplom besaß, und ich hatte theoretische sowie auch praktische Kenntnisse, die den anderen fehlten.

Durch diese neue Stellung wurde ich in den Dorfrat gewählt, und es entwickelten sich gesellschaftliche Beziehungen mit einigen Nachbarn. Das begann natürlich erst nach meinem Entschluß – von Milli verursacht – wieder als normaler Mensch zu leben.

Zur Verteidigung unseres Dorfes Hayowel wurde ein Bezirkskommandeur für alle Siedlungen südlich von Petah Tikva ernannt. Hayowel und das in derselben Linie liegende Dorf Behadraga waren nun direkte Front. Zwischen uns und dem etwa drei Kilometer entfernten arabischen Städtchen Yahoud lagen die Orangenhaine der dort wohnenden Araber.

Unsere Verteidigung hatte sich bisher auf die vereinzelten Stellungen bezogen, die nur etwa achtzig Meter von den Wohnhäusern entfernt lagen. Das war jetzt völlig ungenügend, denn das Dorf lag in einem

Tal, und der Feind hätte von den gegenüberliegenden Hügeln uns ungehindert angreifen können.

So wurde als erstes eine Verteidigungslinie auf den Hügeln errichtet – Stellungen mit Verbindungsgräben. Aber solch ein Unternehmen konnte nicht nur von den Dorfmitgliedern angepackt werden, Verstärkungen waren nötig. Und so kamen jeden Abend etwa fünfzig Männer aus Petah Tikva zu unserer Unterstützung. Nur ein Teil von ihnen waren JSP-Leute und hatten legale Waffen, die anderen bekamen von uns illegale – die wieder ausgegrabenen.

Glücklicherweise stand uns ein leeres Haus zur Verfügung, in dem sich an jedem Abend die Wächter trafen, ihre Waffen bekamen und auf die verschiedenen Stellungen verteilt wurden. Diese Abende blieben mir aus zwei Gründen in glücklicher Erinnerung. Für die schmerzhafte Erfahrung während des Krieges, wo ich als Krüppel von allem ausgeschlossen war, wurde ich entschädigt. Ich war nun gleichwertig, konnte eine Waffe und die Uniform eines JSP-Reservemanns tragen.

Der andere Grund für meine Befriedigung war allgemein. Zwar war es eine traurige Tatsache, daß wir sogar in unserem Land kämpfen mußten, und noch besonders nach dem Holocaust, gab es mir ein angenehmes Gefühl, daß nach zweitausend Jahren Juden selbst kämpfen, ihr eigenes Leben verteidigen konnten.

Fast alle Wächter arbeiteten den ganzen Tag schwer, daher war die Müdigkeit ein gefährlicher Feind einer effektiven Wache. Doch da baten viele junge ledige Frauen aus Petah Tikva darum, sich auch an der Verteidigung beteiligen zu können. Und so wurden die Frauen ausgebildet und in die Dörfer der Verteidigungslinie geschickt, in jede Stellung mindestens eine Wächterin. Der Erfolg war hundertprozentig: Es gab immer Männer, die sich gerne mit den jungen Frauen unterhielten. Ich selbst nahm diesen Beschluß mit gemischten Gefühlen auf.

Die einheimischen Wächter warteten auf die Verstärkung, als sie etwas verspätet ankamen, wurden sie sofort auf die einzelnen Stellungen verteilt. Mich interessierte, was für ein Mädchen zu uns kommen würde. Es war nicht so leicht zu erkennen, wer weiblich war, alle Wächter trugen weite Overalls und auf dem Kopf den Tembelhut, unter den selbst langes Haar gestopft werden konnte. So konnten nur typisch weibliche Gesichtszüge als Kennzeichen genutzt werden.

Plötzlich sah ich ein Gesicht, das mich besonders anzog. Es war nicht besonders hübsch, aber besaß etwas, das ich schwer beschreiben konnte. Außerdem kam das Mädchen – sie mußte noch sehr jung sein – mir irgendwie bekannt vor.

Ungeduldig wartete ich, bis sie an der Reihe war, einer Gruppe zugeteilt zu werden. Und tatsächlich, lächelnd kam sie auf mich zu und sagte: »Du wirst heute nacht als JSP-Mann mein Boss sein. Ich habe dich gleich erkannt – wir haben uns schon einmal getroffen.«

Ich war froh, daß sie zu uns kam, doch die Bemerkung mich gleich erkannt zu haben, dämpfte meine Freude. – »Mich wiederzuerkennen ist ja nicht schwer – man trifft nicht dauernd einen Krüppel. Du bist mir auch irgendwie bekannt, doch ich kann mich nicht erinnern woher.«

Sie lachte: »Das verwundert mich nicht, es war vor drei Jahren. Du kamst in das Geschäft, um Holz zu kaufen. Es war nach Vaters Tod. Die Mutter war nicht fähig, etwas zu tun, und so hielt ich den Laden offen. Ich erinnere mich noch – du hieltest mich für einen Jungen und sprachst in der männlichen Form mit mir.«

»Jetzt erinnere ich mich, es war im Geschäft von Scharkin. Du bedientest mich sehr fachmännisch. Doch du sahst wie ein Junge aus – vergib mir, daß ich dich so angesprochen habe.«

»Es war ja ganz natürlich, ich wollte ja so aussehen. Ich war sechzehn und gar nicht beglückt darüber, weiblich zu sein. Komm, wir müssen gehen.«

Ich hatte nicht bemerkt, daß alle anderen schon zu den Stellungen gegangen waren. Eine Weile saßen wir schweigend, die Männer unterhielten sich leise. Es war Vollmond, ich blickte sie an, ihre grünen Augen waren verträumt. Ich fragte sie leise: »Du bist schläfrig, nicht wahr? Übrigens – ich heiße Shlomo.«

Sie blickte mich an: »Ich heiße Kalanit (Mohnblume). Ich bekam den Namen, weil ich mit einem Büschel roter Haare geboren wurde. Doch leider blieben sie nicht rot, sondern wurden mohrrübenfarbig. Deswegen litt ich viel in meiner Kindheit. Jahrelang rief mich niemand anders als ›Mohrrübe‹. Eines Tages – ich war neun oder zehn Jahre alt – da konnte ich es nicht mehr länger ertragen. Ich nahm aus dem Geschäft des Vaters einen Pinsel und eine große Dose schwarzen Lack und schloß mich in meinem Zimmer ein. Vor dem Spiegel sitzend pinselte ich den Lack auf das schlaff nach hinten gebürstete Haar. Ich war begeistert, immer weniger Mohrrübenfarbe war sichtbar. Doch dann war die Büchse leer, sie hatte nicht für alles Haar gereicht. Der Lack war erstklassige Qualität, trocknete schnell und konnte natürlich nicht mehr entfernt werden. Die einzige Möglichkeit diesen schwarzen Teller, der meinen Kopf bedeckte, loszuwerden, war klar – ich wurde kahlgeschoren. Doch was erzähle ich solchen Unsinn über mich. Was ist mit dir? Du kauftest damals Holz für einen Stall, erzähltest von deinen Plänen eine große Hühnerfarm aufzubauen. Hast du inzwischen geheiratet – du mußt doch schon Ende zwanzig sein?«

Ich weiß nicht, warum ich es tat, ich erzählte dem neunzehnjährigen Mädchen das meiste aus meinem Leben. Es war halb sechs Uhr morgens, als ich zu Ende war, in einigen Minuten konnten wir ins Dorf zurückkehren und die Waffen abgeben. Kalanit nahm meine Hand und blickte mich an: »Danke für deine Erzählung. Ich bin sicher, du erzählst sie nicht jedem. Daher schätze ich dein Vertrauen in mich. Ich werde es so einrichten, daß ich hierherkomme, wenn du wachst – und dann in deine Stellung geschickt werde. Bis dann!«

Über eine Woche lang erschien sie nicht. Ich war auf mich böse, diesem wildfremden Teenager mein Leben erzählt zu haben. Doch dann sah ich Kalanit eines Abends, und sie kam sofort zu mir, lächelnd.

»Tut mir leid, daß ich mein Versprechen nicht hielt, aber mir war nicht gut«, sie reichte mir die Hand. Ich nahm sie und wunderte mich, wie es ihr gelungen war, eine der wenigen Maschinenpistolen zu bekommen – anstatt der schweren kanadischen Gewehre, die fast alle hatten. Als wir im Graben waren, begann sie gleich zu sprechen:

»Ich habe viel über das nachgedacht, was du mir erzählt hast, aber bevor ich mich darauf beziehe, muß ich etwas über mich selbst erzählen.« Kalanit war die jüngere der zwei Töchter die Sch. hatten. Ihr Vater besaß ein Geschäft für Baumaterial, er war gut situiert. Doch dann starb er plötzlich, erst in den Vierzigern. Nachdem der erste Schock überwunden war, führte die Witwe das Geschäft weiter. Kalanit hatte vor nicht langer Zeit das Gymnasium beendet, die Mutter bat sie, im Geschäft mitzuhelfen – sie hatte schon Talent dafür bewiesen. Aber Kalanit weigerte sich, sie hatte andere Pläne. »Ich muß auf die Uni gehen«, sagte sie mir. »Ich will nicht nur Geld verdienen, um leben zu können – sogar, wenn es ein luxuriöses Leben sein könnte. Ich will nicht nur körperlich leben, sondern auch geistig. Als erstes muß ich wissen, warum ich lebe, was der Sinn des Lebens ist – und auch des Todes. Ich möchte die Gefühle und Motive von Menschen verstehen können. Und, in der Tat, auch wissen, warum ich in einer bestimmten Art handle und fühle. Kannst du mich verstehen?«

Ich war mehr als erstaunt, ich hatte gespürt, daß sie etwas besonderes war. Aber daß sie mit nur neunzehn Jahren solch tiefe Gedanken haben könnte, hätte ich nicht gedacht.

»Ja, ich kann dich verstehen – ich bin enorm beeindruckt von deinen Zielen. Vielleicht bin ich altmodisch – vergiß nicht, daß ich zehn Jahre älter bin – aber ich dachte immer, hübsche Mädchen in deinem Alter wären nur daran interessiert, sich zu amüsieren und attraktiv auf Jungen zu wirken«, sagte ich lächelnd.

»Erstens kann man mich nicht hübsch nennen – und ich bin froh darüber. Ich will keinen Freund – oder Ehemann – haben, der sich in mein Gesicht oder meinem Körper verliebt hat. Er soll mich als ganzen Menschen schätzen. Meine Gedanken und Ziele sind vielleicht etwas ungewöhnlich, aber das heißt nicht, daß ich nicht auch Vergnügen, Sport, Musik, Tanzen liebe. Ich hätte gerne einen Freund, aber wie ich sagte, er muß mich als Person lieben, nicht nur meinen Körper.«

Sie war still, schien nachzudenken, so schwieg ich auch. Dann begann sie zu reden, doch blickte sie mich nicht an:

»Ich habe über das nachgedacht, was du mir über dein Leben erzählt hast. Natürlich kann ich deine Wünsche und Gefühle nur teilweise verstehen. Ich bin kein Mann, kein Bauer, nicht behindert und nicht im Ausland aufgewachsen. Aber doch denke ich, die Hauptpunkte verstanden zu haben: All die Jahre sehntest du dich nach einem Partner, der dich liebt, so wie du bist, d. h. deine Behinderung akzeptiert. Doch andererseits stellst du auch Ansprüche – an häßlichen und unattraktiven Frauen bist du nicht interessiert. Nun höre meine Meinung – aber versprich mir, nicht böse zu werden, ja?« Sie hatte sich umgedreht und blickte mir nun mit ihren grünen Augen direkt ins Gesicht. Wie könnte ich auf sie böse sein, dachte ich – und nickte nur.

»Ich halte das für etwas unrealistisch. Verstehe mich richtig: nicht, weil du so abstoßend wärest, daß keine attraktive Frau mit dir leben wollte. Aber es gibt etwas anderes, was du scheinbar nicht berücksichtigst: All die Dinge, die jede normale Frau mit ihrem Partner tun will. Kannst du Arm in Arm spazierengehen mit ihr? Mit ihr tanzen, Sport treiben, mit den Kindern so spielen, wie es gesunde Väter tun? Wie muß sie sich fühlen, wenn ihr unter Menschen seid, in Gesellschaft – sie gut aussehend und du bewegst dich nur mit Mühe?«

Kalanit schwieg, ich war zu schockiert, um etwas sagen zu können. Ich hätte niemals eine solche Reaktion erwartet auf das, was ich ihr erzählt hatte.

»Jetzt bist du doch böse auf mich«, sagte sie und nahm meine Hand, »ich fürchtete es, aber ich habe dich so gern, daß ich es dir sagen mußte.«

Es gelang mir, den Ärger zu unterdrücken – ich war nicht so sehr auf sie böse, als auf mich selbst. So fragte ich ironisch: »Also, Fräulein Psychologin, was schlagen Sie als Therapie vor?«

Sie ignorierte meine ironische Art: »Ich kann dir nichts raten, alles hängt von dir selbst ab. Meine Absicht war nur, dir die Realitäten zu zeigen. Vielleicht wirst du deine Ansprüche heruntersetzen und dich mit einer physisch nicht so attraktiven Frau begnügen, die sich mit deiner Behinderung abfindet. Oder du findest eines Tages eine Frau, die deinen Ansprüchen genügt, aber auf irgendeine Art selbst behindert ist. Das wäre meines Erachtens die beste Lösung.«

Jetzt war ich richtig wütend: »Danke für die Ratschläge, Kalanit. Sie sind brillant und könnten als eine These für dein Doktorat in Psychologie dienen. Mein Problem ist nur noch herauszufinden, was zu bevorzugen wäre: eine blinde Frau oder eine gelähmte im Rollstuhl sitzend!«

»Jetzt haßt du mich richtig. Ich kann es verstehen, aber glaube mir, ich will nur dein Bestes. Ich habe dich gern und weiß eigentlich gar nicht weshalb. Vielleicht, weil dein Kampf für ein normales Leben mich so beeindruckt. Lebe wohl!«

Sie küßte meine Stirn, nahm mir den Hut ab und streichelte mein Haar. Lange Zeit konnte ich nicht vergessen, was ich damals gespürt hatte: Es war eine sonderbare Mischung von Glück und Verzweiflung.

Kalanit kam nicht mehr zur Wache, später hörte ich, sie studiere in Jerusalem. Mich beschäftigte diese Unterhaltung noch lange. Der Verstand sagte mir, wie recht sie hatte, doch mein Gefühl rebellierte gegen solch eine Ansicht.

Während des ganzen Winters 1947/48 hörten wir jede Nacht die Kämpfe an der Grenze zwischen Tel Aviv und Jaffa. Sie waren nicht so nahe, aber der Wind brachte die Geräusche der Explosionen zu uns. Bei zwei Angriffen der Araber auf unsere direkte Frontlinie feuerten wir von unseren sicheren Stellungen aus auf die im Tal liegenden Angreifer. Das Gewehrfeuer war stark, es müssen an die hundert Araber gewesen sein. Aber unsere Lage war strategisch besser. Wahrscheinlich waren diese beiden erfolglosen Angriffe der Grund dafür, daß wir danach Ruhe hatten. So verging der Winter ohne besondere Probleme. Ich persönlich war froh, meine Bauvorhaben schon vorher abgeschlossen zu haben. Ich hatte genug Arbeit mit der ständigen Sorge für das Geflügel sowie der Aushilfe bei Meir.

Im März 1948 griff eine Einheit der EZEL-Extremistengruppe (Nationale Militärorganisation) unseren arabischen Nachbarort Yahoud an und besetzte den Ort. Doch in der Nacht kam sofort der Rückschlag. Während der Siegesfeier der EZEL-Leute kehrten die geflüchteten Araber zurück. Der Kampf war kurz und grausam. Nur wenige der EZEL-Leute konnten fliehen. Die Einwohner von Yahoud waren übrigens bekannt für ihre Grausamkeit und Judenfeindschaft, weshalb wir auch nie die Olivenhaine bearbeiten konnten, die Hayowel neben dem Ort besaß.

Endlich kam der Tag, an dem die Zeit der britischen Mandatsherrschaft abgelaufen war, und die Engländer das Land verließen. Damit war nach zweitausend Jahren der zionistische Traum erfüllt, Herzls Prophezeiung verwirklicht und die Unabhängigkeit wieder erreicht. Am 14. Mai proklamierte Ben Gurion im Namen des Nationalrats den unabhängigen souveränen Staat Israel. Doch die Geschichte lehrt, daß Unabhängigkeit selten auf einem silbernen Tablett serviert wird – sie wird durch Kampf, Leiden und Opfer erreicht. So geschah es auch mit Israel. Der Befreiungskrieg forderte sechstausend Tote – ein Prozent der Bevölkerung. Am Schabbat nach der Unabhängigkeitserklärung wollten die Armeen von sieben arabischen Staaten Palästina erobern und die verhaßten Juden ins Meer werfen. Die ersten Nachrichten waren sehr erschreckend: Das jüdische Viertel in der Jerusalemer Altstadt mußte sich ergeben, ebenso der Kibbuz Ramat Rachel bei Jerusalem und die vier Siedlungen des Ezion-Blocks. Die jordanische Legion eroberte diese Orte. Aber das waren die einzigen Niederlagen, an allen anderen Fronten konnte die neue Armee sich behaupten.

Nach der Flucht der Einwohner von Yahoud befanden wir uns nicht länger in der Frontlinie, doch die

Gefahr für das ganze Gebiet um Petah Tikva herum kam jetzt von den Samaria-Bergen, wo die irakische Armee auf dem Vormarsch war – mit dem Ziel Tel Aviv.

Da die Iraker die Straße von Petah Tikva nach Tel Aviv für ihre Panzerwagen benutzen wollten, kam es zu heftigen Kämpfen neben den Steinbrüchen hinter Kfar Sirkin. Deshalb hatte die Armee eine starke Verteidigungslinie dort aufgebaut und als Verstärkung JSP-Leute aus Petah Tikva und den umliegenden Dörfern mobilisiert. Ihr Dienst dauerte immer fünf Tage, dann zwei Tage frei und dann wieder zurück an die Front. Von mir wurde dieser Dienst auch verlangt.

Einerseits war ich froh darüber, daß auch ich als dazu geeignet betrachtet wurde. Doch andererseits war mir klar, dies würde meiner Farm einen nicht wiedergutzumachenden Schaden zufügen. Meine Mutter konnte unmöglich fünf Tage lang alles alleine versorgen. Daher mußte ich darauf verzichten – auch wenn es mein Ego sehr »kitzelte«.

Der zuständige Offizier verstand die Lage, und ich wurde aus der JSP entlassen – sie stand ja sowieso vor der Auflösung. Als alternativer Dienst wurde ich der Feuerwehr in Petah Tikva zugeteilt, die für die ganze Umgebung zuständig war. Das ermöglichte mir, die Farm nebenbei zu versorgen.

Diese Anordnung war bestimmt nicht nur aus wirtschaftlichen Gründen nötig, es mußte der Wille des Herrn gewesen sein, mich zu beschützen. Die Kämpfe an der Ostfront waren sehr schwer und brachten viele Verluste. An einem Tag fielen allein von den Mitgliedern der umliegenden Dörfer achtundzwanzig Mann.

Da die Verluste während eines Rückzugs waren, wäre ich mit meiner Gehbehinderung bestimmt unter den Opfern gewesen. Aber der Herr hatte mich zur Erlösung erwählt und bis die Zeit dazu reif war, wollte ER mich beschützen.

So wurde ich ein Feuerwehrmann. Wir waren fünf neue Rekruten und wurden während drei Wochen ausgebildet. Dann reagierten wir auf Notrufe, die meistens von direkt hinter der Front kamen. Die Schüsse und Bombardierungen zündeten leicht das trockene Gras an. Es war nicht gerade angenehm, in einem Rauchmeer zu arbeiten, man konnte nur schwer atmen, und in der feuerfesten Kleidung schwitzte man entsetzlich. Und doch blieb ich bis zum Ende des Krieges bei der Feuerwehr.

Wenn keine Notrufe kamen, hatten wir Zeit, die Geräte und Ausrüstungen zu reparieren und zu pflegen. Doch oft füllte auch das unsere Zeit nicht völlig aus. Ich nutzte dann die Gelegenheit aus und besuchte meinen alten Freund Asow – sein Friseurladen war in dem Haus, das der Feuerwehr gegenüberlag.

Drei Jahre hatten wir uns nicht gesehen, seit damals, als er sich geweigert hatte, meinen Kopf zu rasieren. Er freute sich, zu hören, daß ich eine schöne Geflügelfarm aufgebaut hatte und mich ernähren konnte. Doch bedauerte er, mich noch immer ledig zu sehen – er selbst hatte geheiratet und war sehr glücklich.

Doch dann war auch dieser Krieg zu Ende, alle Angriffe der arabischen Armeen waren zurückgeschlagen worden. Das Unglaubliche war geschehen –

Gott war mit seinem Volk gewesen, genauso wie zu biblischen Zeiten. Nun konnte der neue Staat sein Hauptziel verwirklichen: Eine Heimat zu sein für alle Juden in der Welt, die sie suchten.

Noch eine kurze, doch enorm wichtige Periode in meinem Leben war vorüber. Ich war damals – und bin es noch immer – sehr stolz, daß ich an dem geschichtsträchtigen Kampf bei der Gründung des Staates Israel teilnehmen konnte. Nach der Enttäuschung, die ich während des Zweiten Weltkrieges erlebt hatte, war das eine angemessene Entschädigung. Damals war ich von allem ausgeschlossen gewesen, jetzt war ich als gleichwertig betrachtet worden.

So betrat ich die Ära des neuen Staates. Ich besaß eine Geflügelfarm, die mir ein bescheidenes Einkommen sicherte. Ich liebte die Arbeit, auch wenn sie schwer war. Ich wurde als Dorfmitglied und erfahrener Landwirt geschätzt. Doch das alles war äußerlich, mein Herz blieb unbefriedigt, sehnte sich noch immer nach Liebe.

Eine letzte Affäre

1948 – 1952

So kehrte ich zu meinem Alltag zurück. Anfangs erwartete mich viel Arbeit, während meines Dienstes als Feuerwehrmann hatte ich nur das Notwendigste verrichten können. Es dauerte einige Wochen, bis ich alles aufgeholt hatte. Doch dann wurde mir klar: Wenn ich die Farm erfolgreich halten wollte, mußte ich aufhören, bei Meir zu arbeiten.

Er bedauerte meinen Entschluß sehr, doch konnte er ihn verstehen. Je länger ich diesen wertvollen Menschen kannte, desto mehr liebte und schätzte ich seinen reinen und demütigen Charakter.

Als ich bei Meir war, traf ich dort Milli, sie lud mich ein, zu ihr zu kommen. Sie war alleine zu Hause. Ich hatte fast ein Jahr nicht mehr mit ihr gesprochen, so nahm ich die Einladung an. Sie machte Kaffee, wir erzählten, was wir im vergangenen Jahr erlebt hatten. Plötzlich stellte sie eine unerwartete Frage: »Du glaubst immer noch eine Frau zu finden, die dich heiraten will?«

Ich war erstaunt über das *immer noch.* »Sollte ich mit neunundzwanzig Jahren alle Hoffnung auf ein normales Leben aufgegeben haben – auch wenn ich behindert bin?« fragte ich Milli.

»Ich dachte, du wärst realistisch geworden. Dein Traum, eine hübsche, attraktive Frau zu finden, die bereit ist, mit einem so behinderten Mann zu leben, in einem kleinen Dorf zusammen mit der Schwiegermutter, in zwei Zimmern, Dusche und Toilette im Hof – er wäre doch nur erfüllbar, wenn die Frau blind oder verrückt wäre.«

Ich war sehr getroffen, auch wenn ich ihre direkte Redensart kannte. Sie ging einen Moment hinaus. Als sie zurückkam, starrte ich sie an, Milli hatte ihr Kopftuch abgenommen. Ich sagte ja schon, das Haar war das einzig Schöne an ihr. Von dem war kaum noch etwas geblieben. Seiten und Nacken waren mit der Maschine geschoren, das restliche Haar pomadiert und nach hinten gebürstet, so daß es wie angeklebt aussah.

»Warum hast du das gemacht?« fragte ich.

»Es ist bequem, und weil ich – im Gegensatz zu dir – realistisch bin und weiß, niemand wird sich so in mich verlieben.«

Ich schrieb Millis Worte ihrer persönlichen Enttäuschung zu. Allerdings, was sie über unsere Lebensbedingungen gesagt hatte, mußte ich akzeptieren. Doch wie ich sie verbessern könnte, wußte ich nicht, ich besaß kein Geld dafür. Aber das sollte sich bald ändern.

Als ich wieder meinen gewohnten Lebensstil aufnahm, wurde mir wieder meine Einsamkeit bewußt. Während der Wachen und dann bei der Feuerwehr hatte ich Gesellschaft gehabt.

Auch nach Beendigung der Feindseligkeiten stand der neue Staat vor enormen Schwierigkeiten. Die starke Einwanderungswelle führte zu großen Mängeln, in erster Linie an Lebensmitteln. Deshalb wurden die Hauptnahrungsprodukte rationiert – auch Eier und Geflügel.

Aber bei jeder Rationierung gibt es auch einen Schwarzmarkt. Es gibt immer Leute, die um jeden Preis das Benötigte erhalten wollen. Die neue Beamtenschaft hatte nicht genug Mittel, um diesen Markt zu bekämpfen. Hayowel war besonders beliebt als Quelle für Eier und Geflügel – wegen seiner Nähe zu Petah Tikva.

Und so strömten täglich Menschen ins Dorf, die von Haus zu Haus gingen und Eier oder ein Huhn kaufen wollten. Diese Besuche wurden eine richtige Belastung für mich. Fremde spazierten zwischen den Ställen herum und ich wurde dauernd bei der Arbeit unterbrochen. So errichtete ich gleich hinter dem Haus einen Zaun mit einem geschlossenen Tor. Dort mußten die Leute warten, bis ich frei war. Ich verkaufte nie zu Höchstpreisen und auch nur soviel, daß ich meine Lieferquote an die Händler trotzdem einhalten konnte. Aber da ich als Fachmann überdurchschnittlich viel produzierte, konnte ich noch zusätzliche Mengen verkaufen.

Diese Absatzmöglichkeit verlangte zwar nicht wenig Zeit, doch vergrößerte sich dadurch mein Einkommen ganz ansehnlich, und am Ende des Jahres 1949 konnte ich schon ernsthaft an eine Vergrößerung des Hauses denken. Es mußte sehr bescheiden sein, der Bau eines dritten Zimmers kam nicht in Frage. Nur eine normale Küche, Bad, Toilette und eine Eßecke waren geplant. Und so begannen wir im Frühling 1950 zu bauen, d. h. ein Nachbar, der Maurer war, und ich selbst. Außer daß ich ihm bei allen Maurerarbeiten half, fertigte ich auch Türen und Fenster an.

Die Arbeit ging langsam voran, doch endlich standen die Wände, und das Dach war an der Reihe. Das war mein alleiniger Job – und kein leichter. Ich hatte gebrauchtes Holz gekauft, denn neues war noch unerschwinglich. Doch dazu mußte ich zuerst die alten Nägel herausziehen – eine unendlich mühselige Arbeit. Ich hatte noch nie alleine ein Dach aufgestellt, und dieses war besonders kompliziert, denn es mußte mit einem bestehenden Dach verbunden werden. Aber ich schaffte es, und als es dann fertig und mit roten Ziegeln bedeckt war, wollte niemand glauben, daß ich dies alleine bewerkstelligt hatte. – Es stimmte ja auch, ohne die Hilfe des Herrn wäre es unmöglich gewesen.

Nach etwa einem Jahr war alles fertig, die Krönung waren natürlich Badezimmer und Toilette – was für ein unglaublicher Luxus! Seit dreizehn Jahren hatten wir so etwas nicht gekannt – nachdem wir in Berlin drei Toiletten und zwei Badezimmer zur Verfügung hatten.

Die Lebensmittelversorgung wurde immer schlechter, ein Ei pro Woche war die Zuteilung, und Hühnerfleisch nur für Kinder. Aber auch das andere Ende der Versorgungskette brach zusammen: Getreide und das andere benötigte Futter wurde den Hühnerzüchtern nur in ganz ungenügender Menge zugeteilt. So gab es dort einen Schwarzmarkt. Doch eines Tages ergab sich für mich eine unerwartete Lösung des Hauptproblems, dem Mangel an eiweißreichem Futter.

Der Vetter meiner Mutter, Herbert P., wohnte in einem Viertel neben Tel Aviv, doch wenn man den Weg durch die Felder und Haine benutzte, war es nicht weit von Hayowel. So kam eines Tages der Onkel auf einem schönen weißen Maultier angeritten.

Der Grund für den Besuch war nichts Ungewöhnliches: Er wollte Eier und Geflügel, nicht nur für sich selbst, sondern auch zum Verkauf.

Ich erklärte ihm die Lage: Ohne die Beschaffung von Ölkuchen konnte ich unmöglich verkaufen. Doch zu meiner Überraschung versprach er mir zu helfen. Und richtig, einige Tage später erschien jemand mit einem Traktor, beladen mit dem kostbaren Futter.

Und so begann meine Freundschaft mit den beiden Brüdern F. Sie stammten aus einem galiläischen Dorf und hatten bei Tel Aviv einen riesigen Kuhstall errichtet. Unlogischerweise bekamen sie mehr Ölkuchen zugeteilt, als sie brauchten. Und den Überschuß verkauften sie gerne, wenn sie dafür Geflügelprodukte erhalten konnten. Ich genoß ihre Besuche sehr, wenn sie sehnsüchtig von ihrem Heimatdorf erzählten und den Feldern, die sie dort nach ihrer Rückkehr bearbeiten würden – dann fühlte ich, wie weit ich von meinem eigentlichen Traum entfernt war, nämlich ein Bauer zu sein – und nicht nur Hühnerzüchter!

Eines Morgens, als ich die Tiere fütterte, fand ich das letzte Zimmer am Ende des Stalles vollkommen leer. Das Drahtnetz war zerschnitten, die über hundert Hühner gestohlen. Ich war schockiert, vor allem wußte ich nicht, wie ich weitere Diebstähle verhindern könnte. Ich suchte die galiläischen Brüder auf und fragte sie um Rat. Sie waren nicht überrascht – solche Diebstähle waren an der Tagesordnung. Ihr Rat war klar und entschieden: Ich sollte einen Zaun um das ganze Gebiet der Ställe errichten und bei Nacht einen scharfen Hund darin loslassen. Außerdem brauchte ich einen Revolver als Drohung. Den Hund und die Waffe würde ich von ihnen bekommen.

Erleichtert kehrte ich zurück. Den Hund nannte ich »Schomri« – mein Wächter, er beschützte meinen Hof noch jahrelang. Einige Wochen lang stand ich nachts etliche Male auf, um eventuelle Besucher zu verscheuchen, doch dann verließ ich mich auf den Hund – und mit Recht, kein ungeladener Gast kam mehr.

Im Jahr 1950 war die wirtschaftliche Lage so schlecht, daß kein Hühnerzüchter mehr überleben konnte, der nicht mindestens einen Teil des Getreideverbrauchs selbst anbaute. Und so pachtete ich, zusammen mit zehn anderen, etwa zweitausend Dunam Land in der Nähe von Yahoud. Auf diesem Gebiet stehen heute die Gebäude der Flugzeugindustrie und des Flughafens.

Die Bearbeitung und Ernte dieser Felder mußte beaufsichtigt werden, und da ich in der Nähe wohnte, übernahm ich diese Aufgabe. Es ist überflüssig zu erwähnen, wie sehr ich diese Tätigkeit genoß. Von morgens bis abends auf dem pflügenden Traktor sitzen und den Geruch der frischen Erde genießen, danach auf der Sämaschine den Samen in den Boden legen und bei der Ernte das gedroschene Getreide in die Säcke strömen lassen – das war doch immer mein Traum gewesen. Zwei Jahre hatten wir Rekordernten, dann allerdings kam ein Dürrejahr.

Im Winter 1950 befiel eine schreckliche Katastrophe die Hühnerzüchter unserer Gegend. Es war der Ausbruch einer bisher im Lande unbekannten Krankheit – New-Castle, eine Art Hühnerpest.

Innerhalb weniger Tage waren alle Hühner in Hayowel infiziert und starben – die meinen eingeschlossen. Es war ein großer Schaden und kaum hatte ich die toten Hühner begraben – da war vom Ausland ein Impfstoff gegen die Krankheit eingetroffen.

Von da an mußten alle Hühner im Land von Zeit zu Zeit geimpft werden – doch nur von ausgebildeten Vaccinatoren. Dank meiner Ausbildung im Jerusalemer Laboratorium bekam ich diese Erlaubnis sofort und impfte in Hayowel und den Nachbardörfern.

Nachdem der Anbau unseres Hauses vollendet war, fand ich, die Zeit sei gekommen, auch die Umgebung zu verschönern. So pflanzte ich Blumen, Ziersträucher und Schattenbäume. Ich genoß es sehr, meine freie Zeit im Schatten des alten Maulbeerbaums zu verbringen. Ich lag im Liegestuhl und träumte. Das starke Bedürfnis nach Gesellschaft – besonders weiblicher – schien nachgelassen zu haben. Ich hatte eine gewisse Ruhe und Zufriedenheit gefunden. Ich liebte meine Arbeit, Hof und Garten waren nach meinem Geschmack, ich konnte uns ernähren. So war es kein sehnsüchtiges Träumen, sondern ein zufriedenes, ich schien mich damit abgefunden zu haben, allein zu sein.

Dieser Gemütszustand hielt etwa ein Jahr an, dann traf ich Lea. Die Beziehung zu ihr war die letzte Affäre mit einer Frau, bevor ich heiratete – und die schmerzendste.

Dr. K. war ein aus Deutschland emigrierter Arzt und lebte seit 1938 in Petah Tikva. Seine Frau hatte sich mit den zwei Töchtern vor Kriegsausbruch nach England retten können. Mein Vater war mit Dr. K. befreundet. 1945, nach Kriegsende, kam seine Frau mit der jüngeren Tochter Ruth – kaum achtzehn – ins Land. Die ältere blieb in England.

Als die Lebensmittelknappheit ernst wurde, bat man mich, den Ks. jede Woche Eier und Geflügel zu bringen. Frau K. war eine sehr interessante und lebenslustige Frau. Die Tochter Ruth hatte dieselben Eigenschaften, sie war offen und freundlich und hübsch. Mich behandelte sie als Freund des Hauses.

Fünf Jahre vergingen, da hörte ich eines Tages von Ruth, daß ihre Schwester einwandern würde. Sie schien ihre Schwester nicht besonders zu schätzen, nannte sie immer »alte Jungfer«. So wurde ich neugierig auf Lea. Sie mußte in meinem Alter sein – etwa dreißig.

Es vergingen noch einige Wochen, dann, als ich an der Tür läutete, öffnete jemand Unbekanntes.

»Oh, Sie müssen Shlomo sein«, sagte sie mit typisch englischem Akzent, »kommen Sie bitte herein!«

Also, das ist Lea, dachte ich. Ruth hatte nicht übertrieben. Sie sah nicht nur altjungferlich aus, sondern überhaupt wie aus einer anderen Zeit kommend. Sie war in ein graues Kostüm gekleidet, das ihre Figur völlig versteckte, der lange Rock reichte bis zu den Schuhen. Das Gesicht war nicht häßlich, die dunklen Augen glänzten und drückten Liebe aus. Das tiefschwarze Haar war auf typisch puritanische Art frisiert: enganliegend, die Ohren bedeckend und im Nacken einen enorm dicken Knoten – das Haar mußte sehr lang sein.

Ich wurde in den Salon geführt, Lea brachte Getränke, und wir unterhielten uns. Sie war mehr als zehn Jahre Krankenschwester, hatte beim englischen Militär in ihrem Beruf gedient und wollte in Israel auch wieder als Krankenschwester arbeiten.

»Sehen Sie«, sagte sie, mich mit leuchtenden Augen anblickend, »das ist der Inhalt meines Lebens – anderen zu helfen.«

»Das ist sicherlich ein wunderbares Ziel«, sagte ich, »aber kann das genug sein, um das ganze Leben eines Menschen auszufüllen – besonders das einer Frau?«

Ich war interessiert, mehr von ihr zu hören. Lea war keine Vogelscheuche – warum also wollte sie so unattraktiv wie möglich sein?

»Ich denke, es ist möglich. Viele Frauen taten es früher – und auch heute noch. Beim Militär nannte man mich Florence Nightingale, sie ist auch wirklich mein Vorbild.«

Nach unserer ersten Unterhaltung war mir klar, daß Lea keine Gesellschaft für mich sein würde. Doch sie dachte anders. Als ich das nächste Mal wiederkam, war sie allein und lud mich zum Mittagessen ein. Sie war genauso gekleidet, hatte nur noch eine Schürze umgebunden. Ihre schnellen Bewegungen zeigten, daß sie eine hervorragende Hausfrau war. Als die Suppe verteilt war, schloß sie für eine oder zwei Minuten ihre Augen. Als sie meinen erstaunten Blick sah, sagte sie: »Das habe ich mir angewöhnt – für jedes Mahl zu danken. Das wurde beim Militär so gemacht, und auch in dem anglikanischen Spital. Ich denke, es ist gut, wenn der Mensch sich daran erinnert, daß er nicht allmächtig ist und Gaben erhält.«

Ich war völlig verwirrt: Vielleicht war Lea Christin, so eine Art Nonne, das würde eigentlich passen. Aber wenn sie nicht mehr jüdisch war – warum kam sie dann nach Israel? Ich mußte sie darüber fragen: »Sie sind Christin geworden, vielleicht eine Nonne?«

Sie lachte: »Keineswegs, ich bin nicht religiös. Ich glaube nur, es muß irgendein göttliches Wesen geben. Und, glauben Sie an etwas?« fragte sie, mich liebevoll anblickend.

»Ich glaube nur an mich selbst, niemand hat mir je Liebe gezeigt oder mich als gleichwertige Person behandelt. Und Gott – ich denke, er ist eine menschliche Erfindung. Sollte ich mich irren und er existiert wirklich, dann ist er sehr grausam – zumindest mir gegenüber.

Lea nahm meine Hand und streichelte sie: »Armer Shlomo, Sie müssen ein sehr schweres Leben gehabt haben.«

Meine wöchentlichen Besuche bei K.s waren immer mit einer Unterhaltung mit Lea verbunden. Es war klar, daß sie über mein Leben Bescheid wissen wollte, aber ich hatte mir schon zu oft die Finger verbrannt. Doch dann erzählte sie mir eines Tages ihre Geschichte, wie ihr der angebetete Vater gefehlt hatte, und wie verschieden sie von ihrer Mutter und Schwester war.

»So war ich froh, mit sechzehn in die Schwesternschule zu kommen«, sagte sie mit träumendem Blick, »ich liebte den Beruf vom ersten Moment an, aber ich litt unter der Gesellschaft. Es war ja Kriegszeit, niemand wußte, ob er den nächsten Tag überleben würde. So waren die Schülerinnen hauptsächlich an Vergnügungen interessiert. Ich kritisierte sie nicht – nur hatte ich eine andere Natur. Ich blieb in meiner freien Zeit im Zimmer, alleine mit meinen Gedanken.«

Sie schwieg, schien ein Ereignis wieder zu erleben. Dann sprach sie weiter: »Sie finden sicher meine

Erscheinung – und auch mein Verhalten – sonderbar, die meisten tun es. Doch es hat einen Grund: Nach dem, was mir geschah, möchte ich so unattraktiv wie möglich sein.«

Eines Tages waren drei betrunkene Soldaten in ihr Zimmer gekommen und hatten sie auf grausame Art vergewaltigt. Es dauerte lange, bis sie dieses Trauma überwinden konnte.

»Ich zitterte schon, wenn ein Mann mich nur ansah. Aber im Laufe der Zeit entwickelte ich einen sechsten Sinn, der mir half, zwischen den Menschentypen zu unterscheiden. Und da ich an keinem Mann interessiert bin, der durch mein Äußeres angezogen wird, sehe ich so aus – seit mehr als acht Jahren.«

Nach diesem offenen Bericht hielt ich es für unfair, Lea nicht von mir zu erzählen – nur über Hannah sagte ich nichts. Danach wurde unsere Beziehung viel freier, wir duzten uns, sie streichelte oft meine Hände und mein Haar. Ich berührte sie nicht, der Grund dafür war mir unklar – oder war es einfach, weil sie mich nicht anzog?

Ich kam einige Male am Abend nach Petah Tikva, und wir gingen zusammen ins Kino. Allerdings war es mir sehr unangenehm zu sehen, wie die Menschen sie anblickten. Doch dann geschah eines Tages etwas, das zu einer Veränderung führte.

Eines Morgens kam ich früher als gewöhnlich zu den K.s. Ruth führte mich in die Küche, um ihr dort die Lieferung zu übergeben. Lea saß am Tisch, die Schwestern frühstückten. Errötend sagte sie: »Guten Morgen, Shlomo. Bitte entschuldige, wie ich aussehe. Wir erwarteten dich nicht so früh.« – Sie war in einem kurzen Morgenrock, der ihre nackten Beine zeigte, das volle, glatte Haar war offen und reichte bis zu den Hüften.

»Mach dich nicht lächerlich«, sagte Ruth ärgerlich. »Du tust so, als ob Shlomo dich splitternackt sehen würde. Es wird Zeit, daß du aufhörst, die alte Jungfer zu spielen. Kauf dir normale Kleider und laß dein Haar kurz schneiden. Ich schäme mich, daß du meine Schwester bist und nicht viel älter als ich. Habe ich nicht recht, Shlomo?« Es war klar, Ruth erwartete meine Unterstützung. Ich fühlte mich unbehaglich, selbstverständlich hätte ich eine Veränderung von Leas äußerer Erscheinung sehr begrüßt. Doch andererseits wollte ich sie nicht verletzen, so sagte ich nur: »Du hast recht, Ruth. Aber das muß Lea selbst entscheiden, ob eine Veränderung zu ihren Gunsten wäre.«

Lea sagte kein Wort und ging aus der Küche. Ich dachte, sie wäre verärgert. Doch ich irrte mich.

Eine Woche später, am Schabbatnachmittag – ich fütterte gerade die Tiere – rief mich meine Mutter und sagte, jemand wolle mich sprechen.

»Wer ist es?« frage ich verärgert über die Störung.

»Eine junge Frau, sie sagt, sie kenne dich gut.« – Ich hatte keine Ahnung, wer das sein könnte, erledigte nur das Nötigste und ging zum Haus. Durch das Fenster konnte ich jemand sitzen sehen, in kurzem Rock und gelber Trikotbluse, mit glänzendem Haar, das Gesicht war zur Wand gekehrt. Es war Lea. Sie war völlig verändert und sah viel jünger aus. Ihre altmodische Kleidung hatte ihre gute Figur verborgen. Aber auch ihr Verhalten war nicht wiederzuerkennen. Sie war so natürlich und lustig – vorher hatte ich sie nie lachen gehört.

»Du bist überrascht, Shlomo, nicht wahr«, sagte sie und drückte lächelnd meine Hand. »Ich hoffe, dir gefällt die Veränderung. Ihr habt recht gehabt – nur mein Haar habe ich nicht so kurz schneiden lassen, wie Ruth es wollte. Ich glaube, das kleidet mich nicht.«

Ich überschüttete Lea mit Komplimenten. Wir verbrachten einen netten Abend zusammen, und sie kehrte mit dem letzten Bus zurück.

Während der kommenden zwei Monate kam Lea oft, sie half mir gerne im Hof. Meistens brachte ich sie auf dem Maultier, das ich von meinem Onkel gekauft hatte, zurück. Sie saß hinter mir und umfaßte mich; daß unsere Körper sich so eng berührten, schien sie nicht zu stören. Ich wäre kein Mann gewesen, wenn ich Lea nicht begehrt hätte.

Eines Tages war ich krank. Ich hatte eine schwere Grippe. Zufällig kam Lea am ersten Tag, als ich im Bett lag. Sie fuhr zurück und brachte ihren Vater mit, um mich zu untersuchen. Dann erklärte sie entschlossen, bei uns zu bleiben, bis ich wieder gesund wäre. Drei Stunden am Tag kam ein Arbeiter für die schweren Aufgaben auf dem Hof, alles andere machte Lea – daneben pflegte sie mich – meine Mutter durfte das nicht tun.

Konnte ich da noch irgendwelchen Zweifel haben? Mein Traum war erfüllt, ich hatte eine attraktive, liebevolle Frau gefunden, die ihr Leben mit mir teilen würde. – Bei meinem nächsten Besuch erzählte ich Lea von Hannah. Wie ich von ihrer Unaufdringlichkeit getroffen war, und dann, als Schutz gegen ähnliche Enttäuschungen, fast zwei Jahre mit kahlrasiertem Kopf herumlief. Sie war entsetzt und streichelte meinen Kopf: »Wie schrecklich, dein schönes Haar ganz abgeschoren! Aber du wirst so etwas nie wieder tun müssen, da bin ich sicher.«

Ich interpretierte ihre Worte als Zeichen der ernsten Absicht mit mir. Und nach kurzer Zeit stellte ich die schicksalsschwere Frage. Lea schien nicht überrascht, schenkte mir ruhig Tee ein, als ob es eine ganz alltägliche Frage gewesen wäre. Dann bat sie um etwas Zeit für die Antwort. Ich war enttäuscht, doch bemühte ich mich, es nicht zu zeigen. Sie bat mich, geduldig zu warten und sie nicht zu besuchen.

Ich hatte natürlich ein freudiges »Ja« als Antwort erwartet. Doch tröstete ich mich damit, daß Lea ein ernster Mensch wäre und ruhige Überlegung brauchte. –

Zwei Wochen vergingen, dann kam ein Brief von ihr. Es dauerte eine Stunde, bis ich ihn zu öffnen wagte. Ich las die eine Seite – und weinte bitterlich.

Ich verbrannte den Brief später, doch an den Inhalt erinnere ich mich noch genau: »Lieber Shlomo, ich weiß, du wirst enttäuscht sein. Es tut mir leid, aber es muß so sein. Ich kann dich nicht heiraten, ich lebe nach Grundsätzen, die du – und die meisten Menschen – nicht verstehen kannst. Und sie sind das Hindernis, das eine Ehe mit dir nicht zuläßt. Ich habe dich gerne und bewundere deinen Mut und deine Entschiedenheit, niemals aufzugeben. Gebrauche diese Gaben auch jetzt – um deinetwillen und auch meinetwegen. Deine Lea.«

Ich war ratlos, konnte den Grund nicht verstehen. Es konnte nicht meine Invalidität sein, und auch nicht, daß ich Bauer war. Es dauerte etwa zwei Monate, bis ich mich seelisch erholt hatte und das

Thema »Lea« für abgeschlossen hielt, doch ich irrte mich.

Ich hatte vor einem Jahr ein Motorrad mit Beiwagen gekauft, doch das Motorrad bald wieder als unpassend verkauft. Den Beiwagen hatte ich noch. Da hörte ich eines Tages, jemand hätte Interesse ihn zu kaufen. Ich war froh, ihn loswerden zu können. Einige Wochen später hielt ein schweres Motorrad vor dem Haus und ich sah, wie ein Mann sich mühsam vorwärts bewegte, es war klar, daß ein Bein völlig gelähmt war. Er untersuchte den Beiwagen und fand viele Fehler an ihm. Er war eine unangenehme, sehr häßliche Person, die gerne Menschen verletzte. Schließlich beschloß er doch, den Wagen zu kaufen – vorausgesetzt, er würde seiner Frau gefallen. Er würde am nächsten Tag mit ihr wiederkommen. Mein Schmerz über Leas Weigerung, mich zu heiraten, flackerte wieder auf: Warum kann dieser häßliche, ekelhafte Krüppel eine Frau finden, dachte ich verbittert, nur ich muß allein bleiben?

Am nächsten Tag fuhr das Motorrad in den Hof. Der Invalide kam näher, er stützte sich auf eine Frau – es war Lea. Ich meinte zu träumen. Lea wurde bleich. Der Mann zeigte ihr den Beiwagen, dann verlangte er von mir, ihn an das Rad anzuschließen. Inzwischen unterhielt er sich mit Lea. Natürlich sagte sie nichts darüber, daß sie mich kannte.

Der Wagen war angeschlossen, und er wollte, daß Lea mit ihm fahren sollte. Aber sie überzeugte ihn, daß es besser wäre, wenn er ohne sie fahren würde. So blieben wir allein.

Meine Wut war unbeschreiblich, ich packte sie bei den Schultern und brüllte: »Du verfluchter Auswurf!

Warum verschwiegst du mir deine Absicht, diesen ekelhaften Mann heiraten zu wollen? Spieltest monatelang die heilige Lea, die so gerne mit mir zusammen war?«

Sie machte sich los und sagte: »Du kannst das nicht verstehen. Ich habe dich gern, aber ich habe dich nicht betrogen. Ich sagte nie, daß ich dich lieben würde oder dich heiraten wolle.«

»Aber in dieses Monster verliebtest du dich und heiratest ihn!«

»Ich heiratete ihn, aber ich liebe ihn nicht in dem üblichen Sinn. Es hört sich unsinnig an – aber ich liebe niemanden, und doch liebe ich jeden. Für mich sind sexuelle Beziehungen rein körperlich, haben nichts mit Liebe zu tun.«

Ich unterbrach sie und schrie: »So wie es bei den Huren ist! Bezahlt er dir wenigstens gut dafür?«

Sie reagierte nicht darauf: »Gad wurde vor einem halben Jahr durch Polio gelähmt. Er wollte sich das Leben nehmen, sah keinen Sinn darin, als Krüppel weiterzuvegetieren. Dann traf er mich, und meine Bereitschaft mit ihm zu leben, gab ihm einen Lebenssinn. Er fühlt sich wieder normal.«

Meine Wut wuchs noch mehr, ich packte ihren Hals und wollte sie würgen: »Ich machte aus dir eine normale, attraktive Frau. Du genossest jede Minute mit mir – und dann schreibst du, Heirat sei nichts für dich. Aber die Wahrheit ist: Du wolltest ihn heiraten – *weil er dich braucht!*« Lea begann zu röcheln, ich ließ sie los und sagte weinend: »Verstehst du nicht, daß ich dich nicht weniger brauche, daß du meine Hoffnung zerstört hast, ein normaler, gleichwertiger Mensch zu sein – trotz meiner Behinderungen? Du hast mich belogen und betrogen, glaubtest, ich würde die Wahrheit nie erfahren. Du magst die Heilige spielen, aber in Wirklichkeit bist du Abschaum.«

Ich hörte das Motorrad und ließ sie stehen. Ich hatte kein Interesse, mit diesem ekelhaften Mann eine weitere Diskussion zu haben. Lea stieg in den Beiwagen, die enge Hose und Trikotbluse betonten ihre gute Figur, verliebt blickte ihr Mann sie an.

Nach diesem Zwischenfall wurde mir erst richtig klar, was geschehen war. Heute weiß ich, daß es von Gott so geplant war. Lea war bestimmt dazu, dem armen Gad einen Lebenssinn zu geben, und für mich hatte der Herr jemand anders vorgesehen. Aber damals war ich fürchterlich getroffen.

Dann kam eine seltsame Reaktion. Ich hatte fast jede Nacht denselben Traum, in dem ich Frauen mißhandelte und ihnen ihre Haare abschnitt und den Kopf rasierte.

Anfangs gefiel mir dieser Traum. Doch dann erschrak ich, sah die Gefahr, daß ich eines Tages diesen Traum realisieren würde – mit schrecklichen Folgen. So ging ich zu einem Psychologen, einem Vetter meines Vaters.

Die Analyse war einfach: Mein sexuelles Verlangen war verbunden mit dem Haß auf Frauen wegen der Enttäuschungen, die ich erlebt hatte. Dazu kam dann noch mein Schönheitssinn und die besondere Wichtigkeit, die ich dem Haar bei weiblicher Schönheit zuschreibe. Es ist in meinen Augen etwas Schreckliches, eine Frau ihres Haarschmucks zu berauben. Die Therapie war schnell gefunden: ich sollte heiraten. Ich bekam den Rat, realistisch zu werden und keine Schönheitskönigin zu suchen. »Gehe zu einem

Heiratsvermittler«, sagte der Therapeut, »und suche dir das Beste aus, von dem, was du haben kannst.«

Ich befolgte seinen Rat und ging in das Büro, das den seriösesten Eindruck machte. Die Angestellte nahm meine Personalien auf, die Fragen waren wie ein Maschinengewehrfeuer: Name, Alter, Geburtsort, Bildung, Beruf, Einkommen, Verwandte, Gesundheitszustand, Sexualerfahrung, besondere Wünsche, Bild.

Ich gab es ihr, es war einige Jahre alt. Sie warf einen Blick darauf und sagte: »Wir brauchen ein neues, Sie sehen jetzt anders aus.« Sie hatte recht, ich war gealtert, die Zeit auf den Getreidefeldern hatte meine Haut stark gebräunt, ich sah wie ein Orientale aus. Außerdem hatte ich mich, nachdem der Traum mit Lea zu Ende war, wieder militärisch kurz scheren lassen. Das Blatt mit meinen Personalien wurde an eine ältere Dame weitergegeben. Sie war nicht besonders beeindruckt von dem, was sie las. – »Es wird schwer sein, für Sie etwas zu finden«, sagte sie. »Sie sind Bauer, Invalide, leben in einem kleinen Dorf, zusammen mit der Mutter, mit fünfzehn verließen Sie die Schule, Ihr Einkommen ist bescheiden, Sie haben keine sexuelle Erfahrung. Sie können nicht viel erwarten, die Frauen sind heute verwöhnt.«

Zwei Wochen später wurde ich in das Büro bestellt und die Leiterin teilte mir freudig mit: »Wir haben ein junges Mädchen für Sie gefunden, das hundertprozentig paßt. Ein hübsches Mädchen, sie scheut keine Arbeit und möchte so gerne heiraten. Sie wartet im Café gegenüber und hat ein rotes Buch in der Hand.« – Beglückt ging ich dorthin. Was ich gehört hatte, klang vielversprechend.

Das Café war voller Menschen, endlich fand ich die Frau mit dem Buch in der Hand. Ich stellte mich vor und setzte mich. Es dauerte keine halbe Stunde, bis mir klar wurde, daß dieses Mädchen die letzte Frau war, mit der ich mein Leben teilen wollte. Das Vermittlungsbüro hatte eigentlich die Wahrheit gesagt: Leah, das war ihr Name, war jung, zweiundzwanzig, man konnte sie hübsch nennen, sie arbeitete in einer Fabrik und wollte so bald wie möglich heiraten.

Das war die positive Seite. Doch Leah war enorm korpulent, auch ihr Gesicht war so aufgedunsen, daß sie fast Schlitzaugen hatte. Ihr Haar kraus wie das einer Negerin und superkurz geschnitten, ihre Kleidung zeigte, daß sie keinen Geschmack hatte.

Aus unserer Unterhaltung erkannte ich, daß sie nur zwei Dinge interessierten: Nahrung und Sex.

Leah würde alle Nachteile einer Heirat mit mir akzeptieren. Aber ich würde nichts Positives gewinnen. Sie konnte keine Partnerin für mich sein. So fand ich eine Ausrede zu gehen und versprach sie anzurufen.

Wieder war eine Hoffnung abzuschreiben. Von einem Heiratsvermittler konnte ich in meiner Lage nichts erwarten. Aber der Herr hat seine Wege, um für mich eine Frau zu finden.

In unserem Dorf lebten zwei junge Frauen, die vor ihrer Heirat eine Ausbildung als Wirtschaftsleiterin in Krankenhäusern gemacht hatten. Meine Mutter und ich hatten gesellschaftlichen Kontakt mit ihnen und sie wollten helfen, für mich einen Lebenspartner zu finden.

Das erste Opfer, an das sie dachten, erwies sich als unpassend. Dann nahmen sie Kontakt mit jemand anderem auf – und das war die Frau, die der Herr für mich bestimmt hatte. Wir sind jetzt einundvierzig Jahre auf dieser Welt zusammen – und im Himmel wird es für ewig sein.

Radikale Veränderungen

1952 – 1953

So traf ich im Frühling 1952 meine zukünftige Frau Edith. Nach einem ziemlich kurzen Werben – nicht immer erfolgreich – war sie bereit, mich zu heiraten. Ich konnte und kann es bis heute nicht verstehen, weshalb sie willens war, ihr Leben mit mir zu teilen – es sei denn Gottes Planung verursachte es. – Ich möchte nur eine kurze Beschreibung ihres Lebens geben.

Edith Ernst wurde in Ungarn geboren. Ihre Mutter war von ungarischer Abstammung, der Vater in der ČSR geboren. Aber der Großvater war ein Schweizer, der in die ČSR ausgewandert war und dort zum Judentum übergetreten war. Edith war das jüngste von vier Kindern. Als sie vier Jahre alt war, kehrte die Familie in die Slowakei zurück, ein Jahr später starb ihr Vater, ein Steinmetz. Die Witwe zog die vier Kinder unter den schwersten wirtschaftlichen Bedingungen groß. Kurz vor Ausbruch des Krieges wanderten Ediths Schwester und der jüngere Bruder nach Palästina aus; ihre Mutter und der ältere Bruder starben im Holocaust.

Edith war eine glänzende Schülerin und bestand ihr Abitur mit Auszeichnung. Jahrelang half sie der Familie finanziell, indem sie Nachhilfestunden gab. 1942, als die Juden in die Todeslager deportiert wurden, beschloß sie, zu flüchten. Drei Jahre lebte sie in den Wäldern und konnte sich so retten.

Nach dem Krieg begann Edith zu studieren. Doch als sie feststellte, daß der Antisemitismus nicht mit den Nazis verschwunden war, verließ sie die ČSR. Sie brauchte zwei Jahre, um ihr Ziel, Israel, zu erreichen. fünfzehn Monate dieser Zeit war sie von den Engländern auf Zypern interniert.

Während der folgenden vier Jahre arbeitete Edith zuerst in einem Jugendlager, dann eine Zeitlang in ihrem Beruf als wirtschaftliche Leiterin in Krankenhäusern. Dann wechselte sie zu Büroarbeit, und als ich sie traf, war sie bei einer Bank in Haifa angestellt. Wie ich schon sagte, es ist mir unverständlich, daß sie mich, den behinderten Landwirt heiratete. Edith war in meinem Alter, zweiunddreißig, doch sah sie jünger aus. Nicht direkt hübsch, aber mit einem interessanten, ausdrucksvollen Gesicht und guter Figur.

Mein Glück war unbeschreiblich, endlich hatte ich einen weiblichen Gefährten gefunden, eine Frau und Mutter unserer Kinder. Doch der Herr plante es anders. Die kommenden anderthalb Jahre waren eine der schwärzesten Perioden meines Lebens – es war das zweite Mal, daß ich an Selbstmord dachte. Es gab mehrere Gründe dafür.

Für mich kam es wie ein Blitz aus heiterem Himmel: Meine Mutter und Edith konnten nicht miteinander auskommen, die beiden waren völlig entgegengesetzte Naturen. Edith ist impulsiv, zeigt ihre Gefühle sofort und unbeherrscht. Sie bot der Mutter Liebe an, und wenn sie sich kritisiert und zurückgewiesen fühlte, reagierte sie richtig hysterisch.

Ich war entsetzt über diese Situation. Das hätte ich nie gedacht, daß das Zusammenleben der beiden Frauen Probleme schaffen könnte. Ich verstand, daß meine Mutter sich nicht richtig verhielt, doch auf der anderen Seite fand ich die hysterischen Ausbrüche meiner Frau widerwärtig. So war ich zerrissen zwischen der Liebe zu meiner Frau und der Loyalität meiner Mutter gegenüber.

Das war das schwere emotionale Problem, ein nicht weniger deprimierendes wirtschaftliches kam noch hinzu. Als wir heirateten, hatte ich in meinen Ställen etwa eintausendzweihundert Junghennen. Normalerweise hätten sie zum Anfang des Winters täglich mindestens achthundert bis neunhundert Eier legen müssen, d. h. ein gutes Einkommen bringen. Doch es kam anders.

Ich konnte es mir damals nicht erklären und auch heute kann ich darin nur Gottes Hand sehen. Es passierte mir in meiner vierzigjährigen Laufbahn als Hühnerzüchter nie mehr – und ich hörte auch von keinem ähnlichen Fall von Kollegen: Die ganze Herde war völlig gesund – aber den ganzen Winter über legten sie keine Eier!

Dieser zusätzliche Schlag warf mich völlig zurück. Ich war so sicher gewesen, cinc gute Existenz zu haben, meine Ehe finanziell auf guter Grundlage zu wissen.

Ein halbes Jahr hatten wir praktisch keine Einnahmen, alle Ersparnisse wurden für unseren Unterhalt verbraucht, das Futter für die Tiere blieb ich schuldig.

Ich war völlig ratlos, stundenlang saß ich im Futterschuppen und zerbrach mir den Kopf, um eine Lösung zu finden – für die beiden Probleme. Doch ohne Erfolg, mein Leben schien unter einem Fluch zu stehen, ich wollte es beenden. Doch bevor ich das verwirklichen konnte, kam noch eine Hiobsbotschaft.

Ich war ja bereits an dem Getreideanbau in der Nähe von Yahoud beteiligt, aber 1952 war ja die Versorgungslage so gespannt, daß ich mich noch einer anderen Gruppe anschloß, die im Negev Getreide anbaute. Es war eine große Investition, aber sie war notwendig und vielversprechend.

Der Winter 1953 war der trockenste, den das Land seit Jahrzehnten gehabt hatte. Die Folge davon war, daß die Ernte von den Feldern neben Ludd die Hälfte der Unkosten deckte, im Süden dagegen war überhaupt nichts zu ernten.

Die Hühner fingen zwar im Frühjahr an wieder zu legen, aber die Futterschulden und der Verlust beim Getreideanbau hatten mich finanziell ruiniert. Und dazu kam noch der tägliche Streit zwischen den beiden Frauen zu Hause. So hatte ich keinen Zweifel mehr: Um weiterleben zu können, war eine radikale Veränderung nötig.

Ich mußte Hayowel verlassen und ein Dorf suchen, in dem ich eine Gemischtwirtschaft aufbauen konnte und so nicht nur von der Hühnerzucht abhängig wäre. Dieser Wechsel mußte auch das Familienproblem beenden: Meine Mutter sollte ein selbständiges Leben in der Stadt führen. Edith war begeistert von dem Plan, das Zusammenleben mit der Schwiegermutter war für sie untragbar geworden.

Ich mußte nun in zwei Richtungen aktiv werden: einerseits einen Käufer finden und andererseits ein Dorf, das mir die richtigen Bedingungen bot – und finanziell erschwinglich war. Das erste Problem war bald gelöst, ich konnte den Besitz, d. h. das Haus und alles was nicht niet- und nagelfest war, ganz gut verkaufen. Die zweite Aufgabe war schon schwieriger. Da ich nicht genug Kapital für ein Haus und den Aufbau einer Gemischtwirtschaft besaß, kam nur eine neue, sich noch in der Entwicklung befindliche Siedlung in Frage.

Das erste Angebot war in Galiläa. Ein seit siebzig Jahren bestehendes Dorf sollte vergrößert werden. Wir fuhren dorthin, ich war begeistert: Das war die Landschaft und Art von landwirtschaftlichem Zweig, von denen ich immer geträumt hatte: Das grüne, bergige Galiläa, dort könnte ich Getreide anbauen, Kühe und Schafe halten. Doch dann betrachtete ich die negativen Seiten: Das herbe Klima dort war nicht gut für meine Frau, die Verbindung mit der Mutter würde sich enorm schwierig gestalten – denn es war selbstverständlich, daß sie im Zentrum des Landes ihren Wohnsitz haben wollte. Dazu kamen dann noch unsere zukünftigen Nachbarn. Die Kandidaten für die Vergrößerung des Dorfes gehörten zu dem Menschenschlag, der damals »Zwangsbauern« genannt wurde, d. h. Leute, die nur mangels anderer Wohn- und Arbeitsmöglichkeiten aufs Land gingen. Solch eine Gemeinschaft war nicht nach meinem Geschmack. So gab ich diesen Plan auf, allerdings schweren Herzens.

Dann hörte ich über Meir von Magschimim, einem Dorf, dessen Gebiet an Hayowel grenzte. Es war vor drei Jahren von dreißig Familien gegründet worden und wurde jetzt erweitert. Im Büro der Ansiedlungsgesellschaft hörten wir von der Möglichkeit, als Mitglieder aufgenommen zu werden. So nahmen Edith und ich unsere Fahrräder und fuhren hin. Die Häuser des Dorfes Magschimim waren in einem weiten Kreis gebaut, in der Mitte auf einem Hügel befanden sich die öffentlichen Gebäude: Schule, Kindergarten, Erste-Hilfe-Station und Versammlungshaus. In dem Teil, der nahe zur Hauptstraße lag, war das Büro, ein Lebensmittelgeschäft und das Futtermagazin. Aber alles war noch in den Kinderschuhen, die öffentlichen Gebäude noch Holzschuppen, nur die Hauptstraße war gepflastert und beleuchtet.

Im Endzustand würden es fünfundachtzig Bauernhöfe sein, das Land natürlich gleichmäßig verteilt: zwölf Dunam am Haus, zwölf Dunam etwas entfernter liegend, und noch etwa sechs Dunam in einem gemeinsam bearbeiteten Zitrushain. Alle Landstriche würden bewässerbar sein. Es waren alle Bedingungen für den Aufbau einer Gemischtwirtschaft gegeben, aller Ein- und Verkauf mußte durch die Dorfkooperative geschehen.

Ich weiß nicht, wie Ediths Eindruck war, als wir zum ersten Mal unsere zukünftige Heimat sahen, jedenfalls ich war begeistert. Endlich würde ich die Gelegenheit haben, ein richtiger Bauer zu sein, der Traum von vor siebzehn Jahren erfüllt sein. Die Tatsache, daß alles noch provisorisch und im Rohzustand war, störte mich nicht, im Gegenteil, der Gedanke, ein Pionier zu sein, reizte mich.

Nur die Kosten für das fünfzig Quadratmeter große Haus mußten von dem Siedler bezahlt werden, der Boden gehörte dem Staat und wurde für neunundneunzig Jahre verpachtet. Außerdem wurden langfristige Anleihen gegeben für einen Kuhstall, Hühnerstall, eine Kuh, ein Maultier sowie alle benötigten Bewässerungsrohre. So blieb mir noch etwas Kapital für andere notwendige Investitionen.

Nach dem doppelten Fiasko, das ich erlitten hatte – bei den Hühnern und dem Getreideanbau – beschloß ich, in Magschimim nicht mehr als achthundert Legehühner zu halten, ich wollte einen Kuhstall errichten und Obst anbauen. – Wie ich schon sagte, ich verkaufte in Hayowel kein Gebäude, das zerlegbar war, denn ich plante, von dem Material Gebäude in Magschimim zu errichten. So machte ich einen genauen Plan dafür, inklusive der Anordnung im Hof. Eine enorme Aufgabe lag vor mir, ich wollte über vierhundert Quadratmeter Gebäude bauen.

Im April 1953 unterzeichneten wir die Verträge für den Verkauf in Hayowel und den Neuanfang in Magschimim. Im Oktober sollte das neue Haus beziehbar sein. So hatte ich ein halbes Jahr Zeit, um alles vorzubereiten. Es war eine sehr mühselige Arbeit, zuerst alles auseinanderzunehmen und das Material für den neuen Gebrauch vorzubereiten. Ich wollte das tägliche Fahren nach Magschimim verhindern und auch bei der Versorgung der Hühner mithelfen. Deshalb kam mir die Idee, Teile der Gebäude vorzufertigen, d. h., ich bereitete komplette Wände vor, die dann nur noch zusammengestellt und überdacht werden mußten.

Ich arbeitete sehr schwer, aber wir waren wieder zufriedener, denn eine Lösung der Probleme war ja in Aussicht. Im August begann ich in Magschimim die Fundamente zu legen. Wegen meiner Erfahrung mit dem Hühnerdiebstahl gruppierte ich die Gebäude so, daß sie ein geschlossenes Rechteck bildeten, mit nur zwei Ausgängen, die durch Tore geschlossen werden konnten. Und in diesem Hof würde bei Nacht mein Wachhund Shomri losgelassen werden.

Endlich war alles fertig, und am Freitag, den dreizehnten Oktober zogen wir um – erst dann konnten wir die Tiere überführen: achthundert Legehennen, zwei Kälber, einige Puten, ein Esel (das weiße Maultier mußte ich verkaufen) und natürlich den Hund. – Meine Mutter blieb noch in Hayowel bis April, als das Haus dem Käufer übergeben wurde. Danach zog sie nach Ramath-Gan.

So begannen wir unser Leben in dem neuen Heim. Unsere ganze Straße war noch sehr spärlich bewohnt, neben uns überhaupt keine Nachbarn. Wir hatten noch keine Elektrizität, im Haus konnten wir uns noch behelfen, das Problem waren die Hühnerställe. Es war ja Winter, und so mußten wir jeden Abend zwanzig Petroleumlampen anzünden, um den Legehühnern den Tag zu verlängern. – Um Lebensmittel zu kaufen, mußten wir zur »Hauptstraße« kommen. Das konnten wir nur mit Hilfe unseres Eselwagens schaffen, denn die ungepflasterte Straße war im Winter völlig aufgeweicht und Radfahren war unmöglich.

So lebten wir, verglichen mit Hayowel, ein Pionierleben, doch das störte uns nicht; ich war froh, nun endlich eine richtige Farm zu besitzen, und Edith freute sich, daß das unangenehme Zusammenleben mit meiner Mutter beendet war.

Allerdings waren wir beide, Edith und ich, uns damals noch nicht sehr nahe. Ich bin ein verschlossener Mensch, und das, was zwischen ihr und der Mutter geschehen war, hatte die Atmosphäre etwas vergiftet. Wir waren gute Kameraden – aber richtige Liebe fehlte damals noch.

Noch über etwas anderes war ich enttäuscht, sicher war es unberechtigt. Wir waren jetzt anderthalb Jahre verheiratet, und ich träumte davon, einen Sohn zu haben, der mein Lebenswerk weiterführen würde. Aber als meine Frau nach verhältnismäßig kurzer Zeit schon so enttäuscht war, nicht schwanger zu sein – fühlte ich mich getroffen. War das für sie der eigentliche Grund gewesen, mich zu heiraten? dachte ich. Sie war zweiunddreißig gewesen, und vielleicht hatte sie befürchtet nichts Besseres mehr zu finden als mich, den behinderten Bauern? Solche Gedanken gingen mir damals durch den Kopf. Heute weiß ich, wie falsch sie waren. Aber ich war schon so oft von Frauen verletzt worden – und ich wagte nicht, mit Edith darüber zu reden.

Die vergangenen zwei Jahre hatten mir Glück und Unglück, Freude und viel Schmerz gebracht. Aber all das, was mir so schrecklich erschien, geschah nach Gottes Plan. Römer 8, Vers 28 sagt nicht nur, *daß denen, die Gott lieben, alle Dinge zum Besten dienen,* sondern auch, *daß alle Dinge denen zum Besten dienen, die Gott liebt* (auserwählt hat), *auch wenn der Betreffende seinen Schöpfer haßt.*

Ohne die Katastrophe mit den Hühnern wäre ich nicht von Hayowel weggezogen und unsere Ehe bestimmt auseinandergegangen. Außerdem wäre mein Traum von einem richtigen Bauernleben nie erfüllt worden!

Dunkle Wolke der Kinderlosigkeit

1953 – 1961

Als der Frühling sich näherte, war ich voll damit beschäftigt, die Bewässerungsrohre zu legen und das Pflanzen der Obstbäume vorzunehmen. Die zwölf Dunam Land, die zum Haus gehörten, teilte ich in drei gleiche Teile auf: ein Drittel für Haus, Garten und Ställe, das zweite Drittel war für den Grünfutteranbau bestimmt, und auf dem Rest wollte ich Obstbäume pflanzen – Pflaumen und Mandarinen.

Jeder Siedler hatte auf seinem Grundstück ein Betongebäude, das für einen sechsköpfigen Kuhstall bestimmt war. Mir stand das Geld zum Ankauf einer Kuh zur Verfügung, doch ich beschloß statt dessen zu dem Kalb, das wir schon hatten, noch vier Kälber zu kaufen.

Die erste Etappe des Aufbaus der Farm war beendet. In zwei Jahren würden wir fünf Kühe haben, in der Zwischenzeit hatten wir ein Minimum an Einkommen, das die achthundert Legehühner uns gaben, und in vier Jahren stand die erste Ernte von den Obstbäumen aus.

Ich kann wohl sagen, es war eine glückliche Zeit. Ich arbeitete weiter schwer. Der Geruch von frischgepflügtem Boden, von gemähtem Klee, frischem Heu, ja sogar von Mist, waren für mich die herrlichsten Parfüms. Wenn ich mit meinem Maultier herumfuhr, fühlte ich mich wie ein König. Wenn ich abends, vor dem Schlafengehen, in den Stall ging, die fünf Kälber wiederkäuen sah und das Maultier zur Begrüßung wieherte – dann fühlte ich mich richtig zu Hause – in einer Welt, die meinem Herzen näher war als menschliche Gemeinschaft.

Wir waren nun bald drei Jahre verheiratet, und unser Wunsch, daß Edith schwanger würde, war noch immer unerfüllt. Sie wurde vielfach untersucht, dann schlugen die Ärzte eine Operation vor – doch leider traf das erwartete Resultat nicht ein. Mehr Untersuchungen und Behandlungen folgten, doch auch erfolglos.

Natürlich warf dies einen Schatten auf unser sonst zufriedenes Leben. Edith war nun über fünfunddreißig, und ihr Wunsch, Kinder zu haben mehr als verständlich. Und auch ich selbst sehnte mich nach Nachkommen. Aber wir konnten nichts zur Veränderung der Lage tun – als zu hoffen.

Ich hatte nie geklagt, aber die zwanzig Jahre schwerster körperlicher Arbeit begannen sich bemerkbar zu machen. Meine körperliche Kraft hatte den Höhepunkt überschritten, Rücken und Hüfte schmerzten sehr bei und nach schwerer Arbeit.

Deshalb beschlossen wir Anfang 1956 die Struktur der Farm zu verändern, die fünf Kühe mußten vor dem Kalben verkauft werden. Und so wurde mein Traum, Viehzüchter zu sein, schnell begraben.

Ein Teil des Geldes vom Verkauf der Tiere wurde zur Rückzahlung der Anleihe benutzt, doch für den Rest – unseren Verdienst – hatten wir eine besondere Verwendung: Wir brauchten ein Fahrzeug.

So kauften wir einen Motorroller mit Beiwagen, das war sicherer und auch viel bequemer für Edith.

So wurde unser tägliches Leben leichter – ohne das Vieh, und mit einem Fahrzeug. Aber das spendete nichts zu unserem Einkommen, ich mußte andere Quellen suchen. Ich hatte zu wählen zwischen Gemüseanbau oder mehr Obstbäumen. Ich wählte das Letztere, doch das bedeutete, vier Jahre auf Einnahmen zu warten.

Deshalb pflanzten wir inzwischen Erdbeeren, ich konnte dazu gleich hinter unserem Grundstück zwei Dunam Land pachten. Erdbeeren zu ernten ist keine leichte Arbeit, es bedeutet praktisch immer gebückt zu arbeiten – und wir waren beide keine Teenager mehr – doch für zwei Jahre war es eine schöne Einnahmequelle.

Dann hörte ich davon, im Winter in einem mit Nylon bedeckten Treibhaus Tomaten zu züchten. Die Pflanzen wurden mit Schnüren am Dach befestigt. So konnte man von einer kleinen Fläche eine enorme Ernte erhalten. Auch das Pflücken war so erleichtert und die Bearbeitung nicht schwer. Aber in diesem Treibhaus war keine frische Luft, jedoch große Feuchtigkeit. Diese Fakten hatten eine natürliche Folge: Pilzkrankheiten entwickelten sich. Um das zu verhindern, mußten die Pflanzen jeden zweiten Tag mit Schwefel bestäubt werden.

Diese Arbeit war entsetzlich. Zwei Stunden lang konnte ich kaum atmen. Meine primitive Maske half kaum, so mußte ich den Mund öffnen, und der Schwefeldunst drang in meine Atmungsorgane. Eine Schutzbrille konnte ich nicht tragen, denn sie beschlug sofort und ich sah überhaupt nichts.

Ich bin sicher, die Empfindlichkeit meiner Augen und Atmungsorgane wurde zum großen Teil durch das Treibhaus verursacht, doch nicht ausschließlich, denn in Hayowel mußte ich über zehn Jahre das Futter für die Hühner selbst mischen in einem kleinen Raum, der ohne Lüftung war. Der Staub, der dort aufgewirbelt wurde, war sicher kaum gesundheitsfördernd.

Zurück zu den Treibhaustomaten. Das erste Jahr war ein ziemlich milder Winter, die finanzielle Vergütung war nicht schlecht. Doch für das nächste Jahr mußte das Gebäude auf einen anderen Platz gestellt werden. Das war eine enorme Arbeit, denn alle Eisenstäbe waren verrostet und mußten neu gestrichen werden, bevor das Treibhaus wieder aufgestellt werden konnte.

Die jungen Tomatenpflanzen entwickelten sich schön und waren voll kleiner Früchte. Dann kam die Katastrophe: In einer Nacht war starker Frost – und alle Pflanzen erfroren. Es zeigte sich, daß diese Art von Treibhäusern wertlos war, sie boten keinen Schutz gegen Frost. Ich war Versuchskaninchen gewesen. Zu meinem Glück konnte ich das Gebäude ohne Verlust an einen Blumenzüchter verkaufen. Ich war wieder um eine unangenehme Erfahrung reicher geworden.

Doch ich brauchte ein zusätzliches Einkommen. Die vier Dunam Obstbäume gaben zwar ihre erste Ernte, aber zusammen mit den Legehühnern war es nicht ausreichend, um uns zu ernähren. Doch da kam mir etwas zu Hilfe. Es wurde ein Zweig der Geflügelzucht ins Land gebracht, der sich im Ausland, besonders den USA, in den letzten Jahren entwickelt hatte:

die Aufzucht von Hühnern zum Schlachten, d. h. das Ziel war nicht die Eierproduktion, sondern das Fleisch. Besondere Rassen wurden dafür genommen, die nach drei Monaten ein ausreichendes Gewicht erreicht haben. Mit den zu erwartenden Werten machte ich Kalkulationen und fand, daß bei der bestehenden Fleischknappheit dieser Zweig einen guten Verdienst bringen mußte. Natürlich verlangte das den Bau eines neuen Stalles für einen Anfang mit tausenddreihundert Tieren. Das nötige Kapital für den Bau von hundertfünfzig Quadratmeter Ställen konnte ich durch kurzfristige Anleihen erhalten. Selbstverständlich bedeutet es, wenn ich sage, »es mußte gebaut werden«, daß alle Arbeiten von mir selbst ausgeführt wurden. Ich mußte Maurer, Tischler, Schlosser und Installateur sein und daneben auch alle Schwarzarbeit ausführen.

1958 bekam meine Mutter eine Wiedergutmachungsrente bewilligt und wurde dadurch von mir finanziell unabhängig. Von der Nachzahlung gab sie uns die nötige Summe, um den Motorroller in ein kleines Auto umzutauschen. Es diente uns neun Jahre.

Nach jahrelangen Behandlungen und einer Operation waren die Ärzte zu der Überzeugung gekommen, es bestünde keine Aussicht, daß meine Frau Kinder bekommen könnte. Das war natürlich ein schwerer Schlag für uns beide, doch wir waren nicht bereit, auf ein Kind zu verzichten. Daher suchten wir Wege zu einer Adoption.

In Israel gibt es als einzigen Weg der legalen Adoption das Regierungsamt für Sozialfürsorge. So wandte sich meine Frau an diese Stelle – und erhielt sehr entmutigende Informationen: In ihrem Alter – sie war achtunddreißig – kam die Übergabe eines Babys überhaupt nicht in Frage. Vielleicht ein älteres Kind, vier oder fünf Jahre alt oder ein etwas jüngeres Kind mit einer gewissen Behinderung. Der Ausdruck »mit einer gewissen Behinderung« ließ mich zusammenzucken. Ich selbst mußte genug leiden, weil ich behindert war – ich würde niemals ein Kind aufziehen wollen, das dieselbe Hölle durchmachen mußte. Daher beschlossen wir, uns nach einer anderen Adoptionsmöglichkeit umzusehen.

Für meine Frau war es keine Frage, sie wollte ein Mädchen. Zweifellos liebt eine Mutter ein jedes Kind, aber zu einer Tochter ist die Beziehung besonders eng. Der Herr hat Frauen meist mit mehr Gefühl und Liebesausdrucksfähigkeit ausgestattet als Männer. Daher war es verständlich, daß eine Frau sich als einziges Kind ein Mädchen wünschte.

Doch wie dachte ich darüber? Ich hatte zwei Brüder, doch spielten sie keine große Rolle in meinem Leben – hauptsächlich wegen des Altersunterschiedes. Doch wurde ich älter, und meine Behinderungen schlossen mich von einem normalen gesellschaftlichen Leben mehr oder weniger aus. Ich litt unter Einsamkeit, besonders nachdem ich die Schule verlassen hatte und nach Palästina kam. Mit meinen Eltern hatte ich wenig Kontakt, ich hatte keine Freunde, meine Versuche eine Freundin zu finden scheiterten völlig.

Danach empfand ich sehr stark wie sehr mir meine Brüder fehlten. Mein ganzes Leben wäre anders gewesen, wenn ich zwei Brüder neben mir gehabt hätte – einer fünf Jahre älter, der andere sechs Jahre jünger. Ich erinnere mich, wie eine Fata Morgana mich etliche Jahre verfolgte. Ich träumte, einen verheirateten Bruder mit Kindern zu haben und daneben Helmut als Teenager. Zu dieser Zeit sah ich einen Film mit Yves Montand. Er spielte einen Fischer, Vater von drei erwachsenen Söhnen. Das Familienleben, das da gezeigt wurde, faszinierte mich. Es wurde mir klar, wie anders mein Vater gewesen wäre – hätte das Schicksal ihn nicht so grausam geschlagen.

Damit hörte ich auf, die Existenz Gottes abzuleugnen. Ich akzeptierte die Tatsache eines höheren Wesens – aber ich haßte es! Warum mußte dieses übernatürliche Ungeheuer mich auserwählen zu soviel Leid und einem so traurigen Leben? fragte ich mich. Warum mußte ich so einsam sein, verkrüppelt, und meine zwei Brüder tot?

Selbstverständlich fand ich keine Antwort. Danach waren akute Probleme zu meistern, und ich vergaß dieses Thema. Doch dann heiratete ich, und das Thema Kinder tauchte auf.

Als wir nach Magschimim kamen, und ich sicher war, mein Traum, ein richtiger Bauer zu sein, wäre erfüllt, da wünschte ich so sehr, ein Vater von Söhnen zu sein. Was meinem Vater leider versagt wurde, das würde mir nun geschenkt werden. Ein Vater, der stolz auf seine Söhne war, sein Fleisch und Blut! Und sie würden ihn schätzen – und all das, was er erarbeitet hatte. Und die Hauptsache: In etwa zwanzig Jahren würden wir zusammenarbeiten – bis meine Zeit, die Welt zu verlassen, gekommen wäre, und dann würde der Hof von den Söhnen weitergeführt werden, mein Lebenswerk nicht zu Ende sein.

Doch dann kam alles anders. Wir würden keine eigenen Kinder haben, noch eine Hoffnung, ein

Traum war zerstört. Mir war klar, daß meine Frau am meisten darunter litt, deshalb stimmte ich sofort einer Adoption und auch ihrem Wunsch zu, ein Mädchen zu haben. Ich will mich nicht als einen Heiligen darstellen, der seiner Frau zuliebe ein Opfer bringt. Aber die Notwendigkeit einer Adoption würde – in unserem Falle wenigstens – ein Einzelkind bedeuten. Und diese Tatsache mußte meine beiden Träume in Frage stellen, und ich konnte nicht sicher sein, daß der einzige Sohn den Hof weiterführen würde. Die Verweigerung eines Babys und der unklare Vorschlag, uns ein älteres oder behindertes Kind zu geben, trieb uns dazu, auf eigene Faust zu suchen. Wir dachten daran, ein Baby aus Burma zu adoptieren, doch die formellen Schwierigkeiten waren zu groß.

So hatten wir keine Wahl und mußten zu dem offiziellen Weg zurückkehren. Die Beamtin dort war sehr freundlich und hilfsbereit, aber sie war ja an die Regelung gebunden, daß Frauen über vierzig keine Babys bekommen können – und meine Frau war jetzt einundvierzig. Doch dann wurde Edith eines Tages zu der Beamtin gerufen – mit der erstaunlichen Nachricht, sie könnte ein weibliches Baby zur Adoption bekommen. Was war geschehen? Warum wurde plötzlich einer Frau von einundvierzig Jahren ein Baby angeboten?

Die Beamtin erklärte vorsichtig, drängte nicht auf eine schnelle Entscheidung. Das Baby war schon ein Jahr alt, lebte in einem Kinderheim. Wie allgemein bekannt, ist das Alter von einem Jahr der unpassendste Termin für eine Adoption. Dem Kind kann noch nichts erklärt werden, es spricht noch nicht, seine Reaktionen beruhen auf Instinkten und erworbenen Erfahrungen.

Wieso wurde dieses ein Jahr alte Baby nicht adoptiert – wo doch so viele adoptieren wollten? Das mußte doch irgendwo einen Haken haben!

Etwas verlegen erklärte die Dame: »Es ist ein schönes Baby, gesund und normal entwickelt«, sagte sie, »der Grund dafür, daß es noch nicht adoptiert wurde, ist seine Hautfarbe. A. ist ein sehr dunkles Baby!«

Die Tatsache der dunklen Hautfarbe wurde so sehr betont, daß wir dachten, es handle sich um ein Negerbaby. Aber das war nicht der Fall. A.s Mutter war eine jemenitische Jüdin aus Aden. Sie hatte beim Militär gedient und wurde dort schwanger durch einen Mann, der sie nicht heiraten wollte. Wahrscheinlich war das einer der traurigen Fälle, bei dem eine attraktive Soldatin sich nicht einem Offizier hatte verweigern können. Jemenitische Juden haben gewöhnlich eine braune Haut, im Falle von A.s Mutter war nun diese Tönung einfach noch dunkler ausgefallen – das war die ganze Geschichte.

Ein dunkles Baby nicht adoptieren zu wollen, klingt sehr nach Rassismus. Doch es ist nicht ganz so, wenn man den ganzen Prozeß der Adoption betrachtet. Früher war es ganz selbstverständlich, daß eine Adoption – wenn nur irgendwie möglich – geheimgehalten wurde. Das ermöglichte ein Verhältnis zwischen Eltern und Kind, das sich in nichts von dem zu einem eigenen Kind unterschieden hat. Aber in Israel, wo die Bevölkerung aus so verschiedenen Herkunftsländern stammt – und dadurch äußerlich so verschieden ist, ist das nicht so einfach. Es ist unmöglich, jemanden als leibliches Kind vorzustellen, wenn es, äußerlich gesehen, zu einer anderen Bevölkerungsgruppe gehört.

Deshalb raten nun Psychologen und Pädagogen, dem Kind so früh wie möglich – am besten im Alter von drei Jahren – seine besondere Lage zu erklären, bevor es von außen darauf gestoßen wird. Und um die Nachricht attraktiver zu machen, wird nicht der Ausdruck »adoptieren« benutzt, sondern man spricht von »auserwählt«. »Wir haben dich gewählt!« – wird dem Kind beigebracht.

Durch diese Politik sollte nun eigentlich die dunkle Hautfarbe von A. völlig nebensächlich werden, doch leider ist es nicht so. Die Kinder wissen zwar im allgemeinen, daß sie adoptiert sind, aber die Eltern bemühen sich oft, diese Tatsache zu verheimlichen. Und deshalb wird kaum ein Ehepaar bereit sein, ein Kind zu adoptieren, das äußerlich zu einer anderen Bevölkerungsgruppe gehört. Und da die meisten Kandidaten für Adoptionen westlicher Herkunft sind, spielt die Farbe des Babys eine große Rolle.

Wir machten später selbst diese Erfahrung, nur nahmen wir es uns nicht so zu Herzen. Wie oft hörten wir die Bemerkung: »Das ist Ihr Kind? Das ist doch nicht möglich, es ist doch so dunkel!« Ich antwortete dann meist lächelnd: »Doch es ist unser Kind, es ist nur so dunkel, weil wir es nie waschen!«

Da wir bereit gewesen waren, ein Baby aus Burma zu adoptieren, konnte die Hautfarbe von A. kein Hindernis für uns sein. Ich persönlich schätze die jemenitischen Juden enorm. Sie sind freundlich, intelligent, arbeitsam und sehr anpassungsfähig. Obgleich sie im Jemen sehr unterdrückt wurden, sind sie stolz auf ihre Abstammung. Mich beeindruckten besonders die jungen Frauen, viele von ihnen besaßen eine edle, orientalische Schönheit, die noch durch ihre stolze Haltung betont wurde.

Ich erinnere mich an eine Sache, die mir großen Eindruck machte. Es ereignete sich Jahre bevor wir adoptierten. – Ich besuchte einen Friseur in dem Nachbarstädtchen Yahoud. Ich mußte warten, zusammen mit einem alten, gebrechlichen Jemeniten. Neben ihm saß eine junge Frau, offensichtlich seine Tochter. Sie war hochgewachsen, mit einem edlen Gesicht, eingerahmt von einem Meer natürlicher Locken.

Der Friseur hatte den Kunden fertig bedient und lud den Alten ein, sich auf den Stuhl zu setzen. Doch der machte dem Mädchen ein Zeichen, und sie ging und setzte sich. Das war noch nichts Sonderbares, denn es gab am Ort keine speziellen Damenfriseure. Doch dann hörte ich die Worte des Alten – und wollte meinen Ohren nicht trauen:

»Dieser Auswurf von Tochter muß bestraft werden«, sagte er, »ich kam dazu, als sie gerade einen Mann umarmte. Scher sie ganz kahl – damit jeder sieht, was sie ist: eine Hure!«

Ich war entsetzt, das zu hören, doch noch weit mehr verwunderte mich das Verhalten der Tochter. Sie saß vor dem Spiegel, völlig ruhig und unberührt – als ob es sich um jemand anderen handelte, der in einigen Minuten wie ein Ungeheuer aussehen würde.

Der Friseur sagte kein Wort, nahm die elektrische Haarschneidemaschine, wechselte den Scherkopf und ging an die Arbeit. Er führte sie von der Stirn zum Hinterkopf, ein weißer kahler Streifen erschien, als das abgeschorene Haar auf den Boden fiel. Er wurde immer breiter – bis von Ohr zu Ohr kein Haar mehr auf dem Kopf war. Der Friseur schor dann noch den

Hinterkopf kahl und wollte dem Mädchen das umgehängte Tuch abnehmen. Aber der Vater hinderte ihn daran.

»Du bist noch nicht fertig«, sagte er, »ihr Kopf muß rasiert werden; nur so ist es der Bibel entsprechend!« – Der Friseur seifte den kahlen Schädel des Mädchens ein und rasierte ihn.

Die Tochter hatte die ganze Prozedur wortlos über sich ergehen lassen, daß sie nicht mehr wiederzuerkennen war, schien sie nicht zu berühren. Sie stand auf und stellte sich vor den Vater: »Jetzt bist du zufrieden, nicht wahr? Meine Schönheit ist weg, ich sehe wie ein Ungeheuer aus. Ich ließ es zu, weil ich dich als meinen Vater achte. Aber mehr wirst du nicht erreichen – ich werde den Mann heiraten, den ich liebe.«

Sie drehte sich um und ging hinaus, den kahlen Kopf stolz erhoben – als ob sie eine Krone trüge, die jeder bemerken sollte.

»Das ist das Problem bei den Jemeniten«, sagte der Friseur, »die Generationen sind so total verschieden. Dieses Mädel gab dem Gebot des Vaters nach, denn sie weiß, wie wichtig für ihn das Gefühl der Autorität ist. Aber sie ist selbstbewußt genug, um durch eine Glatze nicht gebrochen zu werden. Ich bewundere sie.«

Ich muß gestehen, ich tat dasselbe.

So gab es keine Streitigkeiten zwischen Edith und mir. Wir beide waren froh, doch ein Baby aufziehen zu können, seine Abstammung und Farbe interessierten uns überhaupt nicht. Die Kleine trug den Namen Anat. Ich weiß nicht, wer ihr den Namen gab – ob es ihre Mutter oder das Heim war. Auf jeden Fall wollten wir ihr einen anderen geben. Aus mir damals unbekannten Gründen war ich von dem Namen Nili fasziniert. Zwanzig Jahre später erfuhr ich, was der Name eigentlich bedeutet: Es sind die Anfangsbuchstaben eines Bibelspruches (1. Samuel 15,29): »Der Ewige Israels wird nicht lügen« – (oder seine Meinung ändern, denn Er ist kein Mensch, daß Er so etwas täte!).

Und so dient der Name unserer Tochter der Verherrlichung Gottes!

Noch mehr Enttäuschungen

1961 – 1967

Einen Tag vor ihrem ersten Geburtstag brachten wir unsere Tochter zu uns nach Hause. Es war natürlich ein sehr aufregendes Ereignis. Nach neunjähriger Ehe, beide einundvierzig Jahre alt, hatten wir plötzlich ein kleines Kind im Haus.

Es war nun reichlich eng in unserer kleinen Zwei-Zimmer-Wohnung. Aber dann – dank der großzügigen finanziellen Hilfe meiner Mutter – konnten wir einen Anbau durchführen. Ein drittes Zimmer für die Tochter wurde hinzugefügt und die Eßecke zu einem geräumigen Wohnraum vergrößert. Wir hatten nun ein nettes kleines Landhaus mit einer schönen Veranda, umgeben von einem Kiefern- und Zypressenwäldchen, das ich gleich nach unserem Einzug angepflanzt hatte. Die verschiedenen Obstbaumsorten, die ich vor sechs und acht Jahren gepflanzt hatte, brachten zwar eine schöne Einnahme, doch das dauernde Spritzen gegen Krankheiten und Schädlinge nahm einen großen Teil meiner Zeit in Anspruch. Und da jetzt meine Frau mit Kind und Haushalt voll beschäftigt war, mußte ich das Pflücken allein bewältigen – Lohnarbeit würde das Ganze unrentabel machen. Da die Äpfel- und Birnbäume nur eine kurze Lebensdauer haben, beschloß ich, die ganze Fläche am Haus jetzt mit Pekan-Nußbäumen zu bepflanzen.

Diese Frucht hatte verschiedene – für mich besonders wichtige – Vorteile: Die Bäume wurden enorm groß – man pflanzte deshalb nur wenige Bäume –, die Wurzeln gingen so tief, daß jede Bodenbearbeitung überflüssig war und nur das Gras gemäht werden mußte. Spritzen war nicht nötig, und die Nüsse wurden durch mechanisches Schütteln der Bäume heruntergeholt.

In dieser Hinsicht wurde meine Arbeit sehr erleichtert, doch bald danach erhielt ich die zweite Hälfte meines Bodens – etwa einen Kilometer entfernt gelegen – zugeteilt, und ich mußte mich entscheiden, was ich darauf pflanzen wollte.

Nach gründlichen Überlegungen entschied ich mich für einen Zitrushain – Grapefruit und Orangen. Solch eine Pflanzung verlangte weit weniger Arbeit als andere Obstbäume. Ich konnte die Unkosten bis zur ersten Ernte auf ein Minimum herabsetzen, da ich die meisten Setzlinge selbst züchtete und fast die ganze Bearbeitung während der ersten vier Jahre selbst übernahm.

Magschimim war jetzt voll besiedelt, und alles Land zugeteilt und bearbeitet. Und zwei Drittel der Siedler hatten inzwischen ebenfalls Hühnerställe. Der Herkunft nach war die Bevölkerung eine sehr gemischte Gesellschaft: Einwanderer aus Deutschland, Polen, Irak und natürlich auch »Sabres« (die im Land geborenen Kinder der Einwanderer).

Aber nur ein ganz kleiner Teil von ihnen hatte praktische Erfahrungen oder theoretische Kenntnisse auf dem Gebiet der Landwirtschaft. Und so wurde ich allmählich immer mehr von den Mitgliedern des Dorfes als Fachmann geschätzt, besonders in bezug auf die Geflügelzucht. Ich wurde in den Dorfrat und auch als Vorsitzender des Hühnerzuchtkomitees gewählt. Ich war natürlich froh und dankbar, daß meine Fähigkeiten soviel Anerkennung fanden.

Eines Tages las ich in der Zeitung eine Annonce, die mich faszinierte: In Ghana wurde ein Fachmann für Geflügelzucht als Leiter einer großen Firma gesucht. Diese Stelle interessierte mich – beruflich und auch gesellschaftlich, denn ich arbeitete ja zur Zeit den ganzen Tag allein.

So meldete ich mich als Anwärter und wurde zu einem Vorstellungsgespräch bei dem Leiter der Geflügelabteilung im Landwirtschaftsministerium eingeladen. Ich erinnere mich noch genau, ich hatte sehr wenig Zeit, mich vorzubereiten, und saß daher noch die ganze Nacht, um für eine eventuelle Prüfung zu lernen. Etwas verängstigt fuhr ich zu dem Vorstellungsgespräch.

Ich hatte mich nicht geirrt, es war eine richtige Prüfung – Gott sei Dank nur mündlich. Drei Stunden lang wurden meine Kenntnisse auf allen relevanten Gebieten geprüft – auf englisch. Endlich kam das Urteil: Meine Kenntnisse waren ausgezeichnet, mein Englisch gut. Ich wäre ein passender Kandidat, man würde mir mitteilen, wann ich zur Vorstellung im Außenministerium zu erscheinen hatte.

Meine Freude war unbeschreiblich, doch leider zu früh. Ich bekam eine Einladung zum Außenministerium und wurde dort sehr nett behandelt. Eine Woche später allerdings erhielt ich einen Brief: Meine Bewerbung wurde abgewiesen – ohne eine Begründung. Ich war völlig konsterniert und konnte mir das nicht erklären. Später hörte ich von einem Bekannten den

Grund: es war wegen meines verkrüppelten Beines. Wieder eine Enttäuschung mehr.

Ich wäre so froh über eine Veränderung in meinem schweren Alltagsleben gewesen, und es fiel mir schwer, die alte Routine wieder aufzunehmen. Der Erfolg bei der Prüfung für Ghana hatte in mir auch wieder den Drang nach intellektueller Tätigkeit geweckt. Ich wollte noch etwas lernen – natürlich neben meiner laufenden Arbeit auf der Farm her.

So schrieb ich mich für einen Korrespondenzkurs für Buchhaltung ein. Dieses Fach interessierte mich, natürlich machte ich wieder den alten Fehler und vergaß meine Behinderung, doch davon später.

Ich wählte den höchsten Kurs, der nicht nur zum Diplom führte, sondern praktisch auch die Buchführung umfaßte. Ich lernte zwei Jahre, es gelang mir, täglich zwei Stunden in meinem Tagesplan dafür frei zu machen.

Ich genoß dieses Studium enorm, ohne einen Gedanken daran zu verschwenden, wie und ob ich das Gelernte irgendwie verwenden könnte. Die Fächer als solche interessierten mich. Außer dem höchsten Niveau der Buchhaltung wurden auch gelehrt: Preis- und Herstellungskostenkalkulation, Bankwesen, Börse, Steuerwesen, wirtschaftliche Gesetzgebung usw.

Für die Arbeiten, die ich zur Prüfung einreichte, bekam ich sehr gute Noten; ich besaß eine besondere Gabe für diesen Beruf. Übrigens, ich schrieb wieder alles mit der Schreibmaschine. Als ich den Kurs beendet hatte, ließ ich mich für die Prüfung in der dritten Stufe einschreiben.

Die gestellten Fragen zu beantworten, war ein Kinderspiel – ich hatte ja für ein viel höheres Niveau gelernt. So war ich sicher, die Prüfung bestanden zu haben. Eine Woche später erhielt ich den Bescheid: Ich war durchgefallen. Es war mir unverständlich, die Fragen waren doch so leicht gewesen.

Als Edith bei der Prüfungskommission wegen dieses Ergebnisses noch einmal nachfragte, stellte sich heraus, daß alle Antworten fehlerlos gewesen waren und ich nur wegen der schlechten Handschrift nicht bestätigt worden war. Sie erklärte, daß ich behindert sei, das Urteil wurde daraufhin revidiert, und ich erhielt die Urkunde eines Buchhalters der dritten Stufe.

Eigentlich wollte ich ja dieses ganze Studium mit einem Abschluß in Diplombuchhaltung beenden, und so nahm ich gleich an der nächsten Prüfung dafür teil. Erst im Nachhinein erfuhr ich, daß ich die Teilnahmebedingung einer einjährigen Tätigkeit nach der ersten Prüfung nicht erfüllte. Nun unternahm ich keinen weiteren Versuch mehr. Wieder ein Mißerfolg, noch ein Traum mußte begraben werden. Ich hatte zwar enorme Kenntnisse erworben, aber ich konnte nichts damit anfangen.

So mußte ich »zu meiner ersten Liebe zurückkehren«. Die Hühnerfleischaufzuchten waren sehr lukrativ. Daher beschloß ich, noch einen Stall für siebenhundert Tiere zu bauen. so daß ich zur gleichen Zeit zweitausend Tiere aufziehen konnte. Der Bau des neuen Gebäudes ließ mich die Enttäuschungen mit dem Ghana-Projekt und der Buchhaltung etwas vergessen.

Außerdem nahm ich wieder an zwei Kursen teil, einer über Krankheiten und Schädlingsbekämpfung, der andere über Geflügelimpfung und Antibiotikaanwendung. Das Diplom, das ich dort erhielt, ermöglichte mir später drei Jahre lang eine gute Nebeneinnahme.

Als der neue Stall fertig war, konnte ich stolz darauf sein. Es war das schönste und beste Gebäude, das ich bisher errichtet hatte. Übrigens war es auch mein letztes. Meine langsam nachlassende körperliche Kraft genügte nicht mehr für solche Arbeiten, ich war ja auch schon sechsundvierzig Jahre alt, dreißig Jahre schwerster Arbeit lagen hinter mir.

Ein Erlebnis mit meinem Onkel, dem Bruder meines Vaters, bewegte mich in dieser Zeit sehr und erschütterte meinen Atheismus und mein Selbstvertrauen. Mein Onkel war als brennender Zionist gleich 1933 nach Palästina gekommen. Aber er wurde vom Leben im Lande schwer enttäuscht, und er prägte den zynischen Ausspruch: »Zionismus ist eine Krankheit, von der man nur in Israel geheilt werden kann!«

So wanderte er nach zwanzig Jahren im Lande in die USA aus. 1964 trat er in den Ruhestand und plante ein neues Leben voll von Vergnügungen. Ein Jahr später kam er mit seiner Frau auf Besuch nach Israel, wo einer seiner beiden Söhne lebte.

Eines Tages besuchten sie uns in Magschimim, und ich werde nie vergessen, was dann geschah. Wir sprachen über meinen verstorbenen Vater, und der Onkel äußerte den Wunsch, sein Grab zu besuchen. Ich stimmte zu, aber da er plante, noch eine lange Zeit im Land zu bleiben, sagte ich: »Wir werden einen Termin festsetzen, es eilt ja nicht. Du hast noch Zeit.«

Eine Woche später wurde der Onkel krank und in ein Krankenhaus eingeliefert. Innerhalb ganz kurzer

Zeit magerte er zu einem Skelett ab – und starb dann, ohne daß eine Diagnose gestellt werden konnte. Auf dem Tisch in seinem Krankenzimmer lagen eine Unmenge Reiseführer – für das wahre Leben, das jetzt beginnen sollte. Aber der Herr plante es anders: der Onkel sollte die Welt verlassen und in dem Land begraben werden, das er so sehr haßte. Und ich Agnostiker lernte auch etwas: Niemals zu sagen: *»Wir haben noch Zeit«* – der Mensch kann nie wissen, was im nächsten Monat geschehen würde.

Meine Mutter hatte sich erstaunlich schnell und gut in ein selbständiges Leben in der Stadt eingelebt. Nachdem sie eine Rente vom Entschädigungsamt bestätigt bekam, kaufte sie sich eine kleine Wohnung in Ramath-Gan. Sie konnte sich Auslandsreisen und auch andere Vergnügungen erlauben. Vor einigen Jahren litt sie unter Nierenproblemen, die schließlich zur Entfernung einer Niere führten.

Nachdem wir Nili bekommen hatten, wollte meine Mutter verständlicherweise mehr Zeit bei uns verbringen. Deshalb tauschte sie ihre Wohnung in Ramath-Gan gegen eine in Petah Tikva um. So war sie nun ganz in unserer Nähe. Doch der Herr zeigte uns, wie menschliche Pläne völlig unsicher sind – ja sein müssen.

Nachdem die Mutter ein Jahr in Petah Tikva wohnte – sie war fünfundsiebzig Jahre alt –, wurde sie krank. Hohes Fieber kam und verschwand wieder. So schickte der ratlose Arzt sie ins Krankenhaus, in dem sie drei Monate blieb. Es dauerte sehr lange, bis die Ärzte die Diagnose stellten und die Krankheit behandeln konnten. Es war eine Endokarditis, eine durch Bakterien verursachte Entzündung des äußeren Herzgewebes. Meine Mutter erhielt eine Unmenge von Antibiotika und wurde so geheilt. Aber diese reichlich drastische Behandlung bei einer Frau in ihrem Alter hatte eine unangenehme Nebenwirkung. Meine Mutter begann unter Gleichgewichtsstörungen zu leiden. So sah sie bald ein, daß ein selbständiges Leben für sie nicht mehr in Frage käme, und sie beschloß, in ein Altenheim zu ziehen. Bereits nach kurzer Zeit konnte sie in das Heim für deutsche Emigranten ziehen, und sie lebte sich schnell dort ein.

Man hatte uns gewarnt, ein Kind im Alter von einem Jahr zu adoptieren, aber wir hatten keine Alternative. Ein kleines Baby besitzt kaum frühere Eindrücke und Erfahrungen, es gewöhnt sich schnell an eine andere Umgebung und andere Menschen. Ein Kind, das schon einige Jahre alt ist, wenn es adoptiert wird, findet meist schnell heraus, daß der Wechsel zu seinem Besten war.

Bei der Adoption eines einjährigen Kindes aber ist die Lage anders: Nili besaß schon frühere Eindrücke und Erfahrungen, aber sie konnte nicht verstehen und auch nicht erklärt bekommen, daß die jetzige Veränderung zu ihrem Besten war. Nilis Verständnis nach wurde sie aus einer Kindergesellschaft herausgerissen und war nun ganz allein. Außerdem sorgte jetzt jemand anders für sie, den Unterschied zwischen Pflegerin und Mutter konnte sie nicht begreifen.

Diese Tatsachen prägten Nilis Verhalten und ihr ganzes Wesen. Sie war ein Kind, das nie allein sein wollte – von dem Moment an, als sie gehen konnte. Sie brauchte immer Kindergesellschaft, die Gemeinschaft mit den Eltern gab ihr gar nichts. Ohne die Gesellschaft von anderen Kindern fühlte Nili sich irgendwie unsicher – sie hatte ja ihr ganzes bisheriges Leben in einer Kindergemeinschaft verbracht.

Soweit ich mich erinnere, kannten wir damals den Grund für dieses Verhalten noch nicht. Auf jeden Fall litten wir sehr darunter. Doch meine Frau litt noch mehr unter dem Mangel an Liebesbezeugungen von Nili, denn sie selbst ist sehr warmherzig und liebevoll.

Mir machte diese Situation weit weniger aus, ich verbrachte ja die meiste Zeit außer Haus. Aber später, als Nili schon vier oder fünf Jahre alt war, konnte ich schwer meine Enttäuschung verbergen. Endlich hatte ich ein Kind, es wuchs genauso auf wie ein leibliches. Ich war ihr Vater, doch sie war völlig uninteressiert an allem, was ich tat. Sie wußte ja sehr gut, wo ich den ganzen Tag war, aber sie besuchte mich nie bei der Arbeit, zeigte nie das geringste Interesse an dem, was ihre Familie betraf. Was bei anderen geschah, interessierte sie weit mehr.

Ich schreibe diese Dinge nur sehr ungern, besonders, da Nili als Erwachsene total verändert ist. Aber mein Lebensbericht soll wahrheitsgetreu sein. Zu sagen, unser Glück als Eltern sei vom ersten Augenblick an vollkommen gewesen – das entspräche nicht der Wirklichkeit.

Während der zwei Jahre bis Nili den Kindergarten besuchen konnte, war meine Frau den ganzen Tag mit ihr beschäftigt. Ohne Kindergesellschaft war Nili wie ein eingesperrtes Tier. Dazu kam noch, daß es zu der Zeit im ganzen Dorf nur einige Kinder in ihrem Alter gab, in unserer Straße nur einen einzigen Jungen.

Das bedeutete für Edith, daß sie fast alle Hausarbeiten bei Nacht erledigen mußte.

Die kommenden drei Jahre, in denen Nili in den Kindergarten ging, brachten Edith Erleichterung und auch für Nili bessere Zeiten. Allerdings litt sie während des ersten Jahres unter der rassistischen Einstellung der Kindergärtnerin – sie haßte dunkle Kinder.

Wir entdeckten ja sehr schnell, daß Nili sich nicht alleine beschäftigen konnte und auch kein Interesse an Erzählungen hatte. Andererseits fanden wir heraus, daß körperliche Betätigung sie begeisterte. So lernte sie sehr früh Radfahren. Um ihretwillen wurden wir Mitglied in einem benachbarten Country-Club, weil dort eine Badegelegenheit war. Doch Nili zeigte kein Interesse an dem Kinderbecken, sie lief immer wieder zu dem tiefen Becken und blickte sehnsüchtig hinein. So ließen wir sie im Alter von vier Jahren schwimmen lernen.

Ein Jahr später entdeckten wir noch etwas anderes: Nili hatte Interesse und Talent für Tanz. So bekam sie vom fünften Lebensjahr an Ballettunterricht.

Dann wurde sie sechs und besuchte die Bezirksschule in einem Nachbardorf. Es war für sie eine glückliche Zeit, die in ihr eine angenehme Erinnerung hinterließ. Acht Jahre war Nili dort.

Dieser Zeitabschnitt war vor allem davon geprägt, daß wir endlich ein Kind großziehen konnten. Leider war auch das kein reines Vergnügen, aber auch leibliche Eltern erleben oft Schwierigkeiten mit ihren Kindern, an denen sie nicht schuld sind.
Ich persönlich konnte in dieser Zeitspanne die lange Liste meiner Fiaskos noch um zwei neue bereichern:

meine Untauglichkeit für das Ghana-Projekt und das scheinbar wertlose Studium der Diplombuchhaltung. Das einzig Positive war der Erfolg der Fleischaufzuchten und die damit verbundene Vergrößerung der Kapazität.

Außerdem lernte ich etwas, das meinen Atheismus und mein Selbstvertrauen erschütterte – die Unsicherheit des irdischen Lebens. »Es ist oft nicht mehr viel Zeit.«

Fünf »dramatische« Jahre

1967 – 1971

Der Sechs-Tage-Krieg war der zweite Krieg, den Israel durchstehen mußte – nach dem Befreiungskrieg 1947/48. Aber dieser Krieg war völlig verschieden von dem Sinai-Krieg 1956, der eine Antwort auf Terroraktionen von ägyptischem Gebiet aus gewesen war. Außerdem waren damals auch England und Frankreich an dem Kampf beteiligt – aus anderen Gründen.

Der Sechs-Tage-Krieg war von Israels Seite aus eine ausgesprochene Verteidigungsaktion. Ägypten hatte sich auf den Angriff dank massiver Unterstützung aus Rußland schon jahrelang vorbereitet. Das eindeutige Ziel dabei war die Vernichtung Israels. Der Krieg begann in der Tat mit der Blockade der Einfahrt in das Rote Meer bei Tiran, auch das Vertreiben der UN-Beobachter von der Grenze zum Gazastreifen war eine Aggression. Nach diesen beiden Aktionen folgte eine Wartezeit von vier Wochen. Nasser wollte den ersten Schuß von den Israelis gefeuert haben – damit seine Aggression überschattet würde.

Aber Israel ging nicht in diese Falle; es wartete geduldig und bereitete sich auf den Angriff der Riesenarmee vor, die die Ägypter an der Sinaigrenze konzentriert hatten. Dann begann der Angriff von ägyptischer Seite – allerdings verursacht durch ein geniales Manöver: Israelische Panzer griffen nicht an, sondern fuhren im Kreis herum und wirbelten riesige Staubwolken auf – es war ja in der Wüste. Die Ägypter zweifelten nicht daran, daß dies ein israelischer Angriff sei – und begannen zu feuern.

Dann kam die märchenhaft erscheinende Vernichtung der ägyptischen Luftwaffe. Das war die Folge der exakten Informationen der israelischen Luftwaffe: Der Angriff kam genau zu der Zeit, als die ägyptischen Piloten beim Frühstück waren. Und die Informationen der Luftwaffen-Piloten waren so genau, daß keine der vielen Attrappen getroffen wurde.

Erst dann rückten die israelischen Panzereinheiten vor. Die ägyptischen Streitkräfte fühlten sich ohne Flugzeuge hilflos und flohen zurück nach Ägypten. Alles wurde zurückgelassen: Panzer, LKWs, Waffen – und sogar Schuhe, denn barfuß läuft es sich besser durch die Wüste!

An der Ostfront zögerte der jordanische König, sich an dem Krieg zu beteiligen, aber Nasser ermutigte ihn. »Nimm deinen Teil von Israel, der Sieg ist ganz sicher!«

Das war, nachdem die ägyptische Luftwaffe bereits vernichtet war.

Hussein beschoß West-Jerusalem, und in zwei Tagen waren die Jordanier besiegt und flohen zur Ostseite des Jordans. Die ganze Westbank inklusive Ost-Jerusalem war in israelischen Händen.

So blieb nur noch die syrische Nordfront, die härteste Nuß. Mosche Dayan, der erfahrene General, war gegen einen Versuch, die Golanhöhen zu erobern, er hielt das Ziel für unerreichbar. Aber der Versuch wurde trotzdem unternommen und gelang – allerdings erst, nachdem mobil gemachte Bulldozer aus der Umgebung einen Weg für Panzer, Kanonen und LKWs vorbereitet hatten. Zwei Tage später waren auch die Golanhöhen in israelischen Händen. Neunzehn Jahre syrischer Angriffe auf die jüdischen Siedlungen in Galiläa und um den See Genezareth hatten ein Ende gefunden.

Unser Dorf war von dem Krieg kaum betroffen. Während der vier Wochen Wartezeit waren die Nerven eines jeden angespannt, aber wir Bauern waren besonders besorgt. Der Krieg würde nicht nur unsere Familien gefährden, sondern auch enorme Probleme für die Farmen bringen: Die Wasserversorgung, Elektrizität, der Transport von Futter und Erzeugnissen – all das wäre nicht mehr gesichert. Die meisten LKWs und Lieferwagen waren mobil gemacht.

Apropos Mobilmachung: Das Versammlungshaus auf dem Hügel hinter meinem Grundstück hatte das Militär besetzt, eine Einheit für beschlagnahmte Fahrzeuge war dort stationiert. Und eines Tages traute ich meinen Augen nicht: Über Nacht war meine ganze Nußplantage in einen Parkplatz verwandelt worden. Das Militär hatte die Autos hineingefahren, denn die Kronen der Riesenbäume machten die Fahrzeuge für Flugzeuge unsichtbar. Es war gut, daß die großen Bäume einige Wochen ohne Bewässerung auskommen konnten.

Und noch etwas passierte während der nervenaufreibenden Wartezeit: Es war ein entsetzlich heißer Tag, verursacht durch einen trockenen Wüstenwind. Die Temperaturen im Schatten betrugen über vierzig Grad Celsius. Die Hühner, besonders die eierlegenden, lagen schweratmend in ihren Käfigen. Normalerweise werden an solchen Tagen die Ställe dadurch gekühlt, daß Beregner auf die Dächer gestellt werden. Das erfrischt die Luft und drückt die Temperatur herunter. Doch an jenem Tag war die Wasserversorgung im Dorf abgestellt, was irgendwie mit der Mobilmachung zusammenhing.

Das Resultat war entsetzlich: Die Körpertemperatur der Hühner war so hoch, daß die Federn abfielen, wenn man sie nur berührte. Ich verlor an dem Tag hundertfünfzig Legehühner und fünfzig Masthähnchen.

Von den sechs Tagen Krieg merkten wir nichts. Der schnelle Sieg hatte jede Bedrohung beseitigt. Wieder war ein Wunder geschehen, der Herr war mit seinem Volk gewesen.

Ein Ereignis blieb tief in meiner Erinnerung. Einige Wochen nach Kriegsende organisierte das Dorf eine Fahrt in die Westbank. Wir waren etwa vierzig Personen in dem Bus, ich fuhr allein, da Edith bei Nili bleiben mußte. Die Männer waren bewaffnet, auch ich. Wir fuhren spazieren, dann hielt der Bus in Nablus, der größten Stadt dort. Wir stiegen aus und bummelten durch die Straßen. Für mich war das etwas Unvergeßliches.

Ich hatte den jüdisch-arabischen Konflikt bereits zwei Wochen nach meiner Ankunft im Land erlebt, einunddreißig Jahre früher. Damals wurden eine Woche lang jeden Morgen eine lange Reihe von Särgen der in Jaffa ermordeten Juden durch unsere Straße getragen. Dann kamen die drei Jahre arabischer Unruhen, in denen sich mein Dorf Hayowel in der Frontlinie befand. – Nach Ende des Weltkrieges war der Kampf erneuert worden, während zwei Jahren mußte das Dorf sich Tag und Nacht verteidigen.

Es folgte der Befreiungskrieg, ein Jahr lang war Hayowel Frontlinie. Während der ganzen sechs Jahre waren die benutzten Waffen zum größten Teil illegal, die Engländer verfolgten die Verteidiger weit mehr als die Angreifer.

Ich konnte mich an der Verteidigung meines Dorfes beteiligen – trotz meiner Behinderung. Das machte mich glücklich – und auch stolz. Vielleicht spürte ich aus diesem Grunde nie Haß gegenüber Arabern. Sie wollten uns verjagen, wir bestanden auf unserem Recht im Land zu leben – nicht an ihrer Stelle, sondern mit ihnen zusammen. Wir wollten keine Gewalt anwenden, aber waren entschlossen, unser Recht auf Leben und Aufbau des Landes zu verteidigen.

So ist es verständlich, daß unser Bummel durch die Straßen von Nablus für mich besondere Bedeutung besaß. Ich spürte keinen Haß oder ein Gefühl der Überlegenheit – wie es normalerweise bei dem Sieger auftritt. Als ich mit meinem Gewehr durch die Straßen schlenderte, zusammen mit den anderen bewaffneten Bauern, fühlte ich Genugtuung – und Sicherheit. Die Lage war verändert.

Jetzt waren die, welche uns das Lebensrecht absprachen, voll von blindem Haß. Sie waren jetzt entwaffnet – wenigstens offiziell. Wir hingegen waren bewaffnet, nicht um anzugreifen, sondern zu unserem Schutz. Ich war froh, daß endlich die Gerechtigkeit gesiegt hatte.

1968 entstand ein Problem, das die Landwirtschaft in Israel bis heute begleitet – und das wahrscheinlich nie verschwinden wird: die Wasserknappheit. Bis nach dem Ersten Weltkrieg war die jüdische Landwirtschaft in Palästina nur extensiv gewesen, d. h. die Bauern hatten viel Land und brauchten kaum Wasser. Dann nahm die Zitruskultur stark zu, hauptsächlich in der Küstenebene. Dort konnte das Grundwasser leicht angebohrt und die Haine damit bewässert werden.

Ende der zwanziger Jahre, besonders nach der Staatsgründung, beruhte fast die ganze – nicht-kollektive – Landwirtschaft auf einem Prototyp von Dorf mit je achtzig Familien, jede mit zwanzig bis dreißig Dunam bewässerbarem Boden. Die zugeteilte Wasserquote reichte mehr oder weniger aus.

1967 traten neue Verordnungen in Kraft. Alle nach 1948 gegründeten Dörfer bekamen nur einen Teil ihrer Quote zugeteilt – da im allgemeinen erst ein Teil der Böden intensiv bearbeitet war.

Die gesamte Quote für Magschimim betrug nur sechzig Prozent der endgültigen Zuteilung. Als diese Hiobsbotschaft bekannt wurde, erließ der Dorfrat – ich war damals noch nicht Mitglied – einen scheinbar sehr gerechten Beschluß: Alle Bauern sollten die gleiche Menge Wasser zugeteilt bekommen – d. h. genug um etwas zwölf von fünfundzwanzig Dunam, die jeder hatte, bewässern zu können.

Diese Entscheidung war ein schwerer Schlag für ein Dutzend Obstpflanzer – mich eingeschlossen, denn jeder von ihnen hatte sein ganzes Land bepflanzt. Andererseits gab es nicht wenig Ansiedler, die ihre Böden überhaupt nicht oder nur teilweise bearbeiteten. Dies bedeutete, daß ein Handel mit

Wasser entstehen würde, etwas das den Grundsätzen der Ansiedlungspolitik widerspräche.

Ich suchte nach einer Lösung, die gerecht wäre und gleichzeitig Wasserverschwendung verhindern würde. Dazu machte ich eine genaue Übersicht von allen Pflanzungen und bearbeitetem Boden im Dorf und berechnete den Gesamtwasserverbrauch – den Vorschriften von landwirtschaftlichen Fachleuten entsprechend.

Zu meiner großen Freude stellte ich fest, daß eigentlich genug Wasser vorhanden war – vorausgesetzt es würde richtig bewässert und nichts verschwendet. Ich brachte meinen Bericht zum Dorfrat und schlug vor, anstatt der gleichen Wasserzuteilung ein System auszuarbeiten, das jedem Bauern, wenn er richtig bewässerte, genug Wasser versichere.

Dem Rat gefiel mein Plan, aber ich mußte jemanden finden, der die Aufsicht übernehmen könnte, d. h. monatlich die etwa zweihundert Wasseruhren ablesen und die Art der Bepflanzung registrieren. Dazu kam dann noch die rechnerische Arbeit: Den tatsächlichen Verbrauch mit dem vorgeschriebenen zu vergleichen, und die Verschwender zu bestrafen. – Mir fehlte es nicht an Arbeit, doch als niemand anders die Aufgabe übernehmen wollte, erklärte ich mich dazu bereit – für den Sommer 1967 und das Frühjahr 1968.

Im Sommer 1968 machten wir eine Reise nach Europa. Das Auto nahmen wir mit. Nach zweiunddreißig Jahren kam ich das erste Mal wieder nach Europa, und es waren auch meine ersten Ferien, seit ich mit sechzehn Jahren zu arbeiten begonnen hatte. Wir fuhren durch Italien, die Schweiz, Österreich und

Deutschland. Wir zelteten oft, das war besonders für die achtjährige Nili geeigneter als Hotels.

Die Reise war ein schönes Erlebnis, für mich persönlich eine neue Erfahrung. Plötzlich wurde mir bewußt, daß wir ja wie in einem großen Ghetto lebten, abgeschnitten von allen Nachbarländern. Die kulturellen, geistigen und sogar religiösen Trennungswälle beschäftigten mich nach dieser Reise noch lange Zeit.

Ich war immer stolz und glücklich gewesen, ein israelischer Jude zu sein. Durch die zweiunddreißig Jahre – zwei Drittel meines Lebens –, die ich im Lande verbracht hatte, war ich mit meiner neuen Heimat verbunden. Klima, Natur, Landschaft – ich fühlte mich hier so sehr zu Hause, daß mir alles andere fremd war. Hebräisch war meine Sprache geworden, sogar Englisch zog ich meiner Muttersprache Deutsch vor.

Jetzt bekam ich eine neue Sichtweise – nicht daß ich weniger Israeli gewesen wäre, aber ich spürte, daß mir etwas fehlte. Im 20. Jahrhundert ist Nationalität allein noch nicht genug. Die Welt ist kleiner geworden, mehr in sich verwoben. Besonders die geistigen Dinge – wie Kultur, Kunst und Geisteswissenschaften – wurden mehr und mehr international. Und natürlich kannte auch die christliche Religion keine Staatsgrenzen.

Ich war schon immer sehr an Architektur interessiert und genoß es enorm, die schönen Kirchen und Kathedralen zu besichtigen. Aber ich empfand mehr als die Freude eines Kunstliebhabers, ich konnte den eigentlichen Zweck nicht übersehen, dem diese Gebäude dienen sollten. Sicher, die Herrscher, die diese Monumente bauen ließen, wollten in erster Linie sich selbst verherrlichen, aber letzten Endes wurde vor allem ein anderer verherrlicht: der allmächtige Gott. Und doch, der eigentlich Verherrlichte war Jesus – in jüdischen Augen der größte Gotteslästerer aller Zeiten.

Diese neuen Gedanken waren winzige Samenkörner, die der Herr in mich hineinsäte – sie würden keimen, schneller als ich es mir vorstellen konnte. Die Reise, die eine reine Vergnügungsfahrt sein sollte, hatte in mir Fragen und Wünsche geweckt, die ich vorher nie für möglich gehalten hätte.

Die Europareise hatte etwas Neues in meinem Leben entstehen lassen. Zweiunddreißig Jahre lang hatte mein Leben nur aus Arbeit bestanden, ich kannte keine Freizeit, kein Vergnügen, keine Ruhe außer den sieben bis acht Stunden Schlaf, die mein Körper als Minimum brauchte. Ich stand um fünf Uhr auf und arbeitete bis zum Abend, sieben Tage in der Woche. Nach dem Abendbrot unterhielt ich mich mit meiner Frau, dann duschte ich und ging schlafen.

Die revolutionäre Veränderung war nun: Noch vor dem Abendbrot duschte ich und wechselte meine Kleider. So konnte ich meine Abende genießen, am liebsten hörte ich Musik. Meine Stimme taugt nicht zum Singen, Musikinstrumente kann ich wegen meiner Hände nicht spielen. So kaufte ich mir eine Stereoanlage und begann eine LP-Sammlung mit klassischer Musik.

Das Jahr 1969 brachte für mich einschneidende wirtschaftliche Ereignisse. Wie ich ja schon berichtete, war vor zwanzig Jahren eine schreckliche Hühnerkrankheit mit Namen New-Castle ins Land gebracht worden. Sie verlief fast immer tödlich und eine Behandlungsmöglichkeit gab es nicht, aber eine Schutzimpfung konnte den Ausbruch verhindern.

Doch das war eine reichlich komplizierte und mühsame Angelegenheit, denn schon ein paar Tage alte Küken mußten geimpft werden und das mit etlichen Wiederholungen. Und so hatten – nach einigen Jahren, in denen die Krankheit nicht auftrat – die meisten Geflügelzüchter das Impfen aufgegeben.

Aber dann kam eines Tages ein unerwarteter Ausbruch der Krankheit an vielen Plätzen zugleich, Magschimim nicht ausgenommen. Ich war in einer fürchterlichen Situation: zweitausend Küken, eintausend Legehennen und zweitausend Masttiere waren zum Vermarkten bereit.

Ich bemerkte die ersten Anzeichen bei den kleinen Küken, doch ich verschwieg das noch, um die zweitausend Tiere vermarkten zu können. Es war eine nervenaufreibende Zeit, der Verkauf dauerte drei Wochen. Hätten die Händler gewußt, daß die Küken krank waren, dann hätten sie nicht bei mir gekauft. Es gelang mir, die zweitausend Tiere zu verkaufen, erst dann erklärte ich, daß auch mein Stall infiziert war. Ich verlor alle Küken, die Legehühner waren immun. So war der direkte Schaden nicht so groß.

Aber was dann folgte, war weit schlimmer, es betraf alle Hühnerzüchter in Magschimim, doch mich als einen der größten besonders. Über das Dorf wurde eine strikte Quarantäne verhängt. Für ein halbes Jahr durften keine Küken ins Dorf gebracht und keine Tiere verkauft werden. Alle leeren Ställe mußten gründlichst desinfiziert, aller Mist vergraben werden. Aber die Hauptarbeit brachte die strenge Impfverordnung für die bestehenden und die neuen Herden, die nach Aufhebung der Quarantäne wieder gezüchtet werden würden.

Da ich über eine dreißigjährige Erfahrung und ein großes theoretisches Wissen verfügte, außerdem einen Impfkurs absolviert hatte und eine Lizenz besaß, betraute der Dorfrat mich mit der Überwachung der Sicherheitsvorkehrungen und mit der Impfung. Damit war ich ein halbes Jahr beschäftigt. Dann begannen die neuen Aufzuchten im Dorf und deren Impfung wurde nötig. Wir waren zwei Teams, ich hatte die Hauptverantwortung. Es war viel Arbeit, während der ersten drei Monate mußten die Tiere viermal geimpft werden, die Junghennen sechsmal. Aber es wurde gut bezahlt, und ich tat es zwei Jahre lang.

Als im Jahre 1966 wegen meinem Antrag auf Entschädigung Röntgenaufnahmen bei mir gemacht wurden, zeigte sich, daß meine rechte Hüfte eine schwere arthrotische Deformation aufwies.

Zwei Jahre später begann ich mehr und mehr darunter zu leiden, das Gehen wurde schmerzhafter und ermüdender. Sogar für kurze Entfernungen bei der Arbeit benutzte ich mein Fahrrad, und wann immer möglich – nahm ich einen Stock als Stütze.

Ich war ja gewohnt, Schwierigkeiten zu meistern, aber eines Tages bekam ich beängstigende Gedanken: Meine körperliche Verfassung könnte sich verschlimmern und dann, Gott behüte, wie sollte ich dann die Landwirtschaft weiterführen?

Deshalb beschloß ich, mein Recht auf eine Kur auszunutzen – bezahlt vom Entschädigungsamt –

und fuhr im Herbst 1971 für vier Wochen nach Badenweiler. Die Schönheit der Landschaft faszinierte mich, aber durch die Behandlung verbesserte sich weder das Gehen, noch wurde es weniger schmerzhaft oder ermüdend, nur meinem Rücken tat sie gut. Vor Jahren war schon eine sehr schwere vielfache Degeneration der Bandscheiben festgestellt worden, und so war alles, was die Lage verbessern konnte – oder wenigstens Verschlimmerung verhindern – sehr wünschenswert.

Nili begann mit fünf Jahren Ballett zu tanzen, zuerst hatte sie Unterricht bei einer Lehrerin in der Nachbarschaft, dann in einem Studio in Tel Aviv.

Nili tanzte dann noch so lange Ballett, bis im Jahr 1969 eines Tages ein junger Mann in Magschimim auftauchte. Er stellte sich als Fechttrainer vor und lud alle Kinder zwischen acht und zwölf Jahren zum Training ein. Obwohl Edith und ich nicht davon begeistert waren, ging auch Nili hin. Bald zeigte sich die besondere Begabung, die Nili für den Fechtsport hatte. 1971 war sie bereits eine von Israels Spitzenfechterinnen und das, obwohl sie erst elf Jahre alt war.

Über Nili bekamen wir Kontakt zu Andrej Spitzer, einem Fechtlehrer. Er wurde in Rumänien geboren und war mit seiner Mutter nach Israel gekommen. Er hatte schon früh Fechtunterricht bekommen und wollte Trainer werden – mit einer richtigen Fachausbildung, die in Israel nicht möglich war. So war er nach Holland gefahren – ohne Kenntnisse der Sprache und ohne finanzielle Mittel. Aber Andrej hatte alle Schwierigkeiten gemeistert, jede Arbeit angenommen und schließlich sein Studium an der Fechtakademie abgeschlossen. Dann war er zurückgekehrt, er hatte inzwischen eine Holländerin geheiratet. Erst bekam er eine Stelle im Norden, dann hielt er an der Wingate-Sportschule Fechtkurse ab.

Obgleich Nili Andrej bei Wettbewerben oder Trainingslagern oft traf, er trainierte sie fast nie. Aber er hatte keine Zweifel an Nilis enormer Begabung und war überzeugt davon, daß sie ihren internationalen Erfolg haben würde. Seine hohe Meinung von ihrer Begabung war zweifellos eine starke psychologische Stütze für die nur zehnjährige Nili.

Es entwickelte sich eine gute Beziehung zwischen uns und den Spitzers. Sicher war der primäre Grund dafür Nilis Fechten, aber bald hatten wir Andrej sehr liebgewonnen – und wie konnte man ihn nicht lieben?

Ich traf in meinem Leben wenige Menschen, die mich tief beeindruckten – zweifellos war Andrej einer der wenigen. Er war ein angenehmer Mensch, immer freundlich, hilfsbereit, verständnisvoll. Er war vielseitig interessiert und ein guter Zuhörer. Aber all diese Eigenschaften waren sicher nicht der eigentliche Grund dafür, daß Andrej mich so beeindruckte.

Er war nicht religiös, ich weiß nicht, ob er überhaupt an Gott glaubte. Das, was in meinen Augen Andrej zu einem solch besonderen Menschen machte, war der Frieden, den er ausstrahlte. Er lebte in Frieden mit sich selbst und seiner Umwelt, und das machte ihn zu einem ungewöhnlichen Menschen.

Die Spitzers besuchten uns oft, und während des Monats, den ich in Badenweiler verbrachte, halfen sie Edith sehr bei der Arbeit. Es war ihr Traum, eine eigene Wohnung zu haben, wenn möglich nicht in der Stadt. Aber das schien utopisch zu sein, denn ihre Mittel waren sehr begrenzt.

Wir wollten ihnen so gerne helfen, und schließlich fanden wir im Nachbarstädtchen etwas für sie. Die Spitzers waren beglückt, in etwa einem Jahr würden sie ihr eigenes Zuhause haben, ein Heim auch für das Baby, das sie erwarteten.

Noch eine Zeitspanne war zu Ende. Fünf der ruhigen Jahre, in denen aber doch wichtige und ungewöhnliche Ereignisse stattfanden: Castle-Krankheit und der Anfang von Nilis Fechtkarriere.

Und noch etwas Wichtiges geschah in dieser Periode: Ich begann, mir über Religion und Glauben Gedanken zu machen.

Zwischen Himmel und Erde

Grenzsituationen

1971 – 1976

Durch den plötzlichen, so unerwarteten Tod meines Onkels war ich ganz bewußt mit dem konfrontiert worden, was der Philosoph Jaspers »Grenzsituationen« nennt, d. h. Situationen, die dem Menschen die Grenzen seiner eigenen Macht zeigen. Ich hatte natürlich meine körperliche Behinderung als unabänderbare Tatsache annehmen müssen, aber bislang war ich überzeugt davon gewesen, daß es in meiner Macht liege, wie ich – trotz allem – meine Ziele erreichen würde.

Aber nun konnte ich die beiden Dinge, die einen langen Schatten auf mein Leben warfen, nicht mehr völlig ignorieren: Es war das Nachlassen meiner körperlichen Kräfte – an denen ich ausgesprochenen Raubbau betrieben hatte – einerseits und eine zunehmende geistige Unruhe andererseits. Ich fühlte eine große Leere in mir, der Sinn des Lebens wurde mir unklar. Aber das lief noch mehr in meinem Unterbewußtsein ab, ich hatte noch keine klaren Gedanken darüber.

So ging ich daran, das dringendste Problem zu lösen: meine körperliche Arbeit zu reduzieren. Auf einem kleinen Stück Zusatzboden von etwa einem Morgen hatte ich vor einiger Zeit eine hochrentable Pflanzung von japanischen Mispeln angelegt. Zwar

war der zu erwartende Gewinn sehr hoch, aber die zu investierende Arbeit enorm. Aus diesem Grunde tauschte ich das Grundstück gegen ein unbepflanztes um und ließ mir nur die investierten Ausgaben für die Pflanzung zurückerstatten. So war ich von einer Arbeit befreit.

Der nächste Schritt war weit wichtiger – und auch schwieriger auszuführen. Etwa zehn Jahre lang hatte ich zwei Zweige der Geflügelzucht betrieben – Legehühner und Schlachtvieh. Letzteres war sehr lukrativ, aber verlangte, neben fachmännischen Kenntnissen, auch viel körperlich schwere Arbeit. Ich zog viermal im Jahr je zweitausend Tiere auf, die jährlich an die zwanzig Tonnen Fleisch brachten.

Die Eier sowie die Fleischproduktion war damals durch Quoten begrenzt. Der Umtausch von Quoten war praktisch unmöglich, doch ich erreichte es dadurch, daß ich den Grund angab, der damals meine Ablehnung bei dem Ghanaprojekt bewirkt hatte. Es war ja meine körperliche Behinderung gewesen, die mich als untauglich dafür erklärt hatte. Auf diese Weise erreichte ich, daß meine Legehühnerquote von achthundert auf zweitausend vergrößert wurde, dafür gab ich die Fleischproduktion auf. Dadurch reduzierte sich die Arbeit bei den Hühnern auf zwei bis drei Stunden. Daneben hatte ich für die Bearbeitung der vier Morgen (1 Morgen sind 0,25 Hektar) Nüsse und das Bewässern der vier Morgen Zitruspflanzen zu sorgen, alles andere dort übergab ich einer Vermarktungsgesellschaft.

Der Boden der Nußpflanzung wurde ja schon lange Jahre nicht mehr bearbeitet, ich mähte nur das Gras und ließ es liegen. Diese Arbeit hatte ich mit einem zweirädrigen Motormäher erledigt, doch das lange Gehen schaffte ich jetzt nicht mehr. Zwei bis drei Stunden solch einer Arbeit machten mich völlig kaputt, Rücken und Beine schmerzten unerträglich. – So nahm ich Abschied von dem Handtraktor, der mir lange Jahre gedient hatte, und erwarb einen kleinen Traktor, mit dem ich sitzend mähen konnte.

Diese Veränderungen zur Erleichterung der körperlichen Arbeit nahm ich während der Jahre 1972–1974 vor. Ich hatte nun neben dem Fahrrad auch den Traktor als Verkehrsmittel für kürzere Entfernungen, im Hof begann ich, Krücken zu benutzen.

Das Resultat dieser veränderten Arbeitseinteilung war etwas, das ich vierzig Jahre lang nicht gekannt hatte: Plötzlich hatte ich freie Zeit! Aber bevor ich darüber nachdenken konnte, was ich damit tun könnte, mußte ich einen stillen Ort finden, wo ich mich geistig betätigen konnte.

Im Sommer 1972 fanden die Olympischen Spiele in München statt. Selbstverständlich war Andrej Spitzer der Trainer der israelischen Fechter. Kurz vor Beginn der Spiele wurde seine Tochter Anuk geboren. Und so blieb seine Frau Anki mit dem Baby in Holland bei ihrer Familie, während er in München war.

Einen Tag vor dem tragischen Ereignis, welches elf israelischen Sportlern das Leben kostete, hatte Andrej um einen Tag Urlaub gebeten, um seine Familie in Holland zu besuchen. Der Urlaub wurde bewilligt, unter einer Bedingung: Er müsse noch am Abend zurückkehren. Bei seiner Rückreise von Holland wollte Andrej den letzten Nachtzug nach München nehmen. Anki fuhr ihn zum Bahnhof, aber wegen Verkehrsstaus kamen sie zu spät, der Zug war schon weg. Anki versuchte ihn zu überreden, erst am kommenden Morgen zu fahren. Doch Andrej lehnte es ab, er hatte sein Wort gegeben, noch in der Nacht zurückzukehren.

So rasten sie zum nächsten Bahnhof, um den Zug einzuholen. Es gelang ihnen im letzten Moment. Andrej bestieg ihn und erreichte München noch bei Nacht. Das Haupttor des olympischen Dorfes war geschlossen, aber es war sehr leicht durch ein Loch im Zaun hineinzukommen. Und so erreichte Andrej das Gebäude, in dem das israelische Team untergebracht war – von Bewachung konnte keine Rede sein.

Dann, gegen Morgen, begann die Tragödie: Eine Gruppe von Terroristen, zur PLO gehörend, besetzten das Gebäude und nahmen zehn wehrlose Sportler als Geiseln, unter ihnen auch Andrej. Ein elfter, der sich wehrte, wurde erschossen.

Es folgten Verhandlungen zwischen den Terroristen und der deutschen Polizei. Die Forderungen der PLO wurden den israelischen Behörden übergeben, doch die weigerten sich mit Terroristen zu verhandeln. Dann verlangten die Palästinenser ein Flugzeug, das sie und die Geiseln nach Algerien bringen sollte. Die Deutschen waren an einer ungestörten Fortsetzung der Spiele interessiert, so stimmten sie zu.

Ein Hubschrauber wurde bestellt, um die Gruppe zum Flugplatz zu bringen. Da geschah der tragische Irrtum der Polizei: Nachdem die Geiseln in dem Hubschrauber waren, eröffneten die Polizisten das Feuer und töteten die Terroristen. Der Alptraum schien vorüber zu sein, doch kurz danach explodierte der Hubschrauber. Die Polizisten hatten sich verzählt, bei den Geiseln war auch ein Terrorist gewesen, der die Handgranaten auslöste. Das war das Ende.

Diese Nacht werde ich nie vergessen. Edith und ich waren zu einer Hochzeit nach Jerusalem gefahren. Ich hatte ein Transistorradio bei mir, und von Zeit zu Zeit hörte ich die Nachrichten. Als wir gegen Mitternacht wieder zu Hause waren, hörten wir die freudige Nachricht: Der Alptraum ist zu Ende, alle Geiseln sind befreit. Erleichtert gingen wir schlafen.

Doch dann am Morgen hörten wir die schreckliche Nachricht: Alle zehn israelischen Sportler sind tot!

Wie ich ja schon sagte, die Spitzers waren wie Familienmitglieder für uns geworden. Ich werde nie Andrejs Gruß vergessen, wenn er zu uns kam, sein »Wie geht es?«, begleitet von einem bezaubernden Lächeln. Wir waren sehr niedergeschlagen, ich fühlte mich, als ob mir der Sohn genommen wäre.

Am stärksten war natürlich Nili getroffen. Andrej war zwar nie ihr fester Trainer gewesen, aber er gab ihr theoretische Ratschläge, beobachtete sie bei Wettbewerben, ermutigte sie und setzte ihr neue Ziele. Er hatte immer betont – und bewundert –, welch enorme Fähigkeiten in der zwölfjährigen Fechterin lagen. Nun hatte sie ihr erstes Treffen mit dem Tod, mit der unveränderbaren Tatsache, daß ein geliebter Mensch für immer verschwunden war.

Ich war damals ja vollkommener Atheist. So sah ich Andrejs Tod als einen erneuten Beweis für das totale Chaos, das in der Welt herrschte, als eine Offenbarung von Unrecht, Grausamkeit und völliger Unsicherheit – Erscheinungen, die wir ja fast täglich antreffen.

Andrej war gerade an der Spitze seiner Karriere angekommen: Er führte eine glückliche Ehe, hatte eine bezaubernde Tochter, in einigen Monaten könnten sie in ihr eigenes, so sehr erträumtes Heim einziehen. Andrej war der beste Fechttrainer Israels. In München hatte man ihm die Leitung der zu errichtenden Fechtakademie des Nahen Ostens angeboten. So konnte ich seinen Tod nur als einen Beweis von ungeheurer Grausamkeit hinnehmen.

Aber heute, als Gläubiger, denke ich anders. Andrejs Tod in München war kein blindes Schicksal, Gott hatte es so geplant. Natürlich war sein Ableben ein fürchterlicher Schlag für seine Familie, Freunde und Schüler gewesen. Seine Aufgabe auf Erden war zu Ende gewesen, deshalb rief Gott ihn zu sich. Ich kann dieses Ereignis nur unter die folgenden Worte stellen, die ich einmal las: »Mein Vater, ich kann dich nicht verstehen – aber ich vertraue dir!« – Der Herr tut das Beste für seine Geliebten. Und Gott liebte Andrej – selbst wenn er fern von seinem Schöpfer war.

Im Jahre 1973 hatte Israel wieder einen Krieg zu bestehen, den Jom-Kippur-Krieg. Nach dem Sieg im Sechs-Tage-Krieg hatte Israel gehofft, Frieden und Anerkennung von den arabischen Staaten erhalten zu können – und als Entgelt die im Krieg eroberten Gebiete zurückzugeben. Aber die arabische Einstellung des »Niemals« änderte sich nicht: Niemals Verhandlungen mit Israel, niemals Anerkennung, niemals Frieden! Israel muß ausradiert werden!

Und so griffen 1973 Ägypten und Syrien wieder an. Es geschah an Israels größtem Feiertag, dem Versöhnungstag (Jom Kippur). Die Araber dachten, dieser Tag würde ihnen strategische Vorteile bringen. Doch sie hatten sich geirrt: Die Menschen waren in den Synagogen konzentriert – so war es leicht, die Reservisten zu mobilisieren. Auf den Straßen war kein Verkehr, und so konnte sich das Militär unbehindert bewegen.

Doch die Tatsache der völligen Überraschung führte dennoch dazu, daß etwa eine Woche lang die Lage sehr ernst war. Das Mobilmachen der Reservetruppen – und das sind in Israel drei Viertel der Armee – verlangt Zeit. Deshalb gab es am Anfang an beiden Fronten Rückzüge: Die Ägypter überquerten den Suezkanal und drangen in den Sinai ein, die Syrer eroberten einen Teil des Golan und Galiläa war bedroht.

Dann änderte sich die Lage. Die Syrer wurden wieder zurückgetrieben, und auch die Ägypter konnten nicht mehr als das Ostufer des Suezkanals halten. Jetzt machten die Israelis ein waghalsiges Unternehmen: Sie überquerten den Kanal viel weiter südlich und drangen in Mittelägypten ein – dem Land Goschen, in dem das Volk Israel einmal als Sklaven gelebt hatte. Jetzt war die Lage der Ägypter sowie der Syrer kritisch: Die ägyptischen Armeekorps, die auf beiden Ufern des Suezkanals standen, waren umzingelt. Und im Norden war ein Angriff auf Damaskus zu erwarten.

Da mischten sich die UNO und die USA ein, ein Waffenstillstand wurde erreicht. So endete der Oktoberkrieg nach dreiwöchigen Kämpfen. Das Resultat war wieder total anders, als es die Angreifer erwartet hatten: Es war, militärisch gesehen, der größte Sieg, den Israel je erreicht hatte.

Aber die Reaktion der Bevölkerung war ganz anders. Der Oktoberkrieg hatte traumatische Nachwirkungen aus zwei Gründen: Erstens war die Armee unvorbereitet gewesen, der Nachrichtendienst hatte versagt, und selbst in der Armee war vieles vernachlässigt worden. Zum zweiten waren die sechs Jahre des Friedens falsch gedeutet worden. Sie waren kein Beweis dafür, daß die Araber sich damit abgefunden hätten, den Sinai, die Golan-Höhen und die Westbank für immer verloren zu haben. Und dieses plötzliche Erwachen aus einem Traum führte dazu, daß man sich nicht auf das siegreiche Ende des Krieges konzentrierte, sondern der Schrecken des Kriegsbeginnes blieb als Trauma zurück.

Wir in Magschimim waren wenig von dem Krieg betroffen. Die Fronten waren weit weg, es gab keine Luftangriffe. Die Versorgung und das Abliefern der Produkte war wegen der Mobilmachung von LKWs etwas erschwert, aber nur die Hühnerzüchter litten finanzielle Verluste: Die Ställe durften nicht beleuchtet werden, und dadurch sank die Eierproduktion enorm. Doch viel schlimmer war der menschliche Verlust: Drei Familien verloren ihre Söhne, sie fielen bei der Verteidigung der Heimat.

Nach diesem Krieg wurde nun verlangt, daß jedes Haus in Magschimim einen bombensicheren Raum besäße. So wurde auch bei uns im Hof nahe beim Haus solch ein Betongebäude aufgestellt. Dieser Raum wurde nun mein Lieblingsplatz. Er war gut isoliert, daher im Sommer angenehm kühl und im Winter leicht zu wärmen. So richtete ich den Unterstand komplett ein, so daß er sowohl im Krieg als auch in Friedenszeiten zu benutzen war. Ich machte ein zweistöckiges Bett, einen Schreibtisch und einen kleinen Schrank und legte vom Wohnhaus her elektrische

Leitungen. So hatte ich einen stillen Ort, an dem ich mich während meiner zwei bis drei Stunden Freizeit pro Tag betätigen konnte.

Während der fünfziger Jahre war ich für eine kurze Zeit Mitglied des Dorfrats gewesen. Magschimim war damals noch klein und unentwickelt gewesen, und die Leitung bestand hauptsächlich aus den Gründern des Dorfes, deshalb fühlte ich mich fremd dort und trat zurück.

Dieser Rat leitete das Dorf bis in die sechziger Jahre. Doch dann gab es eine »Revolution«, und ein neuer Dorfrat mußte gewählt werden. Ich wurde auch als Kandidat aufgestellt und gewählt. Ich lehnte es ab, Vorsitzender zu sein – ich bin kein Führertyp. Doch praktisch wurde ich der Experte auf den meisten Gebieten, denn niemand anders besaß meine Kenntnisse in Agronomie – besonders Hühnerzucht –, in Buchhaltung und finanzieller Planung. Außerdem war ich im Dorf bekannt als zwar wenig gesellschaftlich, aber fraglos redlicher und gerechter Mensch. Ich genoß diese acht Jahre im Dorfrat. Es war das erste Mal in meinem Leben, daß ich eine gewisse Autorität besaß, meine Kenntnisse von anderen geschätzt wurden, und vor allem, daß ich als gleichwertig angesehen wurde.

Der Tod von Andrej Spitzer war ein gehöriger Schock für Nili gewesen. Aber dann nahm sie das Fechten noch ernster: Andrej hatte in ihr einen Zukunftsstar gesehen, und sie wollte beweisen, wie richtig seine Prophezeiung gewesen war.

Ihr Aufstieg war wirklich einmalig: Mit zwölf war sie Israels Fechtmeisterin bis achtzehn; mit dreizehn

Landesmeisterin. Danach wurde sie zur Weltmeisterschaft der bis zu Zwanzigjährigen geschickt, d. h. fast alle waren zwischen siebzehn und neunzehn. Als Dreizehnjährige kam sie auf den siebzehnten Platz unter den einhundert Teilnehmern. Im selben Jahr war Nili Mitglied des israelischen Frauenfechtteams bei den asiatischen Spielen in Teheran. Dank ihres hervorragenden Fechtens bekam das Team die Bronzemedaille.

1974 beendete Nili die Volksschule und kam ins Gymnasium. Dort erlebten wir eine freudige Überraschung: Der Direktor war nicht nur ein ausgezeichneter Pädagoge, sondern auch ein begeisterter Sportler – das half Nili enorm.

1975 nahm Nili bei der »Unter-zwanzig-Weltmeisterschaft« teil und an einem internationalen Wettbewerb zum Andenken von Andrej Spitzer. Sie hatte Erfolg, aber wir sahen, wie sehr ihr ein guter Trainer fehlte.

Daher unternahmen wir einen ungewöhnlichen Schritt: Wir schickten Nili für ein Jahr nach England, um bei dem berühmten Trainer Prof. Boston trainieren zu können! Das kostete uns nicht nur eine Menge Geld, sondern brachte uns auch viel Kritik ein, wir wurden als verrückte Eltern bezeichnet. Aber wir nahmen dieses Opfer gerne auf uns, denn wir sahen, wie wichtig für Nili das Fechten war, und wie die Erfolge ihr Selbstbewußtsein stärkten – etwas, das sie dringend brauchte.

Der Aufenthalt in London gab ihr viel. Sie konnte von dort aus an vielen Wettbewerben mit Erfolg teilnehmen. Sie vervollkommnete sich in Englisch, lernte auch nicht wenig Deutsch und war mit ihren fünfzehn

Jahren bereits ein Mensch, der sich überall zurechtfand.

1976 flog Nili nach Montreal zu den Olympischen Spielen. Sie genoß das natürlich sehr, und ihre Erfolge waren dem Alter entsprechend gut. – Nach der Olympiade besuchte sie wieder die Schule, sie war jetzt in der elften, d. h. vorletzten Klasse des Gymnasiums. Es war natürlich enorm schwer für sie, schließlich hatte sie ein ganzes Jahr nicht mitgemacht.

Es waren nun fünf Jahre vergangen seit meiner letzten Kur in Badenweiler. Nun bekam ich wieder eine Kur, sogar für sechs Wochen, bewilligt. Ich hatte natürlich die große Hoffnung, meine körperlichen Schwierigkeiten verringern zu können. Allerdings war das nicht das alleinige Ziel. Ich hatte das erste Mal seit vierzig Jahren Zeit zum Nachdenken und zu geistiger Beschäftigung. Mein bisheriges Verständnis des Lebens war durch verschiedene Ereignisse angegriffen worden, ich wollte – ja mußte – mir klarer über den Sinn des Lebens werden. Und ich hoffte, die sechs Wochen fernab von den täglichen Problemen und Aufgaben würden mir die Gelegenheit dazu geben.

Ich wählte diesmal als Kurarzt einen Orthopäden, eine Frau. Sicher stand der Herr hinter dieser Wahl. Sie war nicht nur sehr nett und offen, sondern auch eine hervorragende Ärztin – mit oft nonkonformistischen Anschauungen. Es war ja das erste Mal, daß ich eine gründliche medizinische Diagnose meiner Behinderung erfuhr und dazu das noch viel wichtigere: die Therapie und Prognose der Entwicklung.

Ich benutzte in Badenweiler das erste Mal zwei Stöcke, bisher hatte ich in der Öffentlichkeit nur einen benutzt. Ich hatte mich geschämt, als Schwerbehinderter angesehen zu werden. Während der Fahrt nach Deutschland hatte ich die beiden zusammengebunden, so daß sie wie einer aussahen. Die Ärztin sprach offen mit mir: Ich konnte keine Besserung meiner Behinderung erwarten. Alles was sie – und auch die anderen Ärzte – tun konnten, war die natürliche altersbedingte Verschlimmerung aufzuhalten. Sie war gegen den Gebrauch von Medikamenten, um das ständige Zittern von Händen und Bein zu verringern. Geistige Apathie würde die unvermeidbare Folge sein. Auch schmerzstillende Mittel sollte ich nur im Notfall benutzen.

Alles was sie mir raten konnte, war, ein ruhiges Leben zu führen: Wenig körperliche Anstrengung, keinen Streß oder Aufregung und in einem gemäßigten Klima leben – Hitze war schädlich.

Sie erklärte mir auch, wie meine primären Behinderungen im Laufe der Jahre zu zusätzlichen organischen Schäden geführt hätten: dem schweren Hüftleiden und der Degeneration der Bandscheiben.

Diese Diagnose war nicht gerade ermutigend, sie mußte meinen Seelenzustand beeinflussen. Und vor allem, sie verstärkte noch die geistige Unruhe und Unsicherheit – ja, die Anzeichen von Verzweiflung.

Kurze Zeit bevor ich nach Badenweiler kam, hatte ich ein Buch gekauft: »Der Weg zur Weisheit« von dem bekannten Philosophen Jaspers. Dieses Buch wurde der Anfang meines fast dreijährigen Philosophiestudiums. Ich genoß Jaspers Gedanken und seine Lehre enorm. Besonders seine Definition der »Grenzsituationen« gefiel mir: Sie zeigten dem Menschen die Grenzen seiner Macht, sie seien einfach unveränderbar. Krankheiten, Altern und Tod seien natürliche Grenzsituationen. Was mich stutzig machte: Er fügte noch das Schuldgefühl hinzu. Doch ich machte mir keine weiteren Gedanken darüber – das kam erst später.

Ich hatte ja schon begonnen, meine Arbeit einzuschränken, nun war mir noch klargemacht worden, daß ich diese Bestrebung fortsetzen müßte, wenn ich nicht eines Tages zusammenbrechen wollte. Nun sah ich aber auch eine Möglichkeit mich geistig zu beschäftigen, nämlich das Philosophiestudium.

Darüber hinaus wollte ich aber auch selbst kreativ sein. Ich empfand einen unbändigen Drang, selbst etwas zu schreiben. Ich dachte damals viel über den Tod nach. Ich war sechsundfünfzig und sah vor mir den Vater, der mit neunundfünfzig starb.

Folgenden Satz, den ich einmal irgendwo gelesen hatte: »Es ist später als du denkst« ließ mich nicht mehr los. Wenn das auch auf mich zuträfe, dann mußte ich ernsthaft daran denken, etwas zu schreiben. Das war auch sicher mehr unbewußt in der Furcht begründet, daß mein Leben als Landwirt sich seinem Ende näherte. Eines Tages würde ich die Farm, mein Lebenswerk, verlassen müssen. Und dann würde nichts zu meinem Andenken zurückbleiben. Dieser Gedanke erschreckte mich.

Neuorientierung

1977 – 1979

In den kommenden zwei Jahren erlebte ich wieder eine totale Veränderung meines irdischen Lebens. Es war das vierte Mal, daß Ereignisse stattfanden, die alles Vorangegangene verschwinden ließen. Das erste Mal war ich mit zehn Jahren zum Invaliden geworden. Dann kam mit fünfzehn der Abschied von der alten Heimat und der Entschluß, Bauer zu werden, als behindertes Stadtkind in der neuen Heimat den Boden zu bearbeiten. Das dritte einschneidendste Ereignis war meine Heirat, nach so vielen Mißerfolgen fand ich mit zweiunddreißig Jahren endlich eine Lebenspartnerin. Dazu kam dann noch, daß ich den Ort verlassen mußte, wo ich siebzehn Jahre gelebt und mit unsäglicher Mühe eine Farm aufgebaut hatte. Ein völlig neuer Anfang mußte in Magschimim gemacht werden.

Und nun sollte noch einmal alles Alte sterben – allerdings würde es diesmal zu etwas anderem führen, zu etwas, das nicht nur irdisch ist, das einen Anfang hat – aber kein Ende. Diese zwei Jahre waren das Vorspiel für die letzte Etappe meines irdischen Lebens, die Zeit, die ich »Zwischen Himmel und Erde« benenne, und was in der Heiligen Schrift mit »In der Welt leben, aber nicht von der Welt sein« bezeichnet wird.

Nach meiner Rückkehr aus Badenweiler setzte ich meine Studien der Philosophie fort und glaubte, darin einen neuen Lebensinhalt gefunden zu haben – falls ich einmal die Landwirtschaft ganz aufgeben müßte.

Doch das war ja keine schöpferische Betätigung, und so begann ich einen Roman zu schreiben. Ich nannte ihn »Giora« – nach dem Held der Geschichte. Sie spielte in Israel, war voll Handlung und auch philosophischen Gedanken, aber sie war viel zu lang, sechshundertfünfzig Seiten, und schlecht geschrieben. Das war verständlich, schließlich hatte ich vierzig Jahre lang Deutsch weder gelesen noch geschrieben. Dazu kam dann noch, daß ich überhaupt noch nie etwas Literarisches verfaßt hatte.

Aber ich hatte diese Tatsachen übersehen, und als die Absagen der Verlage kamen, war ich sehr getroffen. Besonders auch deshalb, weil ich im geheimen davon geträumt hatte, das Schreiben als meinen Beruf ausüben zu können. Dieser Traum war nun vorbei, aber ich redete mir ein, ich könnte Schreiben ja nur als schöpferische Betätigung ausüben, so wie andere malten. Und so begann ich einen neuen Roman. Ich schrieb hundert Seiten, beendete ihn aber nie.

Im Herbst 1977 feierten wir unsere Silberhochzeit, und meine Mutter gab uns als Geschenk die Mittel für eine Europareise mit dem Auto. Bereits kurze Zeit nach unserer Rückkehr wußte ich genau, was ich zu tun hatte: Ich konnte so nicht weitermachen, durfte meinen Körper nicht völlig zugrunderichten. Ich mußte die Farm verkaufen und ein neues, völlig unbekanntes Leben beginnen – an einem mir fremden Ort. Heute weiß ich, wer dies zu mir sagte – und es erinnert mich ein ganz klein wenig an den Ruf Abrahams.

Ich wußte genau, was von mir verlangt wurde: Das Leben aufzugeben, das ich vor dreiundvierzig Jahren gewählt hatte, das Werk zu verlassen, das ich mit viel Schweiß und mit soviel Liebe aufgebaut hatte. Nie mehr würde ich wieder diese Nähe zur Natur, zum Land und zu Tieren so erleben können. Aber die Stimme in mir sagte: »Geh und vergiß, was war!«

Meine Frau war froh über meinen Entschluß. Sie hatte sich nie beklagt, aber ich wußte, daß sie nie besonders glücklich mit dem Landleben gewesen war. Noch in einer anderen Beziehung war das Jahr 1978 günstig für das Verlassen von Magschimim: Nili würde ihr Abitur machen und den Militärdienst beginnen.

So wurde die Farm zum Verkauf angeboten. Das war keine einfache Angelegenheit, denn der Boden gehörte ja dem Staat, außerdem mußte der Käufer vom Dorfrat als Mitglied der Genossenschaft bestätigt werden. Aber der Herr war mit uns, und nach einigen Monaten konnten wir verkaufen. Der Erlös schien ausreichend für den Kauf einer Wohnung für uns und später für unsere Tochter. Mehr konnten wir nicht erwarten.

Übrigens, finanziell gesehen war das Ganze ein ziemliches Risiko – wir würden keine anderen Einnahmen mehr haben als zwei Entschädigungsrenten aus Deutschland und nach einigen Jahren die kleinen Sozialrenten des Staates. Und ich konnte nicht von einem Verdienst träumen. Körperlich war ich kaputt, und alle Kenntnisse, die ich besaß, waren wertlos.

Nun mußten wir einen neuen Wohnort suchen. Ich dachte an Jerusalem, doch das erwies sich als Utopie. Die Preise für Wohnungen dort waren für uns unerschwinglich.

Danach dachten wir an das neue Nazareth. Es gefiel uns dort, mich begeisterte besonders die galiläische Landschaft. Doch dann gaben wir die Idee auf – die Tatsache, daß alle Einwohner Neueinwanderer waren, störte uns.

Schließlich wählten wir Haifa. Mir gefiel die Stadt sehr gut, und Edith war froh, nach fünfundzwanzig Jahren wieder dorthin zurückkehren zu können.

Nach vielem Herumsuchen konnten wir eine herrliche Wohnung in einer einzigartigen Gegend finden: Auf dem Karmel, mit herrlicher Aussicht, im Sommer luftig und kühl, lag sie gegenüber einem Wald. Und dazu war noch der Preis sehr günstig, weil das ganze Projekt noch unvollständig war.

Im Mai 1978 erwarben wir unser neues Heim, im Juli hatten wir Magschimim zu verlassen. In der dazwischen liegenden Zeit gab es viel zu tun, sowohl in der neuen Wohnung als auch in Magschimim. Es gab so vieles, was ich gerne mitgenommen hätte, aber ich durfte ja nicht vergessen, daß wir in eine Stadtwohnung zogen. So mußte ich eine Auslese vornehmen und mich von vielen liebgewordenen Gegenständen trennen, wie zum Beispiel von der einzigartigen Turiah-Hacke, die mich vierzig Jahre lang begleitet hatte, von dem Stahlhelm aus dem Weltkrieg oder einem Teil des Pferdegeschirrs. Ich war so mit den praktischen Aufgaben beschäftigt, daß ich völlig vergaß, was mir bevorstand, daß ich in Haifa ja nur einen äußeren Rahmen vorbereitet hatte, eine leere Nußschale, von der ich keine Ahnung hatte, wie ich ihr einen Inhalt geben könnte. Ich werde nie den letzten Tag in Magschimim vergessen. Ich war wie immer früh aufgestanden, um das Vieh zu füttern, bevor der Möbelwagen kam. Ich kam in den ersten Stall – und was sah ich: Der neue Besitzer verteilte schon das Futter!

In dem Moment verstand ich, was geschehen war. Das Leben, das ich vierzig Jahre lang, seit meiner Jugend, geführt hatte, war zu Ende, nur Erinnerungen würden bleiben, nie mehr Realität. Die tägliche Nähe zur Natur, zu Tieren, zum Boden, das Wechseln der Jahreszeiten, der Geruch von frischem Heu, von geackertem Boden, die freudige Begrüßung der Hühner, die das Futter erwarteten, der Anblick von zufrieden wiederkäuendem Vieh – all das gehörte der Vergangenheit an.

Nach dem Umzug war ich noch einige Wochen mit der Einrichtung der Wohnung beschäftigt. Zum letzten Mal wendete ich meine Kenntnisse in Tischlerei, sanitären Anlagen und Elektrizität an. Dann war auch das getan. Nun saß ich in meinem schönen Studio mit herrlicher Aussicht vor mir und fragte mich: Was soll nun weiter werden?

Ich hatte keine Antwort, nur beängstigende Fragen. Hatte ich nicht übereilt gehandelt? Schmutziges Wasser ausgegossen, bevor ich sauberes besaß? – Außerdem wurde mir klar, daß ich ja noch mehr verloren hatte als Farm, Beruf und Beschäftigung.

Dreiundvierzig Jahre hatte ich in dieser Gegend gelebt, hatte ihre Geschichte miterlebt. Petah Tikva war von einem kleinen Städtchen der Plantagenbesitzer zu einer Stadt von hundertfünfzigtausend Einwohnern angewachsen. Die umliegenden Dörfer – jüdische und arabische – hatten zu meiner Heimat gehört. – Haifa war ganz sicher schön, aber das Gefühl einer Heimat hängt nicht von Schönheit ab. Die Gegend von Petah Tikva war meine Heimat gewesen, Haifa war mir fremd.

Die einzige schöpferische Betätigung – neben dem passiven Studium der Philosophie, die ich mir vorstellen konnte, war Schreiben – etwas, was mich sehr reizte. Doch dann kamen die logischen Fragen: Was denn? und Für wen?

Meine Behinderung beim Gebrauchen der Hände trat nun, da ich ein ruhigeres Leben führte, viel mehr in Erscheinung. Als ich noch den ganzen Tag gearbeitet hatte, belästigte mich das unkontrollierte Zittern nicht so sehr, da es nur auftritt, wenn die Hände nicht betätigt werden. Anfangs machten mich diese unkontrollierbaren Bewegungen fast verrückt. Ich fühlte mich, als ob in mir ein leerlaufender Motor raste, der nicht abzustellen war. Allmählich gewöhnte ich mich aber etwas an diese anormale Erscheinung und erfand auch alles mögliche, um sie zu unterdrücken.

Aber das Hauptproblem entstand ja, wenn ich in Gesellschaft war. Die Angst davor, man könnte meine zitternden Glieder entdecken, war fürchterlich. Wußte ich doch, wie ich selbst reagiert hatte, wenn ich an Parkinson Erkrankte getroffen hatte.

Dieses Problem war nun noch ein zusätzliches in meiner neuen Lebensführung, doch trotz allem war ich fest entschlossen, nicht den leichten Weg zu gehen, d. h. Medikamente zu nehmen. Ich war nicht bereit, den hohen Preis geistiger Apathie zu bezahlen.

Ein klar denkender Kopf ist für mich nötig, um ein lebenswertes Leben führen zu können.

So fuhr ich im Oktober wieder nach Badenweiler, der Hauptgrund war – ehrlich gesagt: Ich wollte alleine sein, um über die Zukunft nachdenken zu können. Ich war wieder begeistert von Landschaft und Natur. Aber etwas machte mir Kopfzerbrechen: Meine einzige Hoffnung, mich irgendwie sinnvoll betätigen zu können, war doch das Schreiben, etwas zu schaffen, das für die große Welt interessant sein könnte.

Zu meiner großen Freude fand ich bald ein passendes Thema für ein Buch. Es war damals die Zeit der Verhandlungen mit Ägypten, und das deutsche Publikum war sehr an dem israelisch-arabischen Konflikt interessiert. Daher beschloß ich, einen Roman zu schreiben, der die israelisch-palästinensischen Beziehungen behandelte – ein Thema, dessen Stoff ich ja gut beherrschte – da ich selbst es vierzig Jahre lang miterlebt hatte.

Dieser Entschluß ließ die Zukunft rosiger erscheinen. Ich brauchte das dringend, denn meine Begeisterung für die Philosophie hatte stark nachgelassen. Mehr und mehr entdeckte ich, daß sich hinter den erhabenen Ausdrücken und Phrasen kein realistischer Inhalt befand. Auf jeden Fall erkannte ich, daß ich in der Philosophie kein neues Lebensziel finden konnte.

Der zweite Punkt, der mir Kopfzerbrechen gemacht hatte, war die Tatsache, daß ich nach Haifa zurückkehren würde in eine städtische Wohnung und nicht zu meiner geliebten Farm – dieser Gedanke ließ mich fast weinen. Daher war die Aussicht, ein neues Buch zu schreiben, mein einziger Strohhalm.

Gleich nach meiner Rückkehr machte ich mich an die Arbeit. Das Buch sollte interessant, ja spannend sein, die Charaktere der Personen sollten klar dargestellt werden, die politischen Themen leicht verständlich sein. Da der rote Faden, der durch die Erzählung ging, ja das Leben der beiden verwandten Völker war, wählte ich den Titel: »Die Vettern« – was Juden und Araber als Nachkommen der Brüder Isaak und Ismael ja eigentlich sind.

Ich arbeitete wie besessen daran, in fünf Monaten war es fertig, wieder ziemlich lang – vierhundertfünfzig Seiten. Heute, mit einer gewissen Erfahrung als Autor, ist es mir leichter ein objektiveres Urteil über das Manuskript abzugeben. Der behandelte Stoff war reich und interessant, die Personen lebendig dargestellt, das ganze war sehr spannend. Soweit das Positive. Die Länge war ein Minuspunkt, außerdem der fehlerhafte Stil und die altmodische Sprache.

Fünf Verlage lasen das Manuskript und lehnten die Veröffentlichung ab. Das gemeinsame Urteil: interessant, aber nicht zum Verlegen geeignet.

Der Mißerfolg meines zweiten Manuskripts brachte mich völlig auf den Boden.

Meine bisherige Welt war mir genommen. Ich hatte mein »raison d'être« verloren. Einen neuen Lebensinhalt und ein neues Lebensziel zu finden, war utopisch. Meine gesundheitlichen Probleme waren unheilbar, würden immer mehr zunehmen. Es wurde mir klar, ich konnte nur zwischen zwei Alternativen wählen: Selbstmord oder intellektueller Tod, völlige Apathie durch Medikamente verursacht.

Doch da mischte Gott sich ein, dessen Existenz ich ja immer abgeleugnet hatte. Er wollte mich weder körperlich noch geistig zerstört sehen – denn er hatte mich ja erwählt. Mein Schöpfer führte meine Gedanken in eine ganz andere Richtung, in eine solche, die letzten Endes zu ihm führen mußte.

Mein Leben war zweifellos enorm schwer gewesen, aber doch hatte ich es irgendwie gemeistert. Und diese Tatsache hatte in mir die feste Überzeugung geweckt, *daß letzten Endes doch alles von meinem Willen und meiner Kraft abhänge!* Aber jetzt war diese Überzeugung in Frage gestellt. Ich war in einer Situation, die hoffnungslos schien – nicht nur subjektiv, sondern auch objektiv gesehen. Ich war in einer absoluten »Grenzsituation«, die ich selbst nicht überwinden konnte.

Die Philosophie hatte mir nicht den erhofften Seelenfrieden gebracht, auch keinen neuen Lebensinhalt oder ein neues Lebensziel. Aber sie hatte mich etwas anderes gelehrt: Es muß ein Wesen geben, das über Welt und Mensch steht! Und ich verstand, daß dieses Wesen meine einzige Hoffnung wäre.

Jaspers, der Philosoph, mit dem ich mich hauptsächlich beschäftigte, akzeptierte die Existenz eines höheren Wesens, doch war es transzendent und ohne Verbindung zu der Welt. Er stritt jede göttliche Offenbarung ab und auch die Möglichkeit einer Beziehung zwischen den Menschen und diesem fernen, überirdischen Wesen.

Diese Theorie war ich nicht bereit zu akzeptieren. Ich glaubte, eine Beziehung zwischen Mensch und Gott müßte möglich sein. Jemand anders, der mein früheres Verständnis von Religion prägte, war der

Philosoph Du Nouey. In seinem Buch »Das Schicksal des Menschen« erklärte er, daß Glaube und logisches Denken ja nicht unvereinbar seien. Das war völlig neu für mich, ich kannte ja nur das Judentum, dessen Grundlage das blinde Halten von religiösen Geboten war. Ich war völlig säkular aufgewachsen, dann kam ich nach Palästina, und dort war damals die ganze Atmosphäre total atheistisch. Das Ziel der Pioniere war, etwas ganz Neues aufzubauen, alles was im Exil das Leben beherrscht hatte, mußte über Bord geworfen werden. Und dazu gehörte natürlich auch die jüdische Religion, die ja das Verhalten eines Juden ganz bestimmte.

Doch jetzt wußte ich: Dieser unbekannte, so ferne Gott, an den ich nie geglaubt hatte, war meine einzige Hoffnung. Aber wie konnte ich ihn erreichen? Mit ihm Gemeinschaft haben, seelische Hilfe und geistige Führung von ihm erhalten? Die natürlichste und logische Antwort darauf mußte ja sein: Du bist doch Jude, dein Volk hat seit Jahrtausenden eine enge Beziehung zu dem Gott, der es auserwählt hat. Lebe so, wie Gott es von einem Juden verlangt – und du wirst ihm nahe sein!

So hätten meine Gedanken sein müssen, aber sie waren es nicht. Ich wußte zwar, daß dies kollektiv gesehen, als Nation richtig war. Israel und Gott waren jahrtausendelang eng verbunden gewesen. Aber ich suchte und brauchte so dringend eine persönliche, individuelle Gemeinschaft mit Gott. Aber war das nicht eine Utopie? Etwas menschlich Unmögliches? Ich war in der tiefsten Seelenkrise, die ich je erlebt hatte, meine einzige Hoffnung lag in etwas, das unerreichbar schien.

Wiedergeburt

1979 – 1980

Also, ich wollte Gott nahekommen. Doch den natürlichsten Weg lehnte ich ab, das rabbinistische Judentum schien mir nicht der richtige Weg zu sein. Ich war zwar Atheist, aber das Judentum war mir gut bekannt. Dazu trugen die jahrelangen engen Beziehungen zu den Brüdern Meir und Shimon in Hayowel bei. Dann besuchte ich ja nach dem Tod meines Vaters ein Jahr lang jedes Wochenende die Synagoge. Auch von dem Friseur Asow lernte ich viel über die Gebräuche der Frommen.

So unsinnig mir die meisten der unzähligen Ge- und Verbote auch erschienen, ich wäre bereit gewesen sie zu halten – koscher zu essen, am Sabbat nicht Auto zu fahren, mich in Schwarz zu kleiden und bis auf die Schläfenlocken kahl geschoren zu sein – wenn ich die feste Überzeugung gehabt hätte, das würde mich zu Gott führen, durch solch eine Lebensart würde Gott mir Hilfe, Führung, Trost und Frieden geben.

Aber ich besaß diese Überzeugung nicht. Der Gott, den ich suchte, müßte viel größer, gerechter und auch liebender sein und sein Verhalten zum Menschen nicht von solchen äußeren Dingen abhängig machen. Deshalb sah ich im Judentum keine Lösung meines sowohl existentiellen als auch praktischen Problems. Sollte das bedeuten, es gäbe überhaupt keine Hoffnung für mich?

Ein Jude ist entweder atheistisch oder er lebt der jüdischen Religion entsprechend, einen anderen Weg gibt es nicht – so hatte ich es immer gehört. Doch nun geschah etwas Außergewöhnliches – eine innere Stimme sprach zu mir, es war wie ein Befehl: »Lies doch einmal das Neue Testament!«

Ich war entsetzt! Dieses Buch sollte ich lesen? Das, was die Christen Gottes Wort nannten, dieses antisemitische Lügengewebe, das nichts Jüdisches in sich hat – das sollte ich lesen? Ich war zwar total deprimiert, aber doch nicht verrückt!

Aber die Stimme in mir schwieg nicht, es war wie ein kategorischer Befehl: »Du mußt das Neue Testament lesen!« – Und so beschloß ich, es zu tun. – Doch da entstand eine neue Schwierigkeit: Wo bekommt man in Israel so etwas her? Ich konnte mir nicht vorstellen, daß solch ein Buch irgendwo verkauft werden würde. Einige Wochen war ich ratlos.

Dann geschah wieder etwas Sonderbares: Wir besuchten unsere guten Freunde in Jerusalem, als ich plötzlich unter den vielen Büchern im Regal ein englisches Neues Testament sah. – David war Agnostiker, aber vielseitig interessiert. Ich war erfreut, doch gleich danach befand ich mich in einem Dilemma. Was sollte ich tun? Ich mußte das Buch lesen, das war mir klar. Aber wie sollte ich es anstellen? Ich konnte ihn doch nicht bitten, es mir zu leihen, dann würde die logische Frage folgen: »Wozu brauchst du das? Und was sollte ich dann antworten? Daß eine innere Stimme mir befiehlt, es zu lesen? Er hätte mich im besten Fall ausgelacht. Aber dazu war mir die Sache zu ernst, und außerdem war sie sehr dringend. So tat ich etwas, das ich noch nie in meinem Leben getan hatte: Ich nahm das Buch ohne ihn zu fragen! Der Herr verzeihe es mir. Gleich am nächsten Tag begann ich, das Neue Testament zu lesen. Was dann geschah war so gewaltig, daß es schwer zu beschreiben ist. Schon nach den ersten Kapiteln erkannte ich, daß dieses Buch durch und durch *jüdisch* war. Jesus wurde in das jüdische Volk hineingeboren, seine Schüler waren alle Juden, ebenso seine Anhänger sowie auch die Gegner. Alles spielte in dem Land und der Landschaft, die meine Heimat waren. Die ganze dort beschriebene Lebensart war jüdisch. Alle Verfasser des Buches waren Juden – bis auf einen, doch der schrieb, was Juden ihm erzählten.

Und weiter: Durch das ganze Buch lief ein roter Faden – das Alte Testament. Immer wieder wurde es zitiert – von Jesus, den Aposteln und Schülern. So fand ich bald: Das Neue Testament mußte ja eigentlich so eine Art Fortsetzung des Alten Testaments sein!

Das war eine großartige Entdeckung für mich, aber weitaus wichtiger war die Botschaft, die ich darin fand.

Ich kann heute nicht mehr beschreiben, was damals in meinem Inneren vorging. Doch am Ende dieser Wochen, in denen ich das Neue Testament wieder und wieder las, stand eine klare, eindeutige Erkenntnis: Es bestand für mich nicht mehr der geringste Zweifel daran, *wer Jeschua war und was seine Aufgabe war – ist – und sein wird!* Er ist der Sohn Gottes, der Messias Israels, er sühnte die Sünden der ganzen Menschheit – dem Sinaigesetz entsprechend – und er wird am Ende der Zeiten alle Menschen richten.

Der stellvertretende Tod Jeschuas brachte mich zum Nachdenken. Bisher war ich immer davon überzeugt gewesen, daß nur andere Menschen sich an mir versündigt hätten. Nun entdeckte ich, wie wenig Liebe ich selbst anderen gezeigt hatte – sogar meinen Nächsten gegenüber. Aber vor allem erkannte ich, daß ich mein ganzes Leben lang die schwerste Sünde eines Menschen begangen hatte: *Ich war fern von Gott gewesen, hatte seine Existenz geleugnet!* Und so verstand ich, was Jeschua auch für mich persönlich in dieser Beziehung getan hatte. Das gab mir große Erleichterung. Jetzt begriff ich, was Jaspers mit dem Ausdruck »Schuldgefühl als unüberwindbare Grenzsituation« meinte. Durch Jeschua war es keine »Grenzsituation« mehr und schon gar keine unüberwindbare.

Das war wichtig, aber noch nicht *das* Wichtigste für mich. Ich war doch auf der Suche nach etwas, das mich aus der Grube der Verzweiflung – und der völligen Ziellosigkeit – herausziehen könnte. Ich war schon zu der vagen Hoffnung gekommen, *die Hilfe könnte nur von Gott kommen.* Aber es erschien mir völlig phantastisch, ja utopisch, daß ich mit meiner atheistischen Vergangenheit zu irgendeiner Beziehung zu Gott kommen könnte. Und dann kam ja noch dazu, daß ich Jude war, und es von daher nur eine Religion für mich gab, das Judentum.

Und deshalb war für mich das, was Jeschua lehrte – und er bewies ja auch woher er die Autorität für diese Lehre hatte – *so ungeheuer wichtig, daß es eine Weile dauerte, bis ich glauben konnte, daß es auch für mich gelten könnte.*

Jeschua sagte, er sei der alleinige Weg zu Gott, wer an ihn glaube, der würde in ihm leben. »Ich bin der Weg und die Wahrheit und das Leben!« sagte er. Konnte es für mich passendere Worte geben?

Mein zukünftiges Leben würde einen Inhalt haben – Jeschua; ich würde ein Ziel vor mir haben – Jeschua; nur eine Wahrheit würde mich leiten – Jeschua; und mein Leben würde nicht mit dem völligen Zerfall meines Körpers enden, – sondern ewig sein, in Gemeinschaft mit Jeschua. Und auch in den schwersten Stunden würde ich nie allein sein. Der Herr wird mir durch den Heiligen Geist immer beistehen!

Es gab keine Zweifel mehr: Ich brannte darauf, Jeschua als meinen Herrn und Erlöser anzunehmen. Der Same, der vor über vierzig Jahren in mich hineingesät worden war – durch den anglikanischen Pastor auf der Schiffahrt nach Palästina – er hatte endlich gekeimt. Ich fühlte mich wie ein Blinder, der plötzlich das Augenlicht erhielt.

Es ist verständlich, vieles von dem, was ich im Neuen Testament las, war mir noch unklar. Die ganzen theologischen Grundlagen in bezug auf Erlösung, Heiligung, die Dreieinigkeit, Gerechtigkeit aus Gnade – all das war mir noch fremd. Doch das konnte keinen Einfluß haben auf meine feste Überzeugung: *In Jeschua könnte ich die »Erlösung« erhalten von all dem, was mich so bedrückte.*

Ich war völlig überzeugt davon, ich sei der einzige Jude, der so an Jeschua glaubte, aber weiter fest an seiner jüdischen Identität festhalten wollte. Daher waren mir zwei Dinge ganz klar: In den Augen der religiösen Juden wäre ich ein Verräter, die Säkularen würden mich für verrückt halten. Und: Ich würde keine Gemeinschaft mit gleichgesinnten Juden finden, höchstens noch mit gläubigen Arabern. Doch keins von beiden brachte mich aus der Fassung. Ich war mir meiner Identität als israelischer Jude voll bewußt. Ethnisch war ich Jude, Israel war meine Heimat und ich besaß die Staatsbürgerschaft – mein Glaube war Privatangelegenheit.

Ich empfand den Glauben an Jeschua als sehr jüdisch, obgleich mir noch enorm viele Kenntnisse in dieser Hinsicht fehlten. Vor allem sah ich den gewaltigen Unterschied zwischen dem Glauben an Jeschua und dem rabbinistischen Judentum. Beides war jüdisch, doch – wie verschieden!

Nachdem der Heilige Geist mir die Augen geöffnet hatte und ich den Messias als Herrn und Erlöser annehmen wollte, überlegte ich mir die praktischen Schritte. Ich brauchte Unterricht, dann Taufe und wenigstens gelegentlich – Gemeinschaft und Abendmahl. Doch wie konnte ich diese Punkte angehen? Die lutherische Erlöserkirche in Jerusalem schien mir die einzige Informationsquelle zu sein. So schrieb ich dorthin, erklärte meine Lage als Jude, der Jesus als Messias annehmen wollte. Ich stellte die Frage, ob so etwas überhaupt möglich wäre, und wenn ja, welche Schritte ich unternehmen müßte.

Ich sandte den Brief zu Beginn des Jahres ab, aber aus unbekannten Gründen dauerte es drei Monate, bis ich Antwort erhielt. In dieser Zeit kam ich zu der Überzeugung, daß ich einer Illusion nachgelaufen war. Der Glaube an Jeschua sei nichts für Juden, wenigstens nicht für solche, die weiter Juden bleiben wollten, dachte ich.

So wurde ich wieder völlig verzweifelt, meine Freude, endlich einen Weg zu einem Lebensinhalt und -sinn gefunden zu haben, wurde in Aussichtslosigkeit verwandelt. Heute weiß ich mit Sicherheit, diese drei Monate waren nötig, um die Aufrichtigkeit meiner Entscheidung für den Herrn zu prüfen.

Im April erhielt ich endlich eine Antwort aus Jerusalem. Sie war sehr positiv. Der Pastor bestätigte nicht nur die Möglichkeit für einen Juden, den Glauben an Jeschua anzunehmen, er erläuterte sogar das Beispiel von Paulus von den Zweigen des Ölbaums. Die Juden seien die natürlichen Zweige, und deshalb sei ihre Zugehörigkeit zum Leib Christi so wichtig. Er wies mich auch auf eine lutherische Gemeinde in Haifa hin und riet mir, mich mit dem Pastor in Verbindung zu setzen.

Ich war natürlich sehr beglückt über diese Nachrichten. Daß dieser Pastor und seine Gemeinde arabisch sein mußten, das störte mich nicht.

Doch als ich dann dem Pastor gegenüberstand, war ich reichlich überrascht. Dieser große blonde, blauäugige Herr sollte ein Araber sein? In meinen Augen glich er eher einem Wikinger. Als er sich vorstellte, wurde mein Eindruck bestätigt: Es war Ole, heute Direktor der Norwegischen Bibelgesellschaft.

Die Eliasgemeinde war dreißig Jahre zuvor von der norwegischen Israel-Mission gegründet worden. Diese Mission hatte schon vor und während des Zweiten Weltkrieges in Rumänien gewirkt. Als dann nach der Gründung des Staates Israel messiasgläubige Juden einwanderten, gründete diese Mission zwei Gemeinden, eine in Tel Aviv und eine in Haifa.

Somit war die Mehrheit der Gemeindemitglieder Juden – messianische Juden nannten sie sich – den hebräischen Ausdruck für »christlich« benutzend. Das Gebäude gehörte den Norwegern, ein Teil der Angestellten waren Ausländer. Der Gottesdienst und alle anderen Veranstaltungen wurden auf hebräisch abgehalten, auch die jüdische Identität der etwa fünfzig festen Mitglieder wurde betont.

Diese Tatsachen waren natürlich eine enorm große, freudige Überraschung für mich. Die Vorstellung, ein Außenseiter zu sein – der einzige verrückte Jude, der an Jeschua glaubte – hatte mich zwar nicht abgeschreckt, aber natürlich war es unendlich befriedigender, zu einer Gemeinschaft von Juden mit demselben Glauben zu gehören.

Die Göttlichkeit Jeschuas, sein Opfertod und seine Aufgabe als Mittler zwischen Gott und Mensch – all das war mir ja bereits klar gewesen. Was mir jetzt deutlich wurde, war der Zusammenhang zwischen der Erwählung Israels und der Aufgabe des Messias. Jeschua war Gottes endgültige Offenbarung, das letzte Stadium – vom Stammesgott über den Gott eines Volkes bis schließlich zum universalen Gott. Und Israels Aufgabe war, seinem Gott zu diesem Zweck als Bühne und Werkzeug zu dienen.

Nachdem ich mich mit dem Pastor getroffen hatte und ihm manches über mein Leben erzählt hatte, begann ich den Schabbatgottesdienst zu besuchen. Außerdem traf ich mich wöchentlich mit dem Pastor, und er lehrte mich die Grundlagen des Glaubens.

Ole Kwarme war zu meinem Bedauern nur für zwei Jahre mein Pastor. Danach war er einige Zeit Direktor des Caspari-Instituts in Jerusalem, bevor er nach Norwegen zurückkehrte. Daher waren wir nur verhältnismäßig kurz zusammen, aber für mich war es eine sehr wichtige Zeit.

Heute bin ich ganz sicher, mein Zusammentreffen mit Ole war vom Herrn geplant. Ole war für mich weit mehr als ein Pastor, der mir die Grundlagen des Glaubens beibrachte. Er war mein geistlicher Vater, obgleich er altersmäßig hätte mein Sohn sein können. Ich genoß jede Minute mit ihm, für kurze Zeit hatte ich einen Freund gefunden. Was Ole mir über Jeschua erzählte, war keine bloße Theorie. Ole lebte im Herrn, und der Herr sprach durch ihn. Auch erkannte er meine ungeteilte Identität als Messiasgläubiger, Jude und Israeli.

Am 6. September 1980 übergab ich mein Leben Jeschua und wurde getauft. Ich erzählte es meiner Frau erst hinterher. Sie war nicht überrascht, denn sie wußte ja, daß ich die Gottesdienste schon besuchte und von Ole vorbereitet wurde.

Nun war ich wirklich glücklich, hatte einen inneren Frieden gefunden, wie ich ihn vorher nie gekannt hatte. Der Heilige Geist lebte in mir, tröstete und führte mich. Daher konnte ich mit Vertrauen in die Zukunft blicken. Obgleich mein Körper mehr und mehr Probleme machte, ich würde im Herrn Trost finden – wie Paulus es beschrieb.

An meinem sechzigsten Geburtstag konnte ich mit den Augen eines Wiedergeborenen auf mein Leben zurückblicken. Ich hatte keinen Zweifel daran: Was in meiner Kindheit geschehen war, diese folgenschwere Krankheit war in Gottes Plan für mein Leben gewesen. Ich brauchte dieses halbe Jahrhundert Leiden, um meine eigene Ohnmacht zu erkennen und Gottes

Macht anzuerkennen. Nur so konnte Gottes Heilsplan verwirklicht werden. Alle meine Versuche einen neuen Lebensinhalt zu finden, einen Sinn und ein Ziel für das Leben überhaupt – sie mußten scheitern, damit ich in meiner Verzweiflung Gott suchen würde.

Im November nahm Ole mich als Beobachter mit zu der Jahreskonferenz der U.C.C.I., dem Vereinten Christlichen Rat in Israel, einer Dachorganisation christlicher Gemeinschaften in Israel. Ich war enorm beeindruckt von der Konferenz. Obgleich ich noch jung im Glauben war, konnte ich den Ansprachen sehr gut folgen.

Das abschließende Abendmahl beeindruckte mich am meisten: die große Gemeinde, Vertreter vieler Völker und doch eins in Christus – der Leib des Erlösers.

Nie zuvor hatte ich solch ein Glück gefühlt, so die Nähe Gottes wahrgenommen.

Das Jahr 1980 ging zu Ende. Zweifellos war es das wichtigste meines Lebens. Ich war neu geboren worden und konnte nun mit dem Begründer der Bibelschule in Adelshofen, Otto Riecker, sagen: »Mit sechzig fing mein Leben an!« Auch ich war sechzig Jahre alt, als mein wirkliches Leben begann, die Gabe des Messias – wie er sagte: »Ich bin gekommen, damit sie das Leben und volle Genüge haben sollen« (Johannes 10, 10).

Jeschua gab mir das wahre Leben – mit gesühnten Sünden und ewiger Gemeinschaft mit Gott dem Vater!

Auf dem Weg

1981 – 1993

Die letzte Phase meiner Erzählung nenne ich »Auf dem Weg«, denn ich empfinde das Leben eines Nachfolgers Jeschuas als einen *Weg*. Es war nicht zufällig, daß die ersten messiasgläubigen Juden »diejenigen, die auf jenem Weg gehen« genannt wurden.

Dem Messias nachfolgen, das ist niemals statisch, sondern immer dynamisch. Es bedeutet ein Leben auf einem bestimmten Weg zu einem festen Ziel – dem ewigen Leben in Gottes Reich. Die messiasgläubigen Juden erkannten mit Recht bereits vor zweitausend Jahren: Der Glaube an Jeschua ist keine neue Religion, er bedeutet die Nachfolge des Messias, des Herrn und Erlösers, dessen Kommen wie ein roter Faden durch das Alte Testament läuft. Dieser Weg ist oft nicht leicht, oftmals werden wir verlockt ebenere Wege zu beschreiten. Aber der gute Hirte bringt die verlorenen Schafe wieder zurück auf den Weg zu Gottes Herrlichkeit.

Allmählich gewöhnte ich mich an meine neue Umgebung, die Eliasgemeinde. Anfangs war das nicht so leicht, da keines der Mitglieder aus einem Milieu kam, das dem meinigen ähnlich war. Doch dann erkannte ich, daß dies ja gerade das Außergewöhnliche an einer christlichen Gemeinschaft war. In allem Weltlichen können die Mitglieder total verschieden sein, was sie vereint, ist nur der gemeinsame Glaube. Trotz aller Verschiedenheit sind sie eine Familie, sind Kinder Gottes; Messiasgläubige sind eine Blutsgemeinschaft; was sie zusammenbindet, ist das Blut Jeschuas – vergossen für ihre Sünden gemäß dem Sinai-Gesetz.

In diesem Jahr, 1981, besuchte ich auch gläubige Gemeinschaften außerhalb der Gemeinde. Eine davon war ein Hausbibelkreis. Es war ein schönes Erlebnis, die Teilnehmer waren tiefgläubige Israelis. Ich entdeckte, daß die Gemeinde und der Hausbibelkreis völlig verschiedene Arten von Gemeinschaft waren, es sind keine Alternativen, beide sind nötig für das gesunde geistliche Wachstum eines Gläubigen. Es war auch ein Geschenk des Herrn, daß ich – schon kurz nach meiner Taufe – die Gelegenheit hatte, an beiden Gemeinschaften teilzunehmen.

John Peyton, ein amerikanischer Evangelist, arrangierte ein drei Tage dauerndes Treffen in Nazareth unter dem Titel »Versöhnung«. Zu diesem Zweck lud er jüdische, arabische und ausländische Geschwister ein. Diese Gemeinschaft war für mich unwahrscheinlich bereichernd, noch deutlicher als in Tiberias beim U.C.C.I., begriff ich den entscheidenden Unterschied zwischen Namenchristen und Menschen, die durch eine persönliche Glaubensentscheidung Nachfolger Jeschuas geworden waren. John Peyton sah den Sinn dieses Treffens darin, zu zeigen, daß Versöhnung zwischen Juden und Arabern möglich sei – wenn beide Teile an Jeschua glaubten. Dann seien alle Unterschiede nebensächlich. Der gemeinsame Glaube, die gemeinsame Hoffnung, der gemeinsame Herr überstrahlten alles andere. Für mich war diese Entdeckung besonders beeindruckend, da ich fast ein halbes Jahrhundert im Schatten des arabisch-israelischen Konfliktes gelebt hatte.

Auf dieser Konferenz trafen meine Frau und ich das erste Mal die Ramadan-Familie von Tur an, wo Suhail baptistischer Pastor ist. Die Verbindung mit diesen lieben Geschwistern besteht inzwischen schon dreizehn Jahre und wird immer enger.

Meine aktive Beteiligung bei den Bibelstunden der Eliasgemeinde sowie die besondere Aufmerksamkeit, die Ole mir schenkte, gaben mir bald einen besonderen Status. Und als dann die Gemeinderatswahlen stattfanden, wurde ich als Kandidat aufgestellt und gewählt. Doch nicht nur das, der Rat machte mich zu seinem Vorsitzenden. Das war eine wichtige Neuerung, denn bis dahin war immer der ausländische Pastor Vorsitzender gewesen. In meiner neuen Stellung konnte ich meine Kenntnisse, die ich früher in Buchhaltung erworben hatte, und die administrative Erfahrung aus dem Dorfrat gut gebrauchen.

Im Laufe dieses Jahres hatte ich ein sehr unangenehmes Zusammentreffen mit einem ausländischen Pastor, der mich einer Sache völlig unbegründet beschuldigte. Ich war sehr getroffen und auch enttäuscht darüber, daß so etwas unter Gläubigen vorkäme. Doch dann erlebte ich eine angenehme Überraschung – die Versöhnung zwischen uns. Das war für mich ein Beispiel dafür, was christliche Gemeinschaft wirklich bedeutete.

Dann kam die unerwartete Nachricht: Ole würde in einem Jahr die Gemeinde verlassen. Ich war schokkiert, aber später erkannte ich, daß auch das von Gott so geplant war. Ole hatte mich so weit gebracht, daß ich glaubensmäßig auf eigenen Beinen stehen konnte. Nun mußte er mich verlassen, damit ich alleine meinen Weg gehen konnte. Aber auch für die Gemeinde war es besser so. Um die Selbständigkeit zu fördern, war es besser, einen schwächeren Pastor zu haben.

In der ersten Zeit nach meiner Wiedergeburt war ich völlig mit meinem Glauben beschäftigt gewesen, mein Lebenssinn war der Messias geworden. Im zweiten Stadium dann, ab 1982, beschäftigte ich mich mit dem »Jüdischsein« des Glaubens und der besonderen Aufgabe der messianischen Juden. Ich nahm an vielen Veranstaltungen teil, suchte persönliche Beziehungen und Möglichkeiten mich aktiv zu beteiligen. Doch bald fand ich heraus – ich war nicht der Typ von Mensch, der beeinflussen kann, geschweige denn andere führen.

Ich erkannte dann auch, daß dieses Bestreben aus meinem alten *Ich* herauskam. Ich suchte noch immer einen weltlichen Wert als Mensch, aber der Herr hatte mich nicht bestimmt für ein Leben mit Erfolg und Karriere. Ich war immer ein kleiner unwichtiger und geschlagener Mensch gewesen. Und deshalb war ich so reich beschenkt worden – von Jeschua, meinem Herrn. Wenn ich gehofft hatte, meine Erlösung würde mich zu einem persönlichen Erfolg führen, dann hatte ich das Evangelium falsch verstanden. Ich mußte bereit für jeden Dienst sein – aber bestimmt nur, um den Messias zu verherrlichen.

Meine Mutter hatte vierzehn Jahre in einem Altenheim nahe bei Tel Aviv gelebt. Sie war nun schon einundneunzig Jahre alt, geistig rege, aber körperlich schwach und behindert. Daher beschlossen wir, sie in ein ähnliches Heim nach Haifa zu holen. Das war für beide Seiten besser. Wir sparten die wöchentliche Fahrt nach Tel Aviv und konnten sie jetzt täglich besuchen.

Im Frühling hatte sich der Zustand meiner Mutter sehr verschlechtert. Sie konnte nicht mehr stehen und gehen und war auch geistig völlig durcheinander, aber nach einigen Wochen erholte sie sich wieder. Es war wie ein Wunder. So sahen wir keinen Grund unsere geplante Europareise abzusagen.

Der Hauptzweck dieser Fahrt war meine Beteiligung an einer Konferenz in der Schweiz, in Bossey. Sie war vom Lutherischen Weltbund organisiert und stand unter dem Thema »Die Beziehungen zwischen der Kirche und dem jüdischen Volk.« Ole hatte für meine Beteiligung gesorgt – er selbst war auch dort.

Für mich war das natürlich ein gewaltiges Erlebnis. Ich hatte mich ja noch nie zuvor bei einem Forum dieser Art beteiligt. Es waren dort über fünfzig Delegierte – die meisten hatten einen akademischen Grad – aus der ganzen Welt, Nord- und Süd-Amerika, Afrika, Indien, Indonesien, Japan, Taiwan und natürlich aus Europa.

Ich war der einzige messianische Jude dort. Aus Israel waren noch außer Ole: Professor Simon, ein religiöser Jude; Bischof Haddad von der lutherischen Kirche in der Westbank und Jordanien und ein norwegischer Missionar aus Jerusalem.

Zweifellos war es ein großes Risiko von Ole gewesen, mich zu so einem Treffen mitzunehmen. Als einziger messiasgläubiger Jude wäre ich dort natürlich eine Hauptperson. Wie konnte Ole so sicher sein, ich könnte vor solch einem Forum die messianischen Juden angemessen repräsentieren – schließlich war ich ja noch jung in Jeschua?

Doch ich konnte mich als zentrale Person der Konferenz behaupten, Oles Vertrauen in meine Gaben waren berechtigt gewesen. Ich erlebte das erste Mal in meinem Leben als Gläubiger, daß meine Kenntnisse und mein ganzes Reden eine übernatürliche Quelle hatten – den Heiligen Geist.

Zwei Wochen genoß ich auch eine herrliche Gemeinschaft mit diesen Brüdern aus aller Welt. Als ich Jahre später mein Buch »Begegnung in Galiläa« schrieb, hatte ich diese Konferenz in Bossey vor Augen. Übrigens, es war auch das erste Mal, daß ich nur Englisch sprechen mußte – und auch verstehen, denn alle Vorträge waren auf englisch. Einige meiner Aufsätze, die ich für das Treffen schrieb, wurden gedruckt und verteilt.

Vom messianisch-jüdischen Gesichtspunkt aus war diese Konferenz ein großer Erfolg gewesen. Praktisch alle Delegierten waren mehr oder weniger dagegen, daß Juden das Evangelium gebracht werden sollte. Sie sahen als Grundlage der Beziehungen zwischen Kirche und den Juden, den Dialog, d. h. freundliche, liebevolle Verbindungen mit gegenseitiger Anerkennung der Religion.

Das mag sehr human klingen, aber es widerspricht der Lehre Jeschuas. Das Evangelium ist in erster Linie für die Juden bestimmt; es gibt keinen anderen Heilsweg als *Ihn.* Unter diesem Druck der Rabbiner hatten die christlichen Teilnehmer bei diesen Dialogen bisher die messianischen Juden immer als Steine des

Anstoßes betrachtet. Aber jetzt wurden zum ersten Mal in der Erklärung zu der Konferenz *die messianischen Juden als der Eckstein* in der Beziehung zwischen Kirche und Juden bezeichnet! – Das war bestimmt zum großen Teil eine Frucht meiner vom Heiligen Geist geleiteten Beteiligung.

Die Konferenz in Bossey war ein wunderbares Erlebnis für mich gewesen. Es war auch der Anfang von etwas, das noch viele Jahre weitergehen würde: Meine Aufgabe, die Botschaft weiterzusagen, daß die natürlichen Zweige wieder in den Ölbaum eingepfropft werden, messiasgläubige Juden auch zum Leib Christi gehören.

Wir hatten geplant, nach der Konferenz in Bossey noch zwei Wochen in Deutschland zu bleiben. Doch es kam anders. Wir erhielten einen Anruf von Nili – meine Mutter war gestorben. Wir flogen natürlich sofort zurück.

Der Gesundheitszustand der Mutter hatte sich eine Woche zuvor stark verschlechtert. Nili hatte sie täglich besucht, bis die Omi starb. Wir haben die Mutter in einer dem Alter entsprechenden guten Verfassung verlassen, aber dennoch ließ mich mein Gewissen nicht in Ruhe. Ich war ihr Sohn, der einzige nahe Blutsverwandte und in ihrer letzten, schweren Stunde war ich nicht bei ihr gewesen. Aber nicht nur das machte mir Sorgen. Ich hatte mich oft gegen sie versündigt, hatte niemals die Geduld und Vergebungsbereitschaft für sie aufgebracht, die sie gebraucht hätte.

Nicht so meine Frau. Obwohl sie anfangs so unter ihrer Schwiegermutter gelitten hatte, vergab sie ihr später alles. Edith war immer für meine Mutter die liebende und sorgende Tochter gewesen.

Die Beerdigung war traurig, so wie das ganze Leben meiner Mutter gewesen war. Sie lebte fern von Gott, doch er gab ihr eine Natur, die es ihr ermöglichte, alle Schicksalsschläge zu überstehen, ohne völlig zusammenzubrechen. Wir waren weniger als ein Dutzend Personen, keine zehn Männer, wie es das religiöse Gesetz vorschreibt. Ich sagte ein Gebet, mußte dabei aber sehr darauf achten, Jeschua nicht zu erwähnen und bat um Gottes Gnade für die arme Seele.

Meine Mutter war wohl die letzte ihrer Generation. Jetzt würde meine Generation auf der »Warteliste« stehen. Ich persönlich war mehr als bereit. Mein Glaube gab mir eine so feste Hoffnung, daß jede auf Erden mögliche Freude verblaßte neben der Aussicht auf ein Leben mit dem Herrn – ganz abgesehen von der körperlichen Ruhe und der Schmerzlosigkeit. Doch ich konnte nicht darüber bestimmen – inzwischen mußte ich meine Aufgaben in dieser Welt erfüllen.

Nili war nun schon das zweite Jahr am Wingate-Institut und genoß das Sportstudium sehr. Im Frühjahr stellte das israelische Fechtkomitee einen ausländischen Trainer an, der die Mannschaft für die Weltmeisterschaft vorbereiten sollte. Er war Türke und hatte in Köln an der Fechtakademie sein Diplom erworben.

Mehmet blieb einige Monate im Land und wurde natürlich auch Nilis Trainer – doch bald war er weit mehr. Es war beiderseits Liebe auf den ersten Blick. Doch dann mußte Mehmet in seine Heimat zurückkehren, um den Militärdienst zu absolvieren. Der war wegen seiner Studien – zunächst an der Uni in Istanbul für seinen Ingenieurgrad und dann in Köln – aufgeschoben worden.

Als er dann nach Israel zurückkehrte, um seine Tätigkeit als Trainer wieder aufzunehmen, war die Beziehung zwischen den beiden bereits so eng geworden, daß eine Heirat selbstverständlich schien. Das war praktisch nicht unmöglich, auch wenn Mehmet kein Jude war, sie hätten in einem anderen Land heiraten können. Das war nicht das eigentliche Problem, vielmehr stellte sich heraus, daß das Fechtkomitee Mehmet zwar eine Stellung als Trainer versprochen hatte, daß aber die nötigen Gelder dafür nicht bewilligt wurden. Das bedeutete: Er war ohne Existenz. Aber auch in seinem anderen Beruf als Ingenieur waren Probleme zu erwarten. Mehmet würde durch die Heirat mit einer Israelin zwar eine permanente Aufenthaltsbewilligung bekommen, aber keine Staatsbürgerschaft. Dadurch wären seine Aussichten auf Anstellung sehr vermindert, noch besonders da er Moslem war.

Daher sah die Zukunft für die beiden ziemlich finster aus. Da hatte ich eine Idee: Warum sollten sie nicht in Deutschland leben? Mehmet hatte das deutsche Trainerdiplom, Nili war als Top-Fechterin in Deutschland bekannt. Das formelle Problem der Aufenthaltsbewilligung schien leicht lösbar.

Ich hatte nach dem Krieg die deutsche Staatsbürgerschaft zurückerhalten. Und nach dem Gesetz konnten auch Kinder und Enkel von ehemals deutschen Juden die Staatsbürgerschaft erhalten. Daher war der Beamte in der Botschaft sehr optimistisch.

Inzwischen arbeitete Mehmet für einen Hungerlohn weiter als Trainer.

Die Zukunft der beiden schien gesichert. Ich war froh darüber, auch wenn ich nicht davon begeistert war, einen moslemischen Schwiegersohn zu bekommen. Aber mein Gottvertrauen war so groß, daß ich es aus seiner Hand annehmen wollte.

Der neue Pastor in unserer Gemeinde, Helge, begann sich einzuarbeiten und war sehr bemüht, keine Hilfe in Anspruch zu nehmen. Ich konnte das gut verstehen. So hatte ich 1983 in der Gemeinde nur administrative Aufgaben als Ratsvorsitzender, Korrespondenz usw.; außerdem übernahm ich die Buchhaltung und Kasse der Gemeinde.

Ich verbrachte viel Zeit mit dem Studium der Bibel und anderer christlicher Literatur. Mein Glaube wuchs enorm durch diese intensive Beschäftigung mit Gottes Wort. Seitdem ich den Herrn gefunden hatte, las ich praktisch nichts Säkulares mehr – es erschien mir einfach als Zeitverschwendung.

1984 war das letzte Jahr, in dem meine geistliche Tätigkeit noch eingeschränkt war: Nur während der zwei Monate, in denen unser Pastor in Norwegen war, hatte ich die ganze Verantwortung und Arbeit in der Gemeinde zu tragen. Diese Zeit war nicht immer einfach.

In diesem Jahr hatte ich dann auch ein außergewöhnliches Erlebnis. Ole, der damals Superintendent der Israel-Mission war, hatte dafür gesorgt, daß Edith und ich zu der drei Monate dauernden Versammlung der lutherischen Weltföderation nach Budapest gesandt wurden. Ich sollte dort die drei lutherischen

Gemeinden Israels vertreten. Es war ein gewaltiger Kongreß mit tausendzweihundert Teilnehmern, der in einem großen Sportstadion mit Simultanübersetzung in drei Sprachen abgehalten wurde.

Wir lernten viele Personen kennen, und ich genoß große Aufmerksamkeit als messianischer Jude. Einige der Bekanntschaften dauern bis heute an, wie z. B. die mit dem deutschen Bischof Heubach und dem amerikanischen Bischof Brown. Sehr beeindruckend war auch der offizielle Empfang der Teilnehmer im Parlament.

An einem Wochenende wohnten viele Teilnehmer Gottesdiensten in Gemeinden bei, die über ganz Ungarn verstreut waren. Natürlich hatte ich mich auch dafür einschreiben lassen und auch eine Predigt vorbereitet.

Wir wurden in eine Kleinstadt geschickt, in der ein Pastorenehepaar die Ortsgemeinde plus ein halbes Dutzend »Diaspora«-Dörfer betreute. Für mich war dieser Menschenschlag etwas ganz Neues, aber mir gefielen diese ungarischen Arbeiter und Bauern sehr. Ihre natürliche Lebenslust und ihr einfacher Glaube waren ein angenehmer Kontrast zu der offiziellen und steifen Atmosphäre der Weltversammlung.

Meine Predigt wurde natürlich übersetzt, und an den lächelnden Gesichtern und dem kräftigen Händeschütteln beim Abschied erkannte ich, daß meine Botschaft Anerkennung fand.

Für mich war die Teilnahme an vielen Arbeits- und Diskussionsgruppen und Plenarsitzungen ein sehr beeindruckendes Erlebnis. Aber andererseits schokkierte es mich, daß es viele Geistliche gab, die den Glauben und die Bibel nicht so ernst nahmen. Für sie war das Christentum eine Religion, Pastor ein fast weltlicher Beruf und die Bibel konnte auch selektiv benutzt werden. Solche Einstellung war neu für mich. Übrigens, ich war der letzte israelische Teilnehmer auf einer Weltversammlung.

Für Nili war das Jahr 1984 sehr bedeutungsvoll. Im Frühjahr brachen die Beziehungen von Mehmet zum Fechtkomitee völlig ab. Er war ohne Arbeit, und sein Visum wurde nicht erneuert. So kehrte er in die Türkei zurück, reichlich enttäuscht, doch fest entschlossen nicht auf Nili zu verzichten.

Nili fuhr dann zur Olympiade nach Los Angeles. Sie war schlecht vorbereitet, da praktisch ohne Trainer. Dazu kam noch die Unsicherheit in bezug auf das gemeinsame Leben mit Mehmet. Trotzdem schnitt sie bei den Wettbewerben nicht schlecht ab. Sie genoß auch einen besonderen Status als olympische Veteranin und trug stolz bei den Aufmärschen die israelische Fahne. – Als sie zurückkam, hatte sie nur ein Ziel – Mehmet zu besuchen. So fuhr sie nach Istanbul. Inzwischen war auch ihre Aussicht, die deutsche Staatsbürgerschaft zu erhalten wegen bürokratischer Schwierigkeiten fast auf null gesunken. Nili war einige Wochen in Istanbul und alles schien sich einzuordnen. Sie änderte ihren früheren Beschluß – trotz ihrer Liebe zu Mehmet –, nicht in der Türkei leben zu wollen.

So beschlossen die beiden, sich zu verloben. Bei der Feier erklärte plötzlich Mehmets Vater seinen Widerspruch, doch das änderte nichts an ihrem Entschluß: Nili würde so bald wie möglich in die Türkei kommen und mit meiner Frau als Anstandsdame separat wohnen, bis die zur Heirat nötigen Formalitäten erledigt wären. Mehmets Eltern sollten bis zur Heirat nichts von Nilis Anwesenheit erfahren. So vergingen zwei Monate dieses »Untergrundlebens«, aber es konnte trotzdem einige Monate dauern, bis alles für die Heirat geregelt wäre. Daher beschlossen wir, daß Edith zurückkehrte. Nili hatte sich schon gut eingelebt, die Nachbarn kannten ihre Lage, und ihr Ruf als alleinlebende Frau war nicht gefährdet.

Nach weiteren vier Monaten war es endlich soweit. Mehmet hatte bis zum letzten Moment seinen Eltern nichts von seinen Heiratsplänen erzählt. Er tat es aus taktischen Gründen; er wollte dem Vater keine Zeit zu Widersprüchen lassen. Und er hatte richtig gehandelt. Am Abend vor der Hochzeit fragte Mehmet seine Eltern: »Ihr habt morgen nichts Besonderes vor?« Und als sie es verneinten, sagte er: »Also, dann wollt ihr vielleicht zu meiner Hochzeit mit Nili kommen?«

Die Mutter war beglückt, sie hatte Nili in ihr Herz geschlossen. Der Vater war total überrumpelt und sah ein, daß jeder Widerstand sinnlos wäre. Die Trauung wurde standesamtlich vor einem Richter vollzogen, auf der Heiratsurkunde wurde die Religion der beiden gar nicht erwähnt.

Ende 1984 wurde ich in die Exekutive der U.C.C.I. gewählt, einer Gruppe von acht Personen. Es war wie ein Traum. Den Abend, an dem ich gewählt wurde, werde ich nie vergessen. Als die Abendsitzung der Jahresversammlung zu Ende war, gingen die Teilnehmer zur Promenade an den See Genezareth und saßen in den Restaurants dort zusammen. Man lud mich ein mitzugehen – ich war so eine Art Star geworden, und jeder gratulierte mir zur Wahl.

Aber ich lehnte ab. Ich war einfach zu erregt, wollte allein sein. So ging ich zu einer stillen Ecke, setzte mich auf einen Felsen und blickte auf den See und die gegenüberliegende Küste mit den beleuchteten Dörfern. Was mich so erregte, war die Tatsache, daß nur vier Jahre vergangen waren, seit ich Jeschua als meinen Herrn und Erlöser angenommen hatte. Und jetzt war ich erwählt worden, seine ersten Jünger zu vertreten – in der Exekutive der U.C.C.I., die mir wie eine Mikrostruktur des Leibes Christi erschien. Und dazu kam dann noch das Szenario: Hier saß ich in der Gegend, in der Jeschua selbst gewirkt hatte. Sicher hat jeder Christ ein besonderes Verhältnis zu dieser Region, aber für einen israelischen messiasgläubigen Juden ist diese Gegend bedeutungsvoller als jeder andere Ort der Welt.

Ich diente vier Jahre, d. h. zwei Kadenzen in dem Exco der U.C.C.I., genoß es sehr, und man schätzte auch meine Teilnahme. Besonders wichtig war eine genaue Übersicht der messianischen Gemeinden im Land, die ich über alle möglichen Gebiete erstellt hatte: Statistik, nationale Zusammensetzung, theologische Einordnung, Art des Gottesdienstes usw.
1985 wurde die Eliasgemeinde selbständig, ein Abkommen zwischen der Israelmission und der Gemeinde wurde unterzeichnet. Dadurch änderte sich meine Stellung als Vorsitzender des Rates, ich war jetzt der offizielle Vertreter einer selbständigen Gemeinde. Ich weiß nicht, was der eigentliche Grund dafür war, auf jeden Fall beschloß der Pastor mich auch an den geistlichen Aufgaben zu beteiligen. So

wurde beschlossen, daß ich einmal im Monat predigen sollte, natürlich zusätzlich zur allgemeinen Leitung während Helges Abwesenheit im Sommer.

Aber das war noch nicht alles. Mir wurde das ganze wöchentliche Bibelstudium übertragen. Und so nahm ich während der kommenden sechs Jahre alle Episteln, die Apostelgeschichte und Teile der Offenbarung durch. Ich schrieb alle Vorträge auf, um sie eventuell noch einmal verwenden zu können. Diese Arbeit gab mir große Befriedigung, denn ich spürte, wie sehr die Geschwister diese geistliche Nahrung brauchten. – Übrigens sammelte ich auch meine Predigten auf hebräisch und englisch, es sind über hundert. Eine Auswahl von ihnen übersetzte ich ins Deutsche, um sie eventuell einmal zu veröffentlichen. Ich schrieb auch in diesem Jahr verschiedene Artikel für die Norwegische und Finnische Mission und die U.C.C.I. Die Themen waren: Die messianische Bedeutung des Passahfestes, Jesus und der Judaismus seiner Zeit, Gottesdienst in messianischen Gemeinden usw.

Im September 1985 wurde meine Frau getauft. Das war ein wunderbares Ereignis, jetzt waren wir mehr als jemals zuvor vereint. Wir konnten zusammen beten und sicher sein, daß der Herr gegenwärtig war – wie er es versprach. Ich sagte damals: »Es ist verboten, seine Schwester zu heiraten, aber wenn die Frau auch Schwester im Herrn wird, dann ist das Glück vollkommen!«

In diesem Jahr machten wir auch wieder eine Reise nach Deutschland, sie war ganz im Dienste des Herrn. Zuerst folgten wir einer Einladung von lieben Geschwistern in Bremen. Dort sprach ich vor dem großen Israelkreis der Matthäusgemeinde über Römer 1, 16.

Ich legte die drei Teile dieses Verses aus: die Bedeutung des Evangeliums überhaupt, das Leben in der Welt mit so vielen Gefahren und als letztes die so angefochtene Tatsache: »Zuerst für die Juden!«

Für viele der Anwesenden war der letzte Teil meines Vortrags etwas Unbekanntes, nichtsdestotrotz erntete ich starken Applaus und die aufgenommenen Kassetten wurden viel verkauft.

Das andere Ziel der Fahrt war Schleswig. Dorthin wurden wir von der VCKD, der Lutherischen Kirche Deutschlands, eingeladen. Zu der Synode waren als Gäste Vertreter afrikanischer und asiatischer Kirchen anwesend, wir waren die einzigen messianischen Juden. Für uns war das Treffen mit Mitri Raheb, einem Palästinenser aus Bethlehem, besonders interessant.

Der junge Mann studierte in Marburg Theologie und sprach natürlich fließend Deutsch. Anfangs war er reichlich verlegen, Angehörige der »Besatzungsmacht« zu treffen. Aber allmählich überwand er durch sein Christsein die nationalen Gefühle und wir freundeten uns an.

Zwei Jahre später beendete er seine Studien und wurde Pastor der lutherisch-jordanischen Kirche in Bethlehem. Als dann die Intifada, der palästinensische Aufstand, begann, verursachte die nationalistische Atmosphäre, in der Mitri lebte, ein Überhandnehmen seines Nationalstolzes. Sein Ziel wurde es, eine »palästinensische« Theologie zu schaffen, aus der die jüdischen Elemente entfernt würden. Selbstverständlich widerspricht das dem wahren Evangelium.

Ich hatte nun fast die Hälfte meines »Weges« erreicht, war im offiziellen Ruhestandsalter. Doch gerade jetzt hatten meine Aufgaben enorm zugenommen, und mein Dienst im Herrn war wichtiger denn je geworden. Ich war beglückt über diese Situation und hatte keinen Zweifel daran, die nötigen Gaben dafür vom Herrn zu erhalten: Kenntnisse, Weisheit, Kraft – und vor allem – Glaube und Liebe.

Zu meinen laufenden Aufgaben, alle administrative und finanzielle Arbeit der selbständigen Gemeinde – wir hatten noch keine Bürokraft –, Bibelstunden und Predigten, kamen 1986 noch zwei neue Betätigungsfelder hinzu.

Im Sommer wurde ich als Delegierter zu einer Konferenz der »Lausanner Konsultation für jüdische Evangelisation« gesandt. Sie fand in England statt und war ein beeindruckendes Erlebnis. Es ermutigte mich, daß so viele jüdische und nichtjüdische Menschen und Organisationen sich ernsthaft damit beschäftigten, Israel das Evangelium zu bringen.

Nach drei Wochen flog ich weiter nach Norwegen. Das Ziel dort waren Dutzende von Gemeinden und Hauskreise, in denen ich von Israel und der dort wachsenden Gemeinde der messianischen Juden berichten wollte. Diese Gruppen waren weit verstreut, so konnte ich bei dieser Gelegenheit auch viel von dem schönen Norwegen sehen. Als Reiseführerin und Dolmetscherin begleitete mich eine jüdische Gläubige, die schon dreißig Jahre in Norwegen lebte.

Dies war der Anfang eines Dienstes, den ich in den kommenden Jahren in Norwegen, der Slowakei – aber vor allem in Deutschland – ausübte.

Vor einem Jahr hatte unser Pastor an einem Ausbildungsseminar für Evangelisten teilgenommen. Es beruhte auf einem amerikanischen System, »Evangelism Explosion« genannt, in Deutschland sprach man von »Gemeindewachstumsbewegung«. Als auch in Israel ein Trainerseminar abgehalten wurde, nahm ich daran teil und erhielt ein Diplom – das meine Sammlung bereicherte und noch vielseitiger machte: zum Diplom in Agronomie, Buchhaltung, Schädlingsbekämpfung, Geflügelvaccinator kam nun noch das des Evangelistentrainers.

Doch diese Methode mußte der jüdisch-israelischen Situation angepaßt werden, und so verfaßte ich eine entsprechende Glaubensdarstellung. Als der europäische Direktor dieses EE-Programms als Gastredner zur U.C.C.I.-Jahreskonferenz eingeladen worden war, nutzte ich die Gelegenheit und übergab ihm meine »jüdische« Glaubensdarstellung zur Prüfung. Vic Jacobson nannte sie »ausgezeichnet«.

Leider gelang es mir nicht »Evangelism Explosion« in Israel zu fördern. Doch erhielt ich völlig unerwartet Unterstützung: Eine englische, besser ausgearbeitete Version dieses Werkes kam auf sonderbare Weise in die USA zu einem Theologischen Seminar in Florida. Der Leiter dort war so begeistert davon, daß er es drucken ließ. Allerdings gab es ein Problem: Das Werk hatte zwar einen Titel »Was jeder Jude über seine Zukunft wissen sollte«, aber es fehlte der Name des Verfassers! Daher erschien das Büchlein unter dem Autorennamen »Shlomo Neumann« und wurde in Amerika verbreitet.

Dieses Ereignis, zweifellos vom Herrn so geplant, hatte überraschende Folgen: Trotz meiner bitteren

Erfahrungen in bezug auf meine schriftstellerische Betätigung hatte ich weiterhin das Verlangen, etwas zu schreiben. Allerdings jetzt mit einer ganz anderen Motivation. Ich suchte keine Beschäftigung mehr, hatte Lebensziel und Sinn gefunden, ich war befreit davon, einen menschlichen »Wert« aufweisen zu müssen. Wenn ich jetzt wieder etwas zur Veröffentlichung Bestimmtes schreiben wollte, dann sollte es nur einem einzigen Zwecke dienen: der Verherrlichung Gottes und der in Jeschua dargebotenen Erlösung!

Ich hatte eine feste Vorstellung von dem, was ich schreiben wollte. Es sollte ein Roman sein – eine interessante, ja spannende Erzählung aus dem heutigen Israel. Aber es sollte weit mehr sein. Die Handlung sollte um ein Skelett herumgebaut sein – und das würde »Shlomo Neumanns« Werk sein. Ich wollte zeigen, wie – und mit welchen Resultaten – das Evangelium den verschiedenen Gesellschaftsschichten in Israel gebracht werden kann.

Ich arbeitete etwa ein halbes Jahr daran, und als wir 1987 wieder nach Deutschland fuhren, wollte ich es drei christlichen Verlagen zur Prüfung vorlegen. Das Ergebnis war nicht gerade ermunternd: ein Verlag lehnte das Manuskript »Begegnung in Galiläa« ab, ein zweiter bekam es überhaupt nicht zu lesen, der dritte ließ acht Monate lang nichts von sich hören. So begann ich daran zu zweifeln, ob das Werk wirklich dem Herrn dienen könnte. Doch dann wollte ich Bescheid wissen und machte dem Verlag Druck. Kurz danach erhielt ich eine positive Antwort und einen Vertrag – das Buch von mir sollte erscheinen. Tausende sollten das lesen, was ich, ein unbekannter und unbedeutender Mensch, geschrieben hatte!

Ein Jahr zuvor war ich auch in die Exekutive des Caspari-Instituts für biblische Studien gewählt worden. Es ist in Jerusalem gelegen und gehört der Norwegischen Israel-Mission. Ich wurde auch Mitglied eines besonderen Komitees für die Verfassung von neuen Statuten für das Institut. So fuhr ich fast jeden Monat einmal nach Jerusalem.
1988 wurde ein Seminar dort abgehalten, dessen Ziel es war, die Bildung einer israelisch-lutherischen Synode vorzubereiten. Mir wurde das Hauptreferat übertragen, es sollte die Vorteile und notwendigen Schritte für solch ein Vorhaben zeigen.

Doch ich war noch niemals in meinem Leben für etwas eingetreten, das meiner Meinung nach falsch war – selbst wenn ich persönlichen Nutzen davon gehabt hätte. Und hier hätte ich zweifellos die Leitung dieser Synode bekommen, wäre mit Autorität und Ehrenbezeugungen ausgestattet worden.

Aber ich legte meine ablehnende Haltung zu dem Vorhaben dar und zeigte meine Vision für die Zukunft der messianischen Gemeinden im Land auf. Es sollten keine Filialen der Weltkirchen mit verschiedenen Dogmen und Traditionen geschaffen werden, das Ziel sollte vielmehr eine israelisch-messianische unabhängige Synode sein, mit dem Namen »CAMP JESCHUA«. – Zu meiner großen Überraschung wurden nach meinem Vortrag die Pläne für die lutherische Synode ad acta gelegt.

Vor drei Jahren hatte Nili in Istanbul geheiratet. Die Beziehung zu den türkischen Schwiegereltern hatte sich sehr verbessert, doch dann starb ein Jahr nach der Trauung die Schwiegermutter nach kurzer Krankheit.

Der Schmerz war für alle Beteiligten sehr groß und führte auch zu Spannungen zwischen Nili und ihrem Ehemann. Dazu kam noch die unterschiedliche Lebensweise in Israel und der Türkei – was für Nili selbstverständlich nicht immer leicht war. So verging etwa ein Jahr mit wechselndem »Klima« in der Ehe.

Aber dann beruhigte sich die Lage, und ein Kind war geplant. Übrigens hatte Mehmet inzwischen einen guten Posten als Direktor einer Textilfabrik bekommen. Anfang des Jahres bekamen wir dann schon die freudige Nachricht, daß Nili schwanger war. Die Geburt sollte im Oktober sein, doch meine Frau mußte bereits einen Monat früher zu Nili fahren, da sie gefallen und ein Fuß in Gips war. Im Oktober wurde Merve geboren, unsere Enkeltochter.

So wurden wir im Sommer 1990 von der Israel-Mission für drei Wochen nach Norwegen eingeladen. Wir genossen die Autofahrten in dem schönen Land, und ich sprach in über zwanzig Versammlungen. Es war ein schönes, wenn auch anstrengendes Erlebnis. Wir trafen wunderbare Menschen, mit tiefem Glauben und brennendem Herzen für Israel und die Juden.

Die letzte Etappe des Besuches war ein großes Landestreffen der Mission in einem Städtchen in der Nähe von Oslo. Ich vertrat dort die Eliasgemeinde, der volle offizielle Name lautet: »*Messianisch-evangelische Gemeinde Beth Elijahu* (Elias-Haus).

In Oslo kurz vor unserer Abfahrt hatte ich noch zwei sehr interessante Interviews. Eines war für die größte christliche Zeitung in Norwegen, das andere in der Auslandsabteilung der norwegischen Staatskirche.

Wieder zu Hause erwartete mich der übliche zwei Monate dauernde Sommerdienst – während des Urlaubs des Pastors.

In diesem Jahr feierten meine Frau und ich unseren siebzigsten Geburtstag. Edith tat es im Kreise ihrer Verwandten – Geschwister, Neffen und Nichten. Mein Geburtstag fiel in unsere Besuchszeit in der Türkei. Hätte ich nicht meinen Herrn und Erlöser gefunden, dann wäre es ein sehr trauriger Tag für mich gewesen. Ich hatte keinen einzigen Blutsverwandten, der mich beglückwünschte, alle, die ich gehabt hatte, waren schon lange tot.

Am 2. August eroberte Sadam Hussein Kuwait, die Golfkrise begann. Es war der Geburtstag meiner Mutter und auch der Großmutter. Die ganze Welt geriet in eine enorme Spannung und Sorge, aber meine Gedanken gingen auch zurück zu meiner Kindheit, den glücklichen Erinnerungen an die jährlichen Feiern an diesem Datum.

Das Ultimatum an Sadam war am 15. Januar 1991 abgelaufen, doch nichts geschah. Am 16. hatten wir Bibelstunde, die Atmosphäre war schon sehr gespannt. In der Nacht rief uns ein Nachbar an: Der Krieg hätte begonnen, sagte er. Am nächsten Abend begannen die Raketenangriffe auf Haifa und Tel Aviv. Die ganze Bevölkerung saß mit Gasmasken in abgedichteten Räumen.

Der Materialschaden durch die Angriffe war enorm hoch, jedoch fast nur in der Tel Aviver Gegend. Zehntausende von Wohnungen wurden zerstört. Es kann wirklich nur als ein Wunder bezeichnet werden, daß es praktisch keine Menschenopfer gab. Aber die psychologischen Auswirkungen waren gewaltig. Innerhalb von wenigen Minuten verloren Menschen alles: das Heim, Möbel, Bücher, Kunstgegenstände, Kleider, Spielzeug – alles. Vieles davon war nicht mit Geld zu ersetzen.

Die zweite Ursache, welche so viele Menschen psychisch so belastete, war die Ungewißheit. Obgleich nur zehn von vierzig abgeschossenen Raketen Schaden anrichteten – wenn Alarm gegeben war und die Menschen in den abgedichteten Zimmern saßen, konnte niemand wissen, wo die Raketen hinfallen würden, wer unbeschadet bliebe und wer innerhalb von fünf Minuten alles verlieren würde.

Nach vierzig Tagen war Kuwait befreit, die irakische Armee auf den Knien. Israel war angegriffen worden – ohne die Möglichkeit sich verteidigen zu können. Doch der Herr war mit ihm gewesen, es gab keine Menschenopfer. Außerdem war Israels größter und stärkster Feind besiegt – ohne daß sein Militär dafür kämpfen mußte. Sadam blieb zwar weiter an der Regierung, aber das würde vielleicht andere Probleme verhindern.

Während des Krieges war die Gemeinde in eine Krise gekommen, die sich fast drei Jahre hinziehen würde. Unser Pastor war ein netter Mensch, aber von schwachem, leicht beeinflußbarem Charakter. Außerdem war er ein schlechter Menschenkenner. Nun war in der Gemeinde ein messianischer Jude aus Argentinien, der als Pianist wirkte. Soweit war alles gut, aber der Bruder kam aus einem Pfingstlermilieu, und sein Bestreben war, unsere Gemeinde in dieselbe Richtung zu leiten. Das Schlimmste war, daß der Pastor ihm nachgab, und der Gottesdienst bald einem Volksfest mit Gesang und Tanz ähnelte, die Liturgie verschwand.

Einige Mitglieder des Gemeinderates traten zurück, sie erkannten, daß der Pastor in allem eigenmächtig handelte, völlig unter dem Einfluß von Fabio.

Auch ich reichte meinen Rücktritt als Gemeindeleiter ein. Obgleich ich zu diesem Schritt fest entschlossen war, hatte ich doch erwartet, der Pastor würde mich um Widerruf bitten. Aber ich hatte mich geirrt, er akzeptierte gerne meinen Rücktritt, war froh mich los zu sein.

Nun konnte der Pfingstlertrend ungehindert fortgesetzt werden, die Bibelstunden verschwanden, der Schwerpunkt bei allem wurde auf die »Befehle« des Heiligen Geistes gelegt.

Ich war entsetzt und dachte ernsthaft daran, die Gemeinde zu verlassen – so wie es andere taten. Doch schließlich hielt ich einen solchen Schritt für egoistisch, Verrat an meinen Geschwistern, die mich liebten und brauchten. Ich erkannte, daß ich nicht übereilt handeln durfte, sicher würde der Herr sich einmischen. Inzwischen bemühte ich mich, normale Beziehungen mit dem Pastor zu unterhalten.

Wegen des Krieges mußte die Jahresversammlung der Gemeinde auf April verschoben werden. Da die Gemeinde zwischenzeitlich ohne jede Leitung war, mußte ein neuer Rat gewählt werden. Nach kurzer Überlegung war ich bereit, wieder als Vorsitzender zu kandidieren – ich fürchtete völliges Tohuwabohu. Kurz vor der Versammlung hörte ich dann völlig neue Nachrichten.

Zwischen dem Pastorenehepaar, dem Pianisten und einem Ausländer, der zur Drogentherapie geschickt wurde, hatte es schwere Auseinandersetzungen gegeben. Die Folge war, daß der Pianist beschloß, eine eigene Gemeinde zu gründen. Vier junge Ehepaare aus unserer Gemeinde schlossen sich ihm sofort an. Ich erfuhr nie Einzelheiten über den Konflikt, er muß sehr schwer gewesen sein, denn die Frau des Pastors erlitt einen Nervenzusammenbruch und mußte zur Erholung fahren. Außerdem hörte ich zum ersten Mal, daß der Pastor seinen Dienst in zwei Jahren beenden würde.

Im Mai fuhren wir wieder einmal nach Deutschland, im Blick auf die Gemeinde war ich etwas beunruhigt. Der Zweck dieser Reise war eine Kur für mich in Badenweiler – diesmal auf eigene Rechnung. Übrigens war es nach zehn Jahren meine erste »Privatreise«, d. h. ohne einen Dienst. Die eigentliche Ursache für den Entschluß, nach dreizehn Jahren Unterbrechung wieder eine vierwöchige Kur in Badenweiler zu machen, war eine Erfahrung, die ich vorher machte. Den Winter über hatte ich täglich Stunden mit Schreiben verbracht, ich arbeitete an einem neuen Manuskript, einem Folgeband zu »Begegnungen in Galiläa«. Der Rücken schmerzte zwar sehr davon, aber ich war ja so etwas gewöhnt. Eines Tages mußte ich einen ziemlich langen Weg gehen – wie gewöhnlich auf die Art, daß ich auf die Krücken gestützt, beide Beine nach vorne warf. Diese Art beschleunigt zwar die Fortbewegung, aber die Wirbelsäule wird stark belastet.

Am nächsten Tag begannen die Beschwerden: Ich bekam irrsinnige Schmerzen in der Lumbalgegend, egal ob ich saß, ging oder lag. An Schlaf war nicht zu denken. Es war vor den Feiertagen, der Orthopäde nicht zu erreichen. Ich nahm acht schmerzstillende Tabletten am Tag – ohne Erfolg. Dann verschrieb mir der Hausarzt Voltaren – ein sehr starkes Analgeticum. Ich nahm die erlaubten hundert Tabletten pro Tag – ohne Wirkung. Erst bei zweihundert spürte ich Erleichterung. Nach fünf Tagen konnte ich das Medikament absetzen. Ich hatte zwar noch Beschwerden, doch die konnten schon »ertragbar« genannt werden. Es war mir völlig klar: Der Herr wollte mir eine Warnung geben, ich durfte meinen Körper nicht überanstrengen.

Leider half mir die Kur nicht, dazu kam noch eine andere negative Erfahrung: Vergnügungsreisen kann ich nicht mehr genießen. Meine Behinderung beim Gehen macht das unmöglich. Ich habe das sehr vermißt, denn ich liebe so die europäische Landschaft und das Klima. Doch für alles Irdische kommt einmal das Ende.

Die Probleme der Gemeindeleitung und die Aussicht, bald einen neuen, mit den lokalen Bedingungen nicht vertrauten Pastor zu bekommen, hatten in mir einen Entschluß ausreifen lassen, mit dem ich mich schon lange beschäftigte: Das alte System des auf kurze Zeit gewählten Gemeinderates mußte abgeschafft werden. Es verhinderte das langfristige Zusammenarbeiten von geeigneten Leuten, noch dazu war es keine biblische Einrichtung, was für messianische Gemeinden sehr bedeutsam ist.

Aus diesen Gründen schlug ich vor, die Statuten der Gemeinde zu ändern. Statt vom Gemeinderat sollte die Gemeinde von drei Ältesten und drei Diakonen geleitet werden, wobei einer der Ältesten der vollamtlich angestellte Pastor war.

Dieser Vorschlag wurde von der Gemeinde angenommen, die Gewählten wurden später ordiniert, und ich selbst wurde zum Vorsitzenden dieses Teams ernannt. Dies wird nun, so Gott will, bis 1995 mein letztes Amt sein, dann werde ich mit fünfundsiebzig altershalber ausscheiden.

Anfang des Jahres 1992 hatten wir in der Gemeinde dann die feierliche Ordination der Ältesten und Diakone – ganz nach der biblisch ausgearbeiteten Zeremonie.

Sicher wäre die neue Leitung nicht fähig gewesen, die Probleme der kommenden zwei Jahre zu bewältigen, wenn der Geist sie nicht geführt hätte. Das erste größere Problem, das die neue Leitung zu lösen hatte, war der neue Pastor. Die Israel-Mission hatte ohne Wissen der Gemeindeleitung den festen Plan gehabt, als neuen Pastor den dreiundzwanzigjährigen David zu schicken. David war in unserer Gemeinde aufgewachsen und von der Mission zu einem zweijährigen Bibelstudium nach Norwegen geschickt worden. Bei einem Praktikum, das er in seiner Heimatgemeinde absolvierte, waren wir alle recht enttäuscht von seinem arroganten Auftreten gewesen. Als das bekannt wurde, stellte sich die neue Leitung auf die Hinterfüße, ein entschiedenes *Nein* war die Antwort. Wir schätzten David, aber ihn als Pastor zu haben, das war indiskutabel.

Die Mission sah die Aussichtslosigkeit ihres Planes, doch fühlte sie sich verpflichtet, für den enttäuschten David einen anderen Posten in der Gemeinde zu finden.

Diese Bemühungen zogen sich fast ein Jahr lang hin. Doch auch darin waren wir stark: Wir brauchten keinen bezahlten Angestellten in der Gemeinde, aber als von der Mission angestellten Evangelisten würden wir David begrüßen. Aber das wurde in Oslo abgelehnt.

Doch wenn wir David nicht als Pastor wollten, wer käme dann in Frage? Es stellte sich heraus, daß die Mission keinen anderen Kandidaten hatte, und auch im Land gab es noch niemand Passenden für so einen Dienst. Ziemlich verzweifelt wandten wir uns an die größte messianische Mission in den USA. Aber leider stellte sich heraus, daß der einzige Kandidat, den sie auftreiben konnte, für uns völlig ungeeignet war.

Die Lage schien völlig hoffnungslos. Dann hörte ich zufällig von einer passenden Person in Norwegen. Es wurde mir gesagt, der Betreffende sei bereit, den Posten anzunehmen. Beglückt schrieb ich sofort an ihn. Die Antwort war wie eine kalte Dusche für mich: Er hatte nicht im Traum daran gedacht, für längere Zeit nach Israel zu kommen. Aber er würde darüber nachdenken und bei seinem Besuch im Hochsommer könnten wir uns unterhalten.

Dow kam dann auch im August, und wir trafen uns. Ich war sehr angenehm von seiner Persönlichkeit überrascht – doch das war das einzig Positive. Es sei ihm völlig unmöglich, eine Antwort in bezug auf die Pastorenstelle zu geben. Er würde einige Monate in der Imanuelgemeinde arbeiten. Seine Frau würde auch auf Besuch kommen – vielleicht könnte er dann eine Antwort geben.

Wir waren verzweifelt, doch dann kam noch eine Hiobsbotschaft: Unser jetziger Pastor würde uns fünf

Monate früher als geplant verlassen. Uns blieb nichts anderes, als um ein *Ja* von Dow zu beten.

Das kam dann zwar, aber wir würden vier Monate ohne Pastor sein. Doch wir hatten ja keine Alternative, Bettler können nicht wählerisch sein.

Als ich den Beschluß faßte, keine Vergnügungsreisen mehr zu machen, hatte ich den Eindruck, das, was ich so gerne tun würde, wäre leider aussichtslos geworden: Fahrten im Dienste des Herrn, um von dem Wunder der Originalzweige des Ölbaums zu erzählen, nämlich dem wahren Rest Israels, der zu Jeschua gehört. Aber ich hatte mich geirrt. Ich bekam eine Einladung vom Evangeliumsdienst, ihm im Herbst einen Monat lang zur Verfügung zu stehen. Natürlich hatte ich freudig zugesagt. Es handelte sich um eine Rüstzeit von vier Tagen, wo ich zwei Vorträge halten sollte, und anschließend standen Gemeindebesuche auf dem Programm.

Es war nun Herbst, und ich reiste nach Deutschland. Die viertägige Freizeit sollte im Haus Schönblick bei Schwäbisch-Hall stattfinden. Die Bibelarbeit war über die so bekannten ersten Verse aus Jesaja 40. Ich benutzte den hebräischen Urtext, und so konnte ich die Botschaft anders als allgemein üblich darstellen. Der Inhalt ist ja völlig messianisch ausgerichtet.

Das Thema des Vortrags war »Trost in der Bibel«. Das war keine leichte Aufgabe: Ich mußte Gesetz und Evangelium, Altes und Neues Testament, Evangelisierung und Philosemitismus unter einen Hut bringen. Aber der Herr war mit mir und es gelang.

Die Rüstzeit stand ja unter dem Thema »Gesetz und Evangelium«. Dabei ist das Verständnis von Christen und messianischen Juden oft etwas verschieden. Gesetz und Evangelium sind keine Gegensätze, das eine löst nicht das andere ab, sondern sie ergänzen sich.

Meine Beiträge wurden geschätzt und gut aufgenommen – auch ein Zeugnis von mir. Wir erhielten unglaublich viel Liebe von den Geschwistern und mit nicht wenigen blieb weiterhin Kontakt bestehen.

Anschließend wohnten wir drei Wochen bei Pastor Häfner in der Nähe von Stuttgart. Von dort aus besuchten wir täglich Gemeinden im südwestdeutschen Raum. Ich berichtete über meine Gemeinde, die messianischen Juden in Israel und meinen eigenen Weg zum Herrn.

Außerdem machten wir eine Fahrt in die Tschechei, zu einem Ort in der Nähe von Prag. Dort waren wir in einer Versammlung der örtlichen Baptistengemeinde. Außerdem besuchten wir den Verlag, der die »Begegnung in Galiläa« in tschechisch herausgibt, und besuchten eine Gemeinde in der ehemaligen DDR in Sondershausen. Wir waren erfreut darüber, daß es selbst nach fünfundvierzigjährigem kommunistischem Regime noch wirklich gläubige Christen gab.

Die Besuche und Vorträge von Pastor Häfner im Rahmen des Evangeliumsdienstes für Israel, bei denen wir ihn begleiteten, dienen einem theologisch und glaubensmäßig bedeutungsvollen Zweck: erstens die jüdischen Wurzeln des Christentums aufzuzeigen, und zweitens der Notwendigkeit das Evangelium den Juden zu bringen. Diese Aufgabe ist für beide Seiten enorm wichtig. Die Juden brauchen das Heil und den Leib Christi. Die Weltgemeinde kann ohne die Orginalzweige im Ölbaum niemals vollständig sein.

Die Rückfahrt nach Israel unterbrachen wir in Istanbul, um die Familie zu besuchen. Dort hörten wir die freudige Nachricht: Nili erwartete ihr zweites Kind, die Geburt sollte im Juni 1993 sein.

Nun komme ich zum letzten Jahr meiner Erinnerungen. Während der vier Monate, die wir ohne Pastor waren, lag die ganze Verantwortung sowie die meiste Arbeit auf meinen Schultern: den Gottesdienst leiten – inklusive Abendmahl –, die meisten Predigten, Bibelstunden, administrative und finanzielle Entscheidungen und Seelsorge – alles war meine Aufgabe.

Doch Gott sei Dank ging die Zeit problemlos vorüber – nicht zuletzt auch dank der Hilfe des anderen Ältesten und der Diakonie.

Am 1. Juli kam dann der neue Pastor und übernahm die Arbeit. Wir sind mit ihm zufrieden, ein großer Vorteil ist, daß er fließend hebräisch spricht, da er schon einmal für drei Jahre in Israel war. Mit Gottes Hilfe wird die Gemeinde in Zukunft ruhige Zeiten haben und sich entwickeln. Übrigens wurden Dow und seine Frau von den beiden Ältesten für den Dienst in der Gemeinde ordiniert.

Im Juni wurde unsere zweite Enkelin geboren, wir waren natürlich zu der Zeit in Istanbul. Schwangerschaft und Geburt waren problemlos verlaufen – dem Herrn sei Dank. Das Baby ist eine genaue Kopie seiner Schwester, die es innig liebt. Möge der Herr die Familie schützen und leiten und möge eines Tages ein Wunder geschehen, das sie zum Messias führe.

Zur gleichen Zeit, zwei Tage nachdem unsere Enkelin geboren wurde, starb Ediths einzige Schwester. Diese Tatsache als solche war ein natürlicher Vorgang – sie war Ende siebzig gewesen und schwer krank. Das Betrübliche lag woanders. Dworah war ihr ganzes Leben lang eingefleischte Atheistin gewesen – und auch als solche gestorben. Sie sprach nie mit uns direkt über den Glauben an Jeschua, aber ließ immer durchblicken, daß für sie ein jeder Glaube an die Existenz Gottes ein Zeichen von mangelnder Intelligenz sei. Möge der Herr – trotz allem – ihrer Seele gnädig sein!

Im Herbst 1993 erschienen nun meine beiden neuen Bücher: »Unter dem Davidstern« und »Das geschenkte Glück«, »Begegnung in Galiläa« ist leider vergriffen. Bei meiner Reise zum Jahresende sah ich die beiden neuen Titel im Angebot von Büchertischen, was mich natürlich sehr gefreut hat.

Und in der Tschechei erschien nun endlich die Übersetzung von »Begegnungen in Galiläa«. In einer Veröffentlichung über die Juden in Treptow (Berlin), wo ich als Kind sieben Jahre gelebt habe, war auch ein Beitrag von mir enthalten. Auch ein Buch über die »Private Waldschule Kalinski« erschien, ich erwähnte die Priwaki in meinen Jugenderinnerungen.

Auch gab ich bei einem vorjährigen Aufenthalt in Deutschland zwei Interviews im Evangeliumsrundfunk über die messianisch-jüdische Erweckung und mein Zeugnis. Die Interviews wurden auch als Kassetten verkauft und sind in einem Buch über die wichtigsten Sendungen der letzten Jahre enthalten.

Auch meine Frau verfaßte ein Manuskript über ihre Erinnerungen an drei Jahre Untergrundleben während des Weltkrieges, sie konnte jedoch in Deutschland bis jetzt leider keinen Verleger finden. Aber nun werden diese Erinnerungen 1994 in der Tschechei erscheinen.

1993 machte ich noch einmal eine Reise nach Deutschland im Auftrag des Evangeliumsdienstes. Auf dem Programm standen wieder Gemeindebesuche, es waren diesmal dreißig, und zwar im Rheinland, Westfalen und Berlin. Aber etwas völlig neues war der Besuch in der Slowakei. Wir waren dort eine ganze Woche und hatten sehr beeindruckende Erlebnisse. Die Botschaft über messianische Juden in die Slowakei zu bringen – schon allein das war kein alltägliches Ereignis.

Ein erstes Treffen hatten wir mit Studenten der theologischen Fakultät an der Uni in Bratislava. Es waren an die zweihundert Zuhörer. Ich sprach eine Stunde, der Dekan übersetzte. Danach wurden über eine Stunde Fragen gestellt, so groß war der Wissensdurst.

Es folgten dann zwei Sitzungen mit Pastoren, und wieder war ich erstaunt über das Interesse am Thema. Am Abend konnte ich dann an einem Sondergottesdienst, bei dem zwei Bischöfe anwesend waren, in der Kirche in Ediths Heimatstadt reden. Auch das war ein sehr erregendes Geschehen.

Unsere letzte Station war Martin, eine größere Stadt, in der wir drei Tage blieben. Der Höhepunkt für mich war der Sonntagsgottesdienst am letzten Tag in der bis auf den letzten Platz besetzten Kirche. Dort predigte ich über Matthäus 25, wo Jesus über das Weltgericht spricht.

Ich wurde natürlich übersetzt, der Pastor bat dann um Erlaubnis, die Predigt drucken zu lassen.

Ich war enorm erregt, immer wieder mußte ich an die außergewöhnliche Situation denken: Da stand ich vor einer wildfremden Gemeinde und sprach über Jesus. Ich, ein messianischer Jude, sprach zu Nichtjuden über den Messias, der als erstes zu meinem Volk kam. Und noch mehr: Vor einem halben Jahrhundert hatte dieses Volk in der Slowakei sechzigtausend Juden in den Tod geschickt! Ist das nicht ein Zeichen von Israels Aufgabe in der Welt?

Zur Ewigkeit

Epilog

Über sieben Jahrzehnte habe ich in dieser Welt gelebt. Eine Zeitspanne, in der soviele Veränderungen stattfanden wie wohl nie zuvor in der Geschichte der Menschheit. Wissenschaftliche und technische Fortschritte gab es in einem Ausmaße, das man früher für unmöglich gehalten hätte. Aber die Hauptprobleme des Menschen wurden nicht gelöst, – im Gegenteil – sie nahmen noch zu. Und die Ursache für sie alle läßt sich in einem Satz zusammenfassen: Es fehlt dem modernen Menschen der Friede Gottes; der Friede, der Vollkommenheit bedeutet – ein *Eins-sein* mit dem Schöpfer.

In der hebräischen Sprache – die ja zur Offenbarung Gottes gebraucht wurde, Altes Testament und Matthäusevangelium – wird dieser Zusammenhang zwischen »Friede« und »Vollkommenheit« ganz deutlich. Die beiden Begriffe haben dieselbe Wurzel. Und dieser Zustand des Einsseins mit dem Schöpfer fehlt heute so unendlich vielen Menschen. Dieser Friede Gottes, der nur in Jesus Christus erhältlich ist, wie Paulus es sagte (vgl.: Phil 4,7) – nur wer ihn besitzt, der ist für jede Situation im Leben gewappnet.

Sechzig Jahre fehlte mir dieser Friede, denn ich lebte fern von Gott. Aber die Tatsache, daß ich fern von Gott war, bedeutet nicht, daß Gott fern von mir war. Heute weiß ich, daß mein Schöpfer sich oft in mein Leben einmischte, manchmal zum Guten, manchmal *schien* es mir zum Schlechten – in Wirklichkeit war es nötig, um etwas Gutes zu erreichen. Und in diese Kategorie gehören auch meine Behinderungen.

Objektiv gesehen war mein Leben sehr schwer – voll Leid, Schmerz und Enttäuschungen. Aber was sind sechs Jahrzehnte irdischen Leidens verglichen mit ewiger Seligkeit?

Gott schafft die Menschen nicht als Stanzenware, jeder ist einzigartig und so auch jeder Lebenslauf. Deshalb glaube ich, auch mein Lebenslauf ist ein einmaliges Geschehen. Besonders auffallend ist meines Erachtens der enorme Kontrast zwischen meinem Leben *vor* und *nach* meiner Wiedergeburt.

Obwohl behindert, begann ich mit fünfzehn Jahren körperlich zu arbeiten. Ich war landwirtschaftlicher Lohnarbeiter, Hühnerzüchter, Landwirt, Tischler, Impfveterinär, ich war Maurer, Schlosser, Klempner und Elektriker. Doch dann, mit siebenundfünfzig, war alles zu Ende, mein Körper versagte.

Danach arbeitete ich fünfzehn Jahre lang nur mit meinem Kopf, war Buchhalter und Sekretär der Gemeinde, gab Bibelstunden, predigte, hielt Vorträge, schrieb Bücher und Artikel, war in der Leitung von verschiedenen christlichen Organisationen.

Meine formelle Schulbildung endete nach neun Klassen. Später erhielt ich Diplome in Agronomie und Buchhaltung, aber die hauptsächliche Bildung erwarb ich autodidaktisch: in Chemie, Pharmakologie, Tierheilkunde, Immunologie, Nahrungsmittelchemie, Genetik usw. – Dann fand ich den Herrn und wieder lernte ich alles, was mit dem Glauben zusammenhing autodidaktisch – diesmal allerdings mit Hilfe des Heiligen Geistes.

Dreimal in meinem Leben wollte ich Selbstmord begehen: Einmal war es mein Kummer mit Frauen, das zweite Mal waren es finanzielle Probleme, das dritte Mal war es, als ich einfach keinen Lebenssinn mehr sah.

Mein Traum war es gewesen, eine Dynastie von Erbbauern zu gründen, aber ich werde mein irdisches Leben in einer kleinen Stadtwohnung beenden, die einzige Tochter Tausende von Kilometern entfernt.

Meine Familie war nie groß gewesen. Meine zwei Brüder starben als Kinder; mein Vater verließ mich, als ich vierundzwanzig war. Die entfernten Verwandten wurden entweder im Holocaust umgebracht oder emigrierten in ferne Länder. Mit den wenigen, die im Lande leben, habe ich kaum Kontakt, unsere Welten sind so verschieden geworden – dasselbe trifft auch auf Freunde und Bekannte zu. Ich lebe zwar in der Welt, bin aber kein Teil mehr von ihr.

Kein Mensch kann wissen, wann er diese Welt verlassen muß, aber wenn man ein gewisses Alter überschritten hat, dann ist die Wahrscheinlichkeit eines baldigen Abrufs größer. Ich bin jetzt in meinem vierundsiebzigsten Lebensjahr. Nie hätte ich geglaubt, solch ein Alter zu erreichen. Ich nutzte meinen Körper erbarmungslos aus, berücksichtigte nie, wieviel zusätzlichen Kraftaufwand meine Behinderungen verlangten.

Wie gesagt, ich kann nicht wissen, wann der Herr mich heimholen wird, ich wünschte, es wäre bald. Auf jeden Fall spüre ich, daß es Zeit ist, mich auf dieses

Ereignis vorzubereiten. Außerdem erkenne ich auch andere Anhaltspunkte, die auf eine veränderte Lebensweise in der Zukunft hinweisen.

Sieben Jahre lang konnte ich mich schriftstellerisch betätigen. Was ich schrieb, sollte nur der Verherrlichung des Herrn dienen, von dem Wunder des erlösten Israels erzählen. Nachdem ich, wie ich meine, dieses Thema in meinen drei Büchern erschöpft habe, arbeite ich jetzt an einem neuen Buch mit dem Titel »Der Weg des messianischen (christlichen) Glaubens«.

Auch in der Gemeinde wird meine intensive Tätigkeit bald ein Ende haben – im nächsten Jahr muß ich als Ältester die Leitung abgeben.

Und was die Teilnahme in Gremien und bei Veranstaltungen im Land angeht – ohne Führerschein bin ich kaum mobil.

So kann man wohl sagen, die Zeit wäre reif für eine Veränderung in meiner Lebensweise. Ich kann beginnen, mich für die Zukunft vorzubereiten. Mein Hauptziel wird jetzt sein: Jeschua zu kennen – und in *Ihm* zu leben! Das bedeutet, in Zukunft zu tun, was ich in den letzten Jahren vernachlässigen mußte: Gottes Wort lesen, *Ihn* zu mir sprechen lassen und viel mehr zu *Ihm* reden – durch Gebete.

Ich werde christliche Literatur lesen, vielleicht Artikel schreiben. Außerdem möchte ich das tun, was jeder alte Mann gerne tut: sich mit dem beschäftigen, was er liebt – aber keine Zeit dafür hatte. Bei mir ist es Landwirtschaft, Architektur, Natur, klassische Musik usw. Diese Dinge gehören zu der Welt, die ich verlassen werde, die Welt, in der ich lebte – und noch lebe – zu der ich als Gläubiger aber nicht gehöre. Mein eigentliches Heim ist im Himmel, in Gottes Reich.

Und wenn der Tag kommen wird, an dem ich diese Welt verlassen muß, dann weiß ich genau, wohin ich gehen werde. König David, der Vorfahre des Messias, schrieb es vor Jahrtausenden im 23. Psalm: *»Ich werde bleiben im Hause des Herrn immerdar!«*

Das wird meine endgültige ewige Adresse sein, Hallelujah!

Haifa, Israel, den 23. Januar 1994

Anhang

Auswahl von Artikel und Vorträgen

An Jesus zu glauben, ist das Jüdischste, was es gibt!
(Jahresfest des Zentralvereins, 1989)

Messianische Juden und die jüdischen Feiertage
(für den E.D.I.-Kalender)

Messiasgläubige Juden – Paradox oder biblische Erweckung?
(vor deutscher Touristengruppe gehalten, 1986)

Was jeder Jude über seine Zukunft wissen sollte!
(veröffentlicht bei: St. Petersburg, Theol. Seminar, St. Petersburg, USA)

Christen und Israel
(E.D.I.-Jahresfest 1989)

Trost in der die Bibel
(bei E.D.I.-Rüstzeit in Schönblick gehalten, 1992)

Vom Stein des Anstoßes zum Eckstein
(im Nachrichtenblatt der N.C.M.I. erschienen 1982)

Gedanken über das U.C.C.I.-Treffen, Tiberias 1980
(U.C.C.I. News)

Römer 1, 16
(gehalten im Israelkreis der Matthäus-Gemeinde, Bremen 1985)

Messianische Juden: Wer sind sie – und woran glauben sie?
(Übersetzung eines hebräischen Artikels)

Messiasgläubige Juden auf einem Irrweg – oder auf dem Heilsweg?
(in einem Hauskreis gehalten, Bremen 1987)

Offenbarung 3, 14-22
(Evangelische Gebetswoche, Eben-Eser, Haifa 1984)

Messianische Juden in Israel, Tatsachen und Glaube
(Tournee in Norwegen 1990)

Im Heiligen Land leben – wenn die wahre Heimat der Himmel ist
(von der Finnischen Mission veröffentlicht, 1986)

Die Ursache und Natur unserer Entfremdung
(4. Internat. Konsultation über Kirche und jüd. Volk, Bossey 1982)

Erlösung und Treue im Judentum und Christentum
(Bossey, s. o.)

Das Alte Testament – Buch der Juden und Buch der Kirche
(Bossey, s. o.)

Über Diakonie
(Vortrag im Caspari-Zentrum 1987)

40 Jahre Staat Israel
(Friede über Israel, 1988)

Gemeindeleitung, Aufgaben und Funktion
(Caspari-Zentrum 1988)

Eine Lutherische Synode in Israel?
(Caspari-Zentrum 1987)

Messianische Gemeinden in Israel; Geschichte, Fakten und Glaube
(Tournee in Norwegen 1990)

Von der Knechtschaft zur Befreiung
(Mitteilungsblatt der D.N.I., 1985)

Jesus und der Judaismus zu seiner Zeit
(Finnisches Missionsblatt 1986)

Wir haben gefunden, über den Moses und die Propheten schrieben!
(Norwegen 1990)

Wachstum der messianischen Gemeinden in Israel – wie kann das erreicht werden?
(U.C.C.I. News 1994)

Wege der messianischen Juden in Israel – persönliche Überlegungen
(Gemeindeleiter-Treffen, Stella Karmel 1982)

Messianische Gemeinden in Israel
(Bericht für die Executive der U.C.C.I. 1986)